RESOLUÇÃO DOS CONTRATOS DE COLABORAÇÃO EMPRESARIAL

UMA ABORDAGEM PELA TEORIA DOS CONTRATOS RELACIONAIS

SIMONE RODRIGUES ALVES ROCHA DE BARROS

Prefácio

Paula A. Forgioni

RESOLUÇÃO DOS CONTRATOS DE COLABORAÇÃO EMPRESARIAL

UMA ABORDAGEM PELA TEORIA DOS CONTRATOS RELACIONAIS

Belo Horizonte

FORUM CONHECIMENTO

2025

FÓRUM
CONHECIMENTO

Luís Cláudio Rodrigues Ferreira
Presidente e Editor

Coordenação editorial: Leonardo Eustáquio Siqueira Araújo
Thaynara Faleiro Malta
Revisão: Patrícia Falcão
Capa, projeto gráfico e diagramação: Walter Santos

Rua Paulo Ribeiro Bastos, 211 – Jardim Atlântico – CEP 31710-430
Belo Horizonte – Minas Gerais – Tel.: (31) 99412.0131
www.editoraforum.com.br – editoraforum@editoraforum.com.br

Técnica. Empenho. Zelo. Esses foram alguns dos cuidados aplicados na edição desta obra. No entanto, podem ocorrer erros de impressão, digitação ou mesmo restar alguma dúvida conceitual. Caso se constate algo assim, solicitamos a gentileza de nos comunicar através do *e-mail* editorial@editoraforum.com.br para que possamos esclarecer, no que couber. A sua contribuição é muito importante para mantermos a excelência editorial. A Editora Fórum agradece a sua contribuição.

Dados Internacionais de Catalogação na Publicação (CIP) de acordo com ISBD

B277r Barros, Simone

Resolução dos contratos de colaboração empresarial: uma abordagem pela teoria dos contratos relacionais / Simone Barros. Belo Horizonte: Fórum, 2025.

191 p. 14,5x21,5cm
ISBN impresso 978-85-450-0802-6
ISBN digital 978-85-450-0812-5

1. Contratos de colaboração empresarial. 2. Contratos relacionais. 3. Resolução de contratos. 4. Justa causa. 5. Execução específica. I. Título.

CDD: 346.022
CDU: 347.44

Ficha catalográfica elaborada por Lissandra Ruas Lima – CRB/6 – 2851

Informação bibliográfica deste livro, conforme a NBR 6023:2018 da Associação Brasileira de Normas Técnicas (ABNT):

BARROS, Simone. *Resolução dos contratos de colaboração empresarial*: uma abordagem pela teoria dos contratos relacionais. Belo Horizonte: Fórum, 2025. 191 p. ISBN 978-85-450-0802-6.

A Ignacio, Pedro e Marina, meus grandes amores.

AGRADECIMENTOS

Este livro tem origem no trabalho apresentado no mestrado de Direito Comercial na Faculdade de Direito da USP, concluído em 2024.

A jornada de um trabalho de mestrado é impossível de ser trilhada de modo isolado. A semente é plantada desde muito, quando familiares, colegas, amigos e professores se apresentam como modelos do quanto a grandeza do aprendizado, da curiosidade e do pensamento investigativo podem atribuir significado a essa empreitada fugaz da vida.

O desafio de voltar aos bancos escolares e ao estudo de modo sistemático e acadêmico não existiria sem o incentivo de muitos e de cada qual que, a seu modo, me inspiraram e apoiaram.

O registro, mais das vezes convencional ou burocrático, de agradecimento ao orientador, não caberia aqui. À Professora Paula Forgioni, que me abriu a oportunidade desse reencontro com a aluna que sempre me identifiquei, eu não poderia ser mais grata. Mas não apenas isso. Ser sua orientanda é, ao mesmo tempo, um orgulho e um privilégio. A professora Paula Forgioni é um desses exemplos raros de mulher e profissional que impulsiona todos à sua volta a serem melhores. Com seu olhar inteligente e profundo sobre os institutos do Direito Comercial, provocou verdadeira revolução na parte dos contratos comerciais, dando a eles um sentido até então pouco sistematizado na doutrina brasileira. Contar com suas críticas e orientação precisa ao longo da minha jornada nesse retorno à FADUSP fez tudo valer muito mais a pena.

Agradeço as críticas e contribuições dos professores que participaram da minha banca de qualificação e de defesa, Ruy Pereira Camilo Junior, Rodrigo Octávio Broglia Mendes, Wanderley Fernandes e Ana Frazão.

Aos colegas de mestrado, meu agradecimento pelas ricas trocas de ideias e pesquisas, e por fazerem dos bancos da faculdade um lugar de generosidade e construção coletiva do conhecimento.

Aos meus amigos e colegas de escritório FCDG Advogados, agradeço por sempre cultivarem a ideia da prática de um Direito ético e baseado no conhecimento científico.

A família, base de tudo, representa um alicerce e também um motivo maior de engajamento, pois, se não queremos decepcionar, antes de tudo, a nós mesmos, muito menos àqueles que sempre acreditaram e confiaram em nós.

Ao meu pai, Francisco Barros, grande advogado e juiz, por ter me inspirado nos estudos das Ciências Jurídicas, mas sobretudo por ter me mostrado que a vida pode ser intensa, amorosa e divertida.

À minha mãe, Luiza Helena, pela sua força e beleza em tudo, por mostrar que o afeto é a força que nos une e que uma vida pode ser cheia de plenitude e significado.

Ao Ignacio, parceiro de vida, quem sempre me incentivou e acolheu, que não me deixou desistir e a quem sempre escolho, com amor, a cada dia.

Aos meus filhos, Pedro e Marina, amor infinito, o sentido de tudo. Para que nunca se esqueçam do valor dos estudos e saibam que os desafios pessoais compõem aquilo que nos move a sermos melhores a cada dia. Obrigada simplesmente por existirem.

Confiar é uma escolha e uma necessidade de sobrevivência.
A colaboração pressupõe confiança.

SUMÁRIO

PREFÁCIO

Quando Simone Barros apresentou-me a resolução dos contratos de colaboração empresarial como tema de sua dissertação de Mestrado, reconheci de imediato a importância da empreitada intelectual que se anunciava. Acompanhei sua jornada investigativa e compartilhei muitas de suas inquietações acadêmicas, certa de que o campo demandava análise renovada.

Para os estudiosos do Direito Comercial, há uma recorrente frustração na busca por respostas adequadas às questões dos contratos empresariais quando nos limitamos aos institutos tradicionais do Direito Civil. Essa inadequação torna-se particularmente aguda nos arranjos empresariais contemporâneos, cada vez mais sofisticados, onde conceitos aparentemente simples adquirem complexidade inesperada. Tais situações exigem interpretação à luz do sistema jurídico em sua integralidade, orientada pelos princípios e pela racionalidade própria das relações interempresariais. Não é exagero afirmar que temos diante de nós toda uma dogmática a ser construída.

A pesquisa de Simone Barros parte de constatação fundamental: nos contratos de colaboração empresarial, o binômio prestação-contraprestação raramente se apresenta em estrutura linear. É característico que as partes assumam, simultaneamente, posições de credor e devedor em múltiplas obrigações, que longe estão de guardar simetria aos pares. Consequentemente, o contrato não pode ser compreendido a partir de interesses meramente antagônicos, mas clama interpretação que coloca a colaboração como elemento central que impulsiona a concretização de sua finalidade e a realização de projeto comum voltado ao lucro.

Como já observei em estudos anteriores, a colaboração entre empresas — manifestada na abstenção de comportamentos oportunistas — não deriva primordialmente de considerações morais, mas de racionalidade econômica específica. O elevado grau de dependência recíproca, resultante dos investimentos direcionados à celebração e execução do contrato, torna o sucesso do empreendimento um interesse convergente e central de ambas as partes. No desenvolvimento da relação, as empresas interagem de forma dinâmica, gerando expectativas legítimas de reciprocidade que sustentam os esforços colaborativos e possibilitam a continuidade temporal do vínculo.

O problema central emerge quando os contratantes deixam de cooperar espontaneamente. Se o dever de colaboração não representa mera obrigação acessória, mas constitui elemento essencial da relação contratual, como acredita a autora, seria possível sua execução específica? Em que circunstâncias se justifica a extinção do vínculo?

Simone Barros argumenta, com perspicácia, que as respostas a essas indagações não se encontram nas abordagens contratuais clássicas, mas na teoria dos contratos relacionais, nos quais a confiança ocupa posição nuclear. Cessada a cooperação, frustra-se a finalidade comum que orientou a vinculação inicial das partes.

Nesses cenários, a execução específica pode revelar-se inadequada ou contraproducente, exigindo do Direito o oferecimento de soluções apropriadas ao fenômeno, mesmo diante da ausência de sistematização específica sobre os contratos de colaboração empresarial no ordenamento brasileiro.

O trabalho de Simone Barros distingue-se não apenas pelo tema, tratado na perspectiva do Direito Empresarial, mas também por seu caráter questionador e provocativo. Investiga, com rigor analítico, a hipótese de uma permissão legal implícita para a resilição unilateral nos contratos onde a colaboração representa obrigação principal. Busca identificar sua ausência como justificativa suficiente para a denúncia, sem abrir espaço para comportamentos oportunistas que comprometem a segurança jurídica das relações empresariais.

A obra inicia-se com precisa delimitação da teoria dos contratos relacionais como categoria dos contratos de longa duração, destacando a incompletude como uma de suas características definidoras. As lacunas contratuais são progressivamente preenchidas pela relação que as partes estabelecem entre si, originando uma "confiança relacional" que se integra à estrutura do vínculo jurídico e transcende o dever de cooperação derivado da boa-fé objetiva.

Na sequência, a autora examina o dever de cooperação como objeto de estudo autônomo, analisando suas manifestações nas relações contratuais e a viabilidade jurídica da resolução contratual fundamentada na ausência de colaboração.

Por fim, Simone Barros enfrenta o desafio de compatibilizar a teoria dos contratos relacionais e a doutrina dos contratos de colaboração com as disposições do Código Civil de 2002. Nosso ordenamento não contempla disposições específicas para disciplinar as peculiaridades desses contratos, o que amplifica a relevância da contribuição teórica apresentada.

Com este panorama, a obra que tenho a honra de prefaciar oferece reflexões valiosas, até porque provém da pena de uma das maiores advogadas do país, conhecida por sua excelência na condução de complexos litígios empresariais, mas que é, simultaneamente, uma grande jurista, dotada dos argutos olhos que apenas as pessoas intelectualmente inquietas possuem. O resultado é uma obra vibrante, séria e profunda, capaz de iluminar um campo ainda pouco explorado pela doutrina nacional.

Em suma, o livro representa oportunidade singular para todos aqueles que se interessam pelo tema e desejam participar de reflexão fundamentada e instigante sobre matéria tão negligenciada quanto essencial para a ordenação jurídica dos mercados contemporâneos.

Paula A. Forgioni
Professora Titular de Direito Comercial
Faculdade de Direito da Universidade de São Paulo

APRESENTAÇÃO

Apesar da importância dos contratos de colaboração empresarial, ainda há considerável déficit, na doutrina brasileira, de trabalhos que explorem, com a devida profundidade, vários dos seus aspectos e problemas, oferecendo soluções seguras e consistentes para os problemas da vida prática.

Com efeito, a legislação e as discussões sobre os contratos no Brasil ainda se concentram nos contratos de troca ou intercâmbio, não dando a atenção necessária para contratos que, como os de colaboração, apresentam características desafiadoras. Afinal, o fato de terem a cooperação como objeto — e não como mero dever lateral — e ainda serem incompletos e normalmente sujeitos a longos prazos, faz com que nem sempre possam ser submetidos à lógica e às soluções dos demais contratos.

É nesse cenário que se destaca a contribuição do presente livro, que eu ora tenho a honra de apresentar. Escrito pela talentosa e competente advogada Simone Rodrigues Alves Rocha de Barros, fruto de dissertação de Mestrado que eu tive a alegria de avaliar como membro da banca examinadora, a obra preenche lacuna na dogmática brasileira sobre os efeitos da extinção dos contratos de colaboração.

Como a própria autora adianta na sua Introdução, "[n]os contratos empresariais, especialmente naqueles em que se exige alta carga de colaboração para o cumprimento das obrigações e o preenchimento de condições e lacunas propositais, diante de cenários não antecipáveis dos negócios — ou com alto custo negocial para a antecipação — é comum não ficar claro o contexto para a verificação da culpa pelo inadimplemento ou mesmo os motivos para o encerramento da relação."

É a partir desta premissa que a autora desenvolve a arrojada tese de que é possível a extinção dos contratos de colaboração empresarial por ausência da cooperação/colaboração, afastada a possibilidade de execução específica.

Para cumprir seu propósito, Simone contou não somente com sua grande capacidade intelectual e gosto pelo estudo, mas também com a sua extensa e bem sucedida experiência como advogada na área empresarial, o que lhe permite ter uma visão pragmática do fenômeno objeto da sua análise. É esse alcance que lhe permite afirmar, com base na sua vivência prática do problema, que, "quando não se mostra mais possível a colaboração entre as partes, a execução específica dessa obrigação se apresenta inútil e inadequada."

Apesar da complexidade do tema, Simone o explora com muita segurança, a partir de um texto claro, organizado e fluido, que tem como um de seus fios condutores a necessidade de diálogo entre a dogmática dos contratos de colaboração e a teoria econômica dos contratos relacionais, passando por discussões interessantíssimas sobre a natureza e as funções dos mencionados contratos, assim como suas aproximações e diferenças em relação a outros contratos.

O resultado deste caminho argumentativo é que, ao final do texto, ficam muito claras as razões pelas quais a autora conclui que "em determinadas circunstâncias, a rescisão, ainda que não pudesse ser caracterizada como plenamente motivada, poderia ser admitida, respeitada a possibilidade de indenização da outra parte pela ruptura antes do decurso do prazo contratual."

Para justificar a sua tese, a autora explora não apenas as razões jurídicas — dentre as quais a grande dificuldade em se caracterizar a violação positiva desse tipo de contrato — mas também as razões econômicas, mostrando como a proibição da rescisão imotivada poderia ir contra a dinâmica necessária a esse tipo de contrato, levando a cenários ineficientes e contraproducentes, o que poderia comprometer até mesmo a função econômica e social de tais pactos.

Outro ponto que merece destaque é que, para chegar às suas conclusões, a autora não menospreza as dificuldades do tema, tal como se vislumbra na ressalva de que a sua tese não afasta a necessidade de se ter um motivo justificável jurídica e economicamente para a rescisão unilateral e o fato de que a solução proposta pode exigir a indenização de eventuais perdas e danos, com base na necessária proteção das legítimas expectativas da outra parte.

Como já se pode observar por essa breve apresentação, são muitos os méritos desta obra, que agora chega ao grande público, devendo atrair o interesse não apenas da academia, mas também de todos os profissionais que trabalham com contratos de colaboração.

Mais do que suprir uma lacuna jurídica, Simone apresenta uma relevante contribuição para todos aqueles que querem entender melhor os contratos empresariais, propondo soluções factíveis e justificadas para os impasses que normalmente existem em tais contratos e pavimentando o caminho para a necessária reflexão sobre tema tão importante.

Brasília, maio de 2025

Ana Frazão
Professora Associada de Direito Civil, Comercial e Econômico
da Universidade de Brasília — UnB

INTRODUÇÃO

1.1 A importância do tema

Vantagens são colhidas pelas partes no desenrolar do contrato; uma delas é a própria existência da relação.[1]

Paula A. Forgioni, em sua clássica obra *Contratos empresariais: teoria geral e aplicação*, já procurava estruturar uma teoria geral dos contratos empresariais, focada na investigação do que seria o seu *mecanismo de funcionamento comum*.

Outro grande eixo do pensamento mais recente sobre os estudos nessa área tem sido a ideia do contrato, altamente inspirada na teoria da obrigação como um processo,[2] consagrada no livro de Clóvis do Couto e Silva.[3]

---

1 FORGIONI, Paula A. *Contratos empresariais*: teoria geral e aplicação. 4. ed. São Paulo: Revista dos Tribunais, 2019, p. 21.

2 COUTO E SILVA, Clóvis do. *A obrigação como processo*. São Paulo: Bushatsky, 1976.

3 "Em 1964, Clóvis Couto e Silva propôs que a obrigação fosse vista em sua *totalidade*, como *processo*, isto é, sucessão de fases que visa à satisfação dos *interesses do credor*. Essa concepção pode e deve ser aplicada aos contratos empresariais, especialmente àqueles dotados de maior grau de complexidade, que carregam consigo uma miríade de disposições contratuais e obrigações, explícitas e implícitas, inter-relacionadas e interdependentes entre si e que assumem sentido quando vistas em sua globalidade e dinâmica. Gravitam, todas elas, em torno dos escopos almejados por ambas as partes, i. e., da *operação econômica* que encetaram" (FORGIONI, Paula A. *Contratos empresariais*: teoria geral e aplicação. 4. ed. São Paulo: Revista dos Tribunais, 2019, p. 20).

Dentro dessa releitura mais atualizada dos contratos empresariais, a lógica da operação estanque de compra e venda (ou contratos *spot*), clássico modelo de estrutura de trocas e de posição clara entre prestação e contraprestação, se problematiza. A realidade das relações comerciais, mais complexa do que a os tipos legais, muitas vezes não encontra solução jurídica em apenas um instituto ou em uma norma legal, exigindo do estudioso do Direito uma capacidade de análise global dos princípios e das regras, sempre com a compreensão da funcionalidade dos contratos e do mercado em que eles se inserem.

A ideia de contrato como fonte de interesses antagônicos do credor e do devedor é reformulada pela ótica da solidariedade, da cooperação como um dever necessário à consecução do fim contratual, especialmente nas relações mais duradouras.[4]

Nesse sentido, Perlingieri destaca que "a obrigação não se identifica no direito ou nos direitos do credor; ela configura-se cada vez mais como uma relação de cooperação", na qual o credor "se torna titular de obrigações genéricas ou específicas de cooperação ao adimplemento do devedor."[5]

Dentre as transformações sociais ocorridas nas duas décadas passadas, cuja análise se veria muito influenciada pelo pensamento econômico ligado à Nova Economia Institucional[6] e pelo conceito de empresa como forma de organização, destaca-se o incremento da utilização dos contratos de colaboração empresariais como objeto de necessário estudo dogmático.

Nos contratos empresariais, especialmente naqueles em que se exige alta carga de colaboração para o cumprimento das obrigações e o preenchimento de condições e lacunas propositais, diante de cenários não antecipáveis dos negócios — ou com alto custo negocial para

---

4 "7. Cooperação futura. Na negociação descontínua quase nenhuma cooperação futura será exigida. Cada parte simplesmente produz seja a mercadoria, seja o dinheiro no tempo e local prometidos. Porém, nas relações contratuais primitivas, a cooperação provavelmente será exigida no cumprimento (*performance*) que poderá muito bem constituir em esforços conjuntos, como dois homens cooperando na caça. Ademais, já que o ajuste na relação é endêmico, a cooperação naquele processo também é necessária" (MACNEIL, Ian R. *O novo contrato social*: uma análise das relações contratuais modernas. Tradução de Alvamar Lamparelli. Rio de Janeiro: Elsevier, 2009, p. 16).

5 PERLINGIERI, Pietro. *Perfis do Direito Civil*: introdução ao Direito Civil Constitucional. Tradução de Maria Cristina de Cicco. Rio de Janeiro. Renovar, 1997, p. 212.

6 Ruy Pereira Camilo, citando Paula Forgioni, "a visão neo-institucionalista da economia (...) propõe que o individualismo metodológico deva ser temperado pelas instituições", formais (como as regras jurídicas) ou informais (como a tradição). *O contrato de distribuição, op. cit.*, p, 368.

a antecipação — é comum não ficar claro o contexto para a verificação da culpa pelo inadimplemento ou mesmo os motivos para o encerramento da relação.

Por isso, qualquer estudioso do Direito que resolva investigar essa categoria atual de contratos empresariais deve ter em conta que "o contrato é um processo, destinado a dar concreção à intenção comum das partes".[7]

Não apenas se deve compreender o desenrolar dos contratos com uma maior atenção às vantagens advindas da própria existência e permanência da relação entre as partes, mas também essa ideia de "intenção comum das partes".

No caso de empresários, a intenção primordial é a obtenção do lucro. A ideia de atividade lucrativa é indissociável do conceito de atividade empresária.

A qualidade *empresarial* de um contrato implica o reconhecimento de que se trata de negócio jurídico instrumentalizado ao fenômeno da *atividade empresarial* e inserido em um *mercado*; é, portanto, um negócio jurídico que serve a uma transação econômica entre agentes de mercado, que por sua vez informa o sentido do contrato.[8]

O contrato empresarial, nesse contexto, não possui sentido aferível exclusivamente a partir do seu texto isolado, mas existe em função da operação econômica que representa. É, portanto, uma "veste exterior" da transação entre agentes de mercado, fora da qual não pode ser corretamente compreendido.[9]

---

7 FORGIONI, Paula A. *Contratos empresariais*: teoria geral e aplicação. 4. ed. São Paulo: Revista dos Tribunais, 2019, p. 22.

8 Cf. MARTINS-COSTA, Judith. *A boa-fé no Direito privado*. São Paulo: Marcial Pons, 2015, p. 305: "Remetendo para um momento subsequente a referência aos contratos que constituem e organizam a atividade empresarial, refira-se, por ora, os que instrumentalizam essa atividade econômica ao criar e disciplinar as relações jurídicas entre os empresários e terceiros adquirentes dos respectivos bens e serviços especialmente quando esses terceiros são sujeitos que não se qualificam como 'consumidores'. E a primeira e mais óbvia constatação é a de que tais contratos, longe de serem disciplinados com base em critérios formais, são qualificados como 'contratos empresariais' por um fator de ordem *substancial*, é dizer: quando instrumentalizados ao fenômeno da atividade empresarial, 'funcionando como objeto precípuo ou instrumentos jurídicos ancilares da respectiva atividade".

9 "Mas se isto é verdade — e se, consequentemente, se pode e se deve falar do contrato-conceito jurídico, como de algo diverso e distinto do contrato-operação económica, e não identificável pura e simplesmente com este último — é, contudo, igualmente verdade que aquela formalização jurídica nunca é construída (com os seus caracteres específicos e peculiares) como fim em si mesma, mas sim com vista e em função da operação económica, da qual representa, por assim dizer, o invólucro ou a veste exterior, e prescindindo da qual resultaria vazia, abstracta, e, consequentemente, incompreensível: mais precisamente,

Quando se está no campo da interpretação dos contratos empresariais, por exemplo, ao intérprete cabe desvendar a operação econômica por trás do contrato, e é essa operação que guiará a atividade de interpretação[10] e o conceito da própria intenção comum das partes prevista no art. 112 do Código Civil. O interesse do credor — considerando que não se trata de posição estanque, mas relacionada à determinada prestação — está, assim, diretamente ligado à função econômica ou, em outras palavras, ao próprio programa contratual.

A distinção dos contratos empresariais como contrapostos aos contratos existenciais[11] aparece como um marco no século XXI, colocando os contratos empresariais como categoria autônoma, no seio de investigação dogmática dos estudiosos do direito contratual.

> Enquanto a categoria dos contratos empresariais, independentemente de uma normatização específica, se firmou de forma autônoma (sempre a partir do status das partes, a princípio em contraposição aos contratos de trabalho, depois aos de consumo, e por fim, aos existenciais), os estudos passaram a se voltar para a sua sistematização, para a compreensão das suas características próprias e seus vetores de funcionamento, na feliz expressão utilizada por Forgioni.[12]

Forgioni, no seu estudo sobre contratos empresariais, deu destaque à importância de classificar os contratos empresariais segundo alguns critérios: a) grau de vinculação futura das partes [contratos imediatos, híbridos e societários]; b) grau de positivação [contratos típicos, atípicos e socialmente típicos]; c) abrangência do objeto [contrato

---

com vista e em função do arranjo que se quer dar às operações económicas, dos interesses que no âmbito das operações económicas se querem tutelar e prosseguir. (Neste sentido, como já se referiu, o contrato-conceito jurídico resulta instrumental do contrato-operação econômica)" (ROPPO, Enzo. *O contrato*. Coimbra: Almedina, 2009, p. 9-10).

10 "(...) Ao definir o contrato como 'veste exterior' ou 'invólucro' de uma operação econômica, entendida como aquela que promove a circulação de riquezas, Roppo lançou luz sobre o caráter instrumental do conceito jurídico de contrato. O contrato, portanto, não tem existência autônoma e abstrata. Vincula-se e depende de uma operação econômica que lhe é subjacente, e cuja correta e precisa interpretação cabe, inexoravelmente, ao intérprete" (PELA, Juliana Krueger. Risco e contratos empresariais. A aplicação da resolução por onerosidade excessiva. *In:* SZTAJN, Rachel Salles; ALMEIDA, Marcos Paulo de; TEIXEIRA, Tarcísio (org.). *Direito Empresarial:* estudos em homenagem ao Professor Haroldo Malheiros Duclerc Verçosa. São Paulo: IASP, 2015, v. 1, p. 488).

11 AZEVEDO, Antônio Junqueira de. *Natureza jurídica do contrato de consórcio [sinalagma indireto]*. Onerosidade excessiva em contratos de consórcio. Resolução parcial de contrato. Novos estudos e pareceres de direito privado. São Paulo: Saraiva, 2009, p. 356.

12 FORGIONI, Paula A. *Contratos empresariais*: teoria geral e aplicação. São Paulo: Revista dos Tribunais, 2015, p. 107.

quadro e contratos satélite]; d) grau de ligação de contratos celebrados entre as mesmas partes [contratos coligados e contratos independentes]; e) grau de complexidade [contratos completos e incompletos]; f) interesse principal das partes no contrato [contratos de prestação e contratos de relação]; g) tipo de negociação que lhes dá origem [contratos de adesão e contratos negociados]; h) grau de poder econômico das partes [contratos paritários e contratos em que há situação de dependência econômica; e i) existência de ligação a contratos celebrados entre terceiros [contratos isolados e contratos em rede].[13]

No que diz respeito ao presente estudo, o recorte que se pretende dar é o dos contratos empresariais a partir do interesse principal das partes no contrato, com foco nos contratos de relação, ou, na definição da Ian Macneil,[14] contratos relacionais.

A análise dos contratos passa, no estudo jurídico brasileiro, essencialmente pelos estudos de Direito Civil. No entanto, reconhecendo a importância e magnitude desses estudos, muitas vezes existe uma certa carência no estudo acadêmico dos contratos empresariais, sob a ótica exclusiva e particular das suas finalidades e de acordo com a evolução do Direito Comercial.

Como exemplo dos desafios próprios que a evolução dos modelos contratuais específicos do Direito Comercial, ou mais modernamente, do Direito Empresarial, nos trazem, optou-se por um recorte baseado na teoria dos contratos relacionais.[15]

A investigação passa, assim, pela premissa de que a proposta dos contratos relacionais se aplica aos contratos empresariais.[16]

---

[13] FORGIONI, Paula A. *Contratos empresariais*: teoria geral e aplicação. 4. ed. São Paulo: Revista dos Tribunais, 2019, p. 47-48.

[14] MACNEIL, Ian R. Contracts: Adjustment of Long Term Economic Relations Under Classical, Neoclassical, and Relational Contract Law. *Northwestern University Law Review*, v. 72, p. 854-905, 1978.

[15] "A análise elaborada pela doutrina dos contratos relacionais é útil para nossa empreitada de dissecação dos contratos empresariais, porque põe em relevo dois dos seus elementos fundamentais: [i] a relação entre as partes e [ii] a *força da boa-fé, da confiança*. Quanto ao primeiro ponto, pensar a ligação entre as partes, nos moldes doutrinários dos contratos relacionais, é essencial para dimensionar o ajuste e trazer à baila a importância da boa-fé objetiva, da confiança, da não frustração da legítima expectativa para garantir a estabilidade jurídica e o melhor desenvolvimento do contrato enquanto um processo" (FORGIONI, *op. cit.*, 2019, p. 65).

[16] Alguns respeitados estudos já foram feitos no Brasil sobre os contratos relacionais, sendo o mais emblemático o de Ronaldo Porto Macedo, que tratou do tema nos contratos de consumo. A teoria dos contratos relacionais também vem sendo adotada para disputas envolvendo contratos de seguro, contratos de distribuição e franquias, mas pouco se fala da aplicação sistemática na seara dos contratos empresais. Na jurisprudência podemos

Na sequência, questiona-se a super relevância do *pacta sunt servanda* como suposto óbice ao término dos contratos e da intervenção judicial nos contratos, quando se sabe que essa lógica se torna mais complexa quando a cooperação está no centro da obrigação contratual ou quando a própria resilição expressa dos contratos também pode ser objeto de disposição das partes, integrando o contratado. Com uma análise crítica e sistêmica das disposições do Código Civil, pretende-se encontrar a melhor solução para a extinção dos contratos relacionais, questionando a possibilidade de execução específica do dever de

---

encontrar exemplos de casos que mencionam, sem grande aprofundamento, a caraterística relacional dos contratos:

TJSP, AC nº 1053276-48.2018.8.26.0114, rel. Tercio Pires, 34ª Câmara de Direito Privado, j. em 21.02.2022 (Contrato de aquisição de *software* e prestação de serviços): "Tratava-se, portanto, de típico contrato relacional, no qual as partes definiram a relação travada entre elas (partindo do fornecimento do sistema já desenvolvido pela autora 'Matera Instituições de Pagamento'), sendo incapazes, no momento inicial da contratação, de reduzirem a termo todas as obrigações deles advindas, seja pela impossibilidade de identificação de condições incertas, seja pela dificuldade de especificar de maneira exata as possíveis adaptações que o sistema sofreria ao longo de toda o ajuste".

TJSP, AC nº 1005221-20.2018.8.26.0291, rel. Alexandre Davi Malfatti, j. em 26.06.2021 (Contrato de fornecimento de refeições): (i) "Contratos relacionais. A sociologia dos contratos já demonstrou que existe uma relação direta entre (a) modelos econômicos de produção e (b) o desenvolvimento de teorias contratuais de apoio a esses modelos. Podemos distinguir três modelos de produção distintos que deram origem a três tipos ideais de teoria contratual. A tese de defesa pretende aplicar o segundo modelo à realidade dos autos, quando, na verdade, o correto seria aplicar o terceiro. Vejamos cada um deles".
(ii) "Em contratos relacionais, não valem os termos do primeiro acordo, vale aquilo que as partes, no cumprimento do dever de cooperar reciprocamente para o sucesso do empreendimento conjunto, fizeram concretamente. Os valores efetivamente devidos pela demandante são e devem ser apenas aqueles objeto de cobrança efetiva durante a prestação dos serviços. Não pode a demandada, em patente *venire contra factum proprio*, realizar cobrança retroativa em desacordo com aquilo que as partes efetivamente praticavam".
(iii) "A teoria dos contratos relacionais surgiu exatamente para regulamentar essa nova forma de organização. Ela: (a) permite a mutabilidade dos elementos do contrato (preço, quantidade, qualidade e entrega); (b) admite e assume a enorme imprevisibilidade das contingências futuras, que impede determinar ex ante os termos completos dos contratos; (c) admite a possibilidade de especificar os termos do contrato durante o adimplemento, desenvolvendo processos institucionais para definir e modificar durante a avença os termos do relacionamento. O lucro dessas empresas não decorre diretamente de uma troca pontual, mas do resultado final da mútua cooperação. Assim, o valor jurídico em torno do qual a teoria contratual relacional é desenvolvida não é apenas o da segurança, mas primordialmente os da confiança e cooperação entre as partes".
(iv) "Postas as premissas, há de se reconhecer que o tipo de vínculo que se estabeleceu entre as partes deste contrato reúne predicados suficientes para ser considerado uma instância do tipo ideal contrato relacional".

TJSP, AC nº 1098726-32.2013.8.26.0100, rel. Carlos Abrão, 14ª Câmara de Direito Privado, j. em 20.02.2019 (Contrato de distribuição).

TJSP, AC nº 9066719-98.2006.8.26.0000, rel. Marcondes D'Angello, 25ª Câmara de Direito Privado, j. em 20.07.2017 (Contrato previdenciário).

colaboração quando este não se apresenta como um dever lateral, mas dentro do próprio objeto contratual.[17]

Nesse contexto, quando as partes não querem mais estar relacionadas à extinção do contrato, não seria mais consentânea e aderente ao

---

[17] No caso deste trabalho, se pretende tratar da hipótese em que o dever de colaboração não se apresenta como um dever lateral, mas integra o conteúdo do objeto contratual na qualidade de dever principal ou secundário. De todo modo, para efeitos da distinção, vale ressaltar a classificação que Judith Martins-Costa faz sobre deveres primários, deveres secundários e deveres laterais/anexos:
"Os deveres de prestação se subdiv*idem* em (i.1) *deveres principais ou primários de prestação*, que constituem o núcleo, a 'alma da relação obrigacional', voltados que estão a realizar os interesses do credor à prestação ('interesses de prestação') e definindo o seu tipo, como, exemplificativamente, o dever do vendedor de transferir o domínio da coisa vendida, e o do comprador, de pagar o preço ajustado, na compra e venda; e (i.2) *deveres secundários* ou acidentais de prestação, que estão, relativamente aqueles, numa relação de acessoriedade. Exemplo dessa última categoria é o dever do locatário de comunicar ao locador imediatamente o surgimento de 'qualquer dano ou defeito cuja reparação a este incumba, bem como as eventuais turbações de terceiros'; ou, ainda 'realizar a imediata reparação dos danos verificados no imóvel, ou nas suas instalações, provocadas por si, seus dependentes, familiares, visitantes ou prepostos'. (...)
Uma outra espécie de deveres correspondentes aos interesses de prestação inconfundíveis com os principais e com os secundários é a dos (ii) deveres anexos, ou instrumentais. Dizem-se anexos porque sua ligação é de anexiedade e/ou instrumentalidade ao dever principal de prestação.
Estes são aqueles insertos também nos *interesses de prestação*, mas de forma *anexa* ao dever principal. Como sua denominação indica, atuam para otimizar o adimplemento satisfatório, fim da relação obrigacional. São deveres que não atinem ao 'que' prestar, mas ao 'como' prestar. Podem estar previstos em lei (como o *dever de prestar contas*, que incumbe aos gestores e mandatários, em sentido amplo), ou não, mas o seu fundamento último estará sempre na boa-fé — seja por integração contratual diretamente apoiada no texto legal, seja por via da concreção do princípio da boa-fé. Por isso se diz serem gerados pela boa-fé, estando numa relação de anexidade e instrumentalidade relativamente ao escopo da relação.
Nos casos de carência ou inidoneidade da regulamentação consensual para exaurir a disciplina da relação obrigacional entre as partes (caso de heterointegração contratual) tais deveres são ditos 'avoluntarísticos', neologismo empregado para expressar a sua fonte, que não reside na vontade, mas se reporta diretamente ao modelo prescritivo da boa-fé, quando chamado a integrar o conteúdo contratual. Porém, é preciso muita atenção às ambiguidades da terminologia: alguns autores denominam o que ora é etiquetado como 'deveres anexos ou instrumentais' como 'deveres de colaboração' ou, ainda, como 'deveres laterais positivos', reservando a expressão 'deveres laterais negativos' ao que aqui é denominado 'deveres de proteção em sentido estrito'. O importante é detectar *a que interesse estão correlacionados*.
É que os deveres anexos são insertos no interesse de prestação com grau de vinculação imediata aos deveres principal e secundário. São necessários para possibilitar o adimplemento satisfativo, o que ocorre por via das funções hermenêutica e integrativa da boa-fé; Verificam-se, exemplificativamente, quando se exige a implementação de deveres de informação sobre as qualidades da coisa prometida à venda; de esclarecimento sobre o alcance de determinada prestação; de prestação de condutas 'transparentes' incumbente a todos que gerenciem dinheiros e interesses alheios; de lealdade na conduta contratual evitando-se o comportamento incoerente, etc." (MARTINS-COSTA, Judith. *A boa-fé no Direito privado*. São Paulo: Marcial Pons, 2015, p. 220-223).

próprio negócio? Se afirmativa a resposta, como lidar com a necessidade de segurança jurídica no cumprimento dos contratos?

Ainda, como Forgioni propõe: "como coadunar juridicamente o oportunismo, o comportamento predatório, com a colaboração que se faz necessária para o sucesso do negócio?"[18]

O desafio proposto instiga a investigação dogmática, em uma tentativa de trazer a experiência adquirida em anos de litígios empresariais estratégicos, onde essas questões se apresentam de forma constante, com o estudo acadêmico do direito, na esperança de que da junção desses dois mundos nasça uma proposta, dogmaticamente estruturada, de resposta.

1.2 O tema e suas limitações

> *O mundo tecnológico moderno é, por excelência, um mundo fundado em contrato. A especialização e a troca medram. O planejamento constante é pressuposto. O Exercício da escolha é endêmico, seja a escolha dos mais diretamente afetados ou dos outros. O poder e seu exercício estão por toda a parte. Longe de estar morto, o contrato assolou o mundo — como um pessimista diria — como a praga.*[19]

O que fazer quando a colaboração, por qualquer motivo, acaba ou deixa de fazer sentido para as partes? Qual a solução do ordenamento jurídico para a pacificação do conflito representado pela necessidade legítima de uma das partes de se desvincular daquela relação? A execução específica de uma obrigação de colaboração deve ser afastada em determinados casos? Qual a resposta adequada para o desafio natural de se qualificar a ausência de colaboração como inadimplemento

[18] FORGIONI, Paula A. *Contratos empresariais*: teoria geral e aplicação. 4. ed. São Paulo: Revista dos Tribunais, 2019, p. 65.

[19] MACNEIL, Ian R. *O novo contrato social*: uma análise das relações contratuais modernas. Tradução de Alvamar Lamparelli. Rio de Janeiro: Elsevier, 2009, p. 69.

de uma das partes ou justa causa para o término contratual sem culpa recíproca? Seria correto falar em inadimplemento absoluto e de que forma ele pode ser caracterizado?

Com esses questionamentos em mente, a pesquisa objeto deste estudo tomou por base os contratos de colaboração empresarial. De modo geral, podemos usar tanto a nomenclatura de contratos de colaboração empresarial como a de contratos de parceria — como sendo aqueles voltados a um empreendimento empresarial comum e específico, sem a constituição de uma sociedade entre as partes. Dentro dessa classificação estariam alguns contratos típicos, como os contratos de distribuição, de franquia e de representação comercial. O estudo, contudo, se volta para os contratos de colaboração atípicos, que não encontram uma previsão legal específica, que têm obrigações abertas e a colaboração como centro do objeto contratual.

Podemos citar exemplos práticos de contratos que contenham essas premissas, tais como contratos de *joint ventures*, contratos de parceria para o desenvolvimento de um *software*, para o desenvolvimento de uma determinada atividade agrícola ou de promoção de marca através do banco de clientes de uma das empresas, dentre outros. Em todos eles, a nota comum é que a obrigação principal se caracteriza por um dever de colaboração recíproco, cujo inadimplemento torna impossível a consecução do fim do empreendimento comum desejado.

Como fundamento teórico, interessa ao trabalho a investigação da teoria dos contratos relacionais,[20] considerando que o estudo

---

[20] "A análise econômica dos contratos tem evoluído segundo três linhas de investigação distintas:
- Teoria Econômica dos Contrato, que não excluiu a possibilidade de as partes estipularem completamente o contrato, nem a possibilidade de uma instância externa assumir a tutela perfeita do cumprimento das obrigações resultantes;
- A abordagem da *Law and Economics*, que mais realisticamente aceita que os contratos sejam incompletos e admite que caiba à instância externa, o juiz, completar e definir os termos contratuais (seja ou não o juiz eficiente, esteja ele ou não envolvido nos meandros do *rent-seekink*, haja ou não barreiras de inverificabilidade);
- A abordagem 'relacional' que enfatiza a complexidade do jogo de interesses e lhe associa como consequência normal a ineficácia da intervenção externa, apresentando como alternativa a solução contratual como quadro procedimental, uma 'estrutura de governo' que permite encontrar soluções adequadas a problemas radicalmente novos.
A abordagem "relacional", mormente aquela que segue o pioneirismo de Stewart Macaulay, representa o último afloramento, e decerto o mais sofisticado, da abordagem empírica e indutivista que tem envolvido análises sociologistas do fenômeno contratual — ela mantém inalterado o seu vigor e a sua capacidade para construir um desafio ao cânone econômico neoclássico e à dogmática jurídica, não obstante apresentar já alguns anos de vida" (ARAÚJO, Fernando. *Teoria económica do contrato*. Coimbra: Almedina, 2007, p. 393-394).

clássico e neoclássico dos contratos não respondem, de modo completo e adequado, aos problemas impostos pelos contratos de colaboração, especificamente na seara da análise do inadimplemento e da resolução. As teorias contratuais clássica e neoclássica, focadas na troca instantânea como objeto do contrato, não abarcam os problemas inerentes a um outro modelo de contratação, mais centrado na própria relação de troca,[21] construída ao longo do tempo pelas partes e que, no mais das vezes, necessitam de ajustes para se manter a função econômica do contrato, tal como incialmente prevista e desejada pelos contratantes.[22]

A flexibilidade é inerente às relações econômicas, que são alteradas por eventos externos o tempo todo. Uma parceria inicialmente planejada por uma restrição momentânea de crédito, por exemplo, perde seu sentido quando existe ampla oferta de crédito. Um projeto desenhado num ambiente não competitivo muda de perspectiva quando aumenta a concorrência.

O Direito, sob a perspectiva clássica e neoclássica,[23] não está preparado para dar resposta legal adequada a esse necessário planejamento

---

[21] "Ao contrário, contratos não se constituem num vácuo social, mas estão imbrincados com as expectativas, valores, matrizes sociais, processos comunicacionais dentro dos quais se constituem. Neste sentido, a promessa, elemento essencial para a teoria contratual clássica e neoclássica, não é senão um dos elementos constitutivos da obrigação contratual. Na verdade, às obrigações promissórias há uma série de obrigações não-promissórias, que não nasce, cm a promessa (ou no momento em que esta é feita), mas que se prolongam no tempo antes e além do momento promissório. Em outras palavras, contratos são relações constituídas dentro de um processo que as constitui e modifica" (MACNEIL, Ian R. *O novo contrato social*: uma análise das relações contratuais modernas. Tradução de Alvamar Lamparelli. Rio de Janeiro: Elsevier, 2009, p. xxxii).

[22] "Daí a crítica de Macneil de que o modelo do direito contratual clássico, fundado no contrato 'isolado' e 'presentificador', em que o consenso dado na celebração do contrato é levado às últimas consequências, é inadequado a relações que demandam flexibilidade ao longo do tempo. Segundo o autor, para tentar manter coerência com a noção de 'presentificação', o direito clássico cria teorias que tentam efetuar uma verdadeira 'ginástica' para acomodar situações de ajuste, ao longo do tempo, ao consentimento dado na assinatura do contrato. As soluções do chamado 'direito contratual neoclássico', segundo Macneil, embora menos ineficientes do que as do 'direito contratual clássico', também não são suficientemente adequadas a lidar com relações duradouras ou que demandem ajustes. Elas se baseiam muito em regras que estabelecem situações excepcionais em que o descumprimento obrigacional seria revelado. Tais regras estariam muito baseadas na própria noção de 'boa-fé'. (...) Um modelo jurídico adequado a lidar com os ajustes esperados em relações de longo prazo também leva em consideração as declarações de vontade ajustadas no início da relação. No entanto, a relação como um todo deve ser levada em consideração, na interpretação dos arranjos e dos acordos realizados. A abordagem relacional deve considerar as mudanças realizadas no dia a dia da relação e buscar harmonizar conflitos dentro da matriz da relação contratual" (SILVA, Leonardo Toledo da. *Contrato de aliança*: projetos colaborativos em infraestrutura e construção. São Paulo: Almedina, 2017, p. 132-133).

[23] "Em sua acepção clássica, edificada no direito francês, o contrato era a exata tradução de um monismo valorativo. Na medida em que a autonomia da vontade era absoluta,

sem concorrer com outros princípios, inseria-se o contrato exclusivamente no plano formal desligada por completo das condições materiais das partes e da sociedade que as cercava. Era uma perspectiva neutra e asséptica do contrato, filtrado da vida pelas lentes da abstração de um universo jurídico construído em laboratório.

Essa tendência se agravou com a edição do BGB, em 1900. A pandectística alemã forjou a teoria geral do negócio jurídico, uma pura categoria lógico-jurídica que contribuiu para apagar toda e qualquer nota de sociabilidade no fenômeno contratual. O conceito de negócio jurídico como declaração de vontade refere-se apenas a um único sujeito. Toda a análise do contrato é centrada na volição de cada um dos contratantes, perdendo-se de vista a estrutura bilateral do contrato, a participação comunicativa de um outro, que é parte na relação. Todo o discurso do negócio jurídico se conjuga no singular, centra-se no declarante como único sujeito da ação, cabendo ao declaratário um papel passivo de puro receptor. (...)

Todavia, o progressivo dimensionamento social do contrato e sua adequação aos valores morais, econômicos e sociais presentes na comunidade tornam impraticável a perpetuação de um conceito racional de contrato, perspectivado puramente pela individualidade e pela autonomia. Para evitar que ele se converta em instrumento de opressão — e para convertê-lo em meio de libertação -, será impregnado pela justiça e pela solidariedade. Não se cuida de declínio do contrato, mas de sua conformação com uma dimensão social hábil a lhe conferir uma função ordenadora da tutela de todos os interesses relevantes. A autodeterminação requer uma liberdade partilhada, apta a contemplar todos os partícipes da relação jurídica. (...)

Destarte, o contrato não é um ato isolado, mas uma relação inserida em processos econômico-sociais de relacionamento entre categorias de sujeitos. Quer dizer, apesar de a disparidade de poder se exprimir ao nível concreto de cada relação, trata-se de situação à qual dificilmente seus protagonistas individuais poderão se furtar, por repercutir no amplo funcionamento estrutural do sistema econômico e jurídico. Tendo-se em conta as condicionantes sistêmicas que envolvem a relação e nela se projetam, caberá ao ordenamento a estipulação de medidas de controle, correção e compensação, dando origem a uma bipartição do sistema normativo dos contratos. De um lado, um direito geral ou comum, caracterizado pelo predomínio da liberdade contratual; de outro, regimes especiais, nos quais se consagram variados mecanismos de tutela de interesses relevantes que a autorregulação deixaria indefesos.

Esta fragmentação da teoria contratual, que permite a convivência de múltiplos segmentos contratuais em contraste com o modelo monolítico de outrora, demarca uma das características daquilo que Cláudia Lima Marques refere como 'segunda crise do contrato'. Citando Erik Jayme, a doutrinadora enfatiza o pluralismo como um dos produtos da pós-modernidade, aqui entendido como 'pluralismo de agentes, de sujeitos de direitos, de fontes e de vínculos no mesmo contrato, a criar a necessária nova visão complexa de um diálogo das fontes e de um conjunto contratual e de feixes de deveres em cada relação'" (FARIAS, Cristiano Chaves de; ROSENVALD, Nelson. *Curso de Direito Civil*: contratos — Teoria geral e contratos e espécie. 5. ed. São Paulo: Atlas, 2015, p 15-17).

"Já aí afastada, na teoria dos negócios jurídicos, a vontade humana como fator primordial, estrutural, da relação jurídica, insere-se — ainda que com timidez — o elemento confiança: a ótica (e, por certo, a ética) é diversa daquela que havia guiado os codificadores franceses, porquanto, já assentado o capitalismo comercial como base das relações socioeconômicas e transformada a sociedade por conta da instauração do capitalismo industrial, a preocupação volta-se mais propriamente à segurança do tráfico jurídico: da ênfase no valor liberdade como emanação ontológica do indivíduo, que havia marcado o período da Revolução Francesa, se passa a acentuar o valor certeza da ordem estabelecida. O cidadão degenera no burguês, e no tráfico jurídico as atenções são dirigidas a ambas as partes contratantes, porquanto, em razão da intensidade e complexidade do tráfico jurídico-econômico, se coloca a necessidade de proteger também o destinatário da declaração, diminuindo-se assim as possibilidades de invalidação dos negócios por erro. (...)

A obra de Büllow, que na Teoria dos Contratos marca, genialmente, o ponto de evolução entre a tutela exclusiva ou primordial da vontade individual e a tutela da confiança — uma das decorrências do princípio da boa-fé, conatural à totalidade do ordenamento jurídico — abre caminho para que, na Itália, Emílio Betti formule, já nos meados deste século, a 'Teoria Preceptiva', cujo centro reside na concepção do contrato como autorregulação dos interesses privados, ato social, dirigido para o futuro, e não 'ato de vontade', pois essa já se exauriu quando formado o vínculo, pertencendo, pois, ao passado.

Segundo tal concepção — que muito se aproxima da doutrina da confiança (Treu und Glauben) 'os negócios jurídicos têm a sua gênese na vida de relações', surgindo como atos através dos quais os particulares dispõem, 'para o futuro, um regulamento obrigatório de interesses e suas recíprocas relações', os quais se desenvolvem 'sob o impulso das necessidades, para satisfazer diversíssimas funções econômico-sociais sem a ingerência da ordem jurídica' — onde inexiste 'qualquer vestígio de um Estado' sob a tutela da boa-fé, vale dizer, o respeito pela palavra dada, pela expectativa do correto cumprimento gerada na contraparte, pela confiabilidade da conduta, pela justa esperança em um comportamento leal: 'A boa-fé', diz Betti, 'continua a ser o sumo critério de valoração das obrigações contratuais recíprocas, mesmo depois de ter sobrevindo a sanção do Direito'.

Segundo as premissas aí lançadas, a lei dota de eficácia jurídica os atos de autoregulamentação de interesses privados, desde que realizados nas condições permitidas pelo ordenamento e nos limites por estes traçados — inclusive, ajunto, e com particular relevância, pelo princípio da boa-fé e dos deveres, de ordem obrigacional, que decorrem de sua incidência.

Nesta perspectiva se consolidou, progressivamente, a convicção segundo a qual de nada importa o modo pelo qual se exterioriza a vontade humana, pois o essencial é observar a mudança que é conferida ao seu relevo pelo ordenamento jurídico" (MARTINS-COSTA, Judith. Crise e modificação da idéia de contrato no Direito brasileiro. *Ajuris – Revista da Associação dos Juízes do Rio Grande do Sul*, v. 19, n. 56, p. 56-86).

"O moderno conceito de contrato foi elaborado pelos Códigos iluministas do século XIX e do início do século XX, em uma época não industrializada, de revoluções burguesas interessadas em extinguir privilégios, desonerar a propriedade, facilitar a transferência da propriedade de bens, sobretudo a imobiliária, sem o recurso à expropriação forçada, reafirmar a primazia do Homem e sua igualdade entre os pares.

Desta forma, neste contexto político e ideológico, os princípios da liberdade contratual, da responsabilidade civil baseada na culpa e do exercício irrestrito do direito de propriedade serviram de alicerces sobre os quais pôde erguer-se toda a Ciência do Direito Civil.

No entanto, ocorreram modificações no contexto social, econômico e histórico. No âmbito econômico tivemos a Revolução industrial, fenômeno iniciado na segunda metade do século XVIII, que significou o aumento potencial da capacidade produtiva das empresas e a Revolução Tecnológica, fenômeno representado pelo crescente desenvolvimento técnico alcançado depois da Segunda Guerra Mundial, primeiro na América do Norte, depois na Europa Ocidental, que revolucionou todo o sistema de produção, comercialização e distribuição de produtos e serviços, e transformou o mercado em destinatário de uma enormidade de produtos e serviços, tipificados, unificados, fabricados em série. Acrescente-se, ainda, a descoberta de novos meios de comunicação, como a televisão, além do incremento dos meios existentes; o surgimento de novas técnicas de comercialização e divulgação de produtos e serviços, designados de marketing, e a popularização do crédito.

No campo social, como reflexo do econômico, tivemos a passagem de uma sociedade agrária para a industrial, o surgimento de grandes cidades, da classe operária e a demanda para novos serviços, como água, luz, escolas, hospitais, meios de transporte, áreas de lazer.

A soma de todos esses fatores resultou no crescimento do número de contratos celebrados e provocou a necessidade do surgimento de novas formas de contratação, mais condizentes com a realidade instaurada, bem como revelou a insuficiência dos princípios até então aplicáveis aos contratos.

As novas realidades engendraram outra forma de contratar, marcada por dois momentos lógicos e cronológicos diversos. No primeiro momento, o contratante economicamente mais forte redige as cláusulas que farão parte do conteúdo que pretende concluir, de modo

contratual mais flexível, e sobre alterações, não apenas das circunstâncias externas, mas da própria dinâmica da relação entre as partes, sobretudo quando se nota uma compreensão equivocada quanto aos limites impostos pelo *pacta sund servanda*.[24] Não se pode negar uma tensão existente entre a necessidade de manutenção da vontade inicial em contraposição à necessidade de flexibilidade diante de novas situações ao longo da relação e, sobretudo, quando a identificação do propósito comum e da própria função econômica do contrato se perde na mácula à confiança, necessária à colaboração, imprescindível à realização do objeto do contrato.

Na tentativa de encontrar uma resposta a esses problemas da vida empresarial, a teoria dos contratos relacionais surge com uma

---

uniforme, com um número indeterminado de pessoas, as chamadas condições gerais dos contratos. No segundo momento, a parte contratual economicamente mais fraca adere a esse pré-esquema e origina o chamado contrato de adesão.

Os princípios contratuais mostraram-se inadequados à disciplina das novas técnicas de formação dos contratos. A teoria contratual foi revista com ênfase à concepção social do contrato, que se importa não apenas com a manifestação de vontade livre e consciente das partes (preocupação exclusiva da teoria tradicional), mas com a condição social e econômica das partes, com os efeitos do contrato e a busca um equilíbrio contratual real (CC, art. 421).

Na concepção social do contrato, a lei ocupa papel de destaque — não apenas papel supletivo —ao intervir com maior intensidade na economia do contrato, valorizar a confiança, as expectativas e a boa-fé das partes". (ROCHA, Sílvio Luís Ferreira da. Direito Civil. 6: *Contratos*. São Paulo: Malheiros, 2015. p. 23-24; destacou-se).

[24] "Em um dos seus textos mais conhecidos [MACNEIL, Ian R. Contracts: Adjustment of Long Term Economic Relations Under Classical, Neoclassical, and Relational Contract Law. *Northwestern University Law Review*, v. 72, p. 854-905, 1978, p. 855], a percepção apontada por Macneil é a de que o direito tradicional (clássico e neoclássico) não é apto a lidar com situações de mudança, sobretudo quando o grau de incompletude do contrato é grande, uma vez que as ferramentas jurídicas tradicionais têm natureza estática, dado que se baseiam em uma declaração de vontade feita no momento de formação da relação contratual. Falta-lhe a flexibilidade necessária à adaptação aos problemas ao longo da existência da relação. Em verdade, o autor desenvolve seu texto a partir de variações de quatro questões das quais três têm estrita relação com o problema da variação das circunstâncias:

Como a flexibilidade é planejada em relações econômicas, e qual a resposta legal a este planejamento?

Como é tratado o conflito entre planejamentos específicos e necessidade de adaptação a circunstâncias subsequentes?

Como a relação contratual é preservada quando conflitos surgem?

Entendemos que enfrentar o problema da adaptação às circunstâncias futuras é, de fato, o maior desafio proposto pela visão relacional do direito contratual. Os contratos relacionais, geralmente de longo prazo, demandam um processo contínuo de negociação para lidar com questões futuras da relação contratual. E são justamente ferramentas que auxiliem esse arcabouço de governança contratual que o direito tradicional não oferece de forma satisfatória, na visão de Macneil" (SILVA, Leonardo Toledo da. *Contrato de aliança*: projetos colaborativos em infraestrutura e construção. São Paulo: Almedina, 2017, p. 130).

nova abordagem para esse tipo de parceria, mais do que estabelecerem regras para a adaptação a circunstâncias futuras muda a ótica sobre a própria premissa da colaboração e nos impõe uma crítica sobre a funcionalidade dos instrumentos clássicos quanto ao inadimplemento e extinção dos contratos. A estabilidade da troca deixa de ser o foco central, para se concentrar, por exemplo, na função econômica. A correta compreensão das características próprias desses contratos permite analisar a inadequação de algumas soluções tradicionalmente postas pelo Direito Civil, e ainda não suficientemente estudadas pelo Direito Comercial. A junção desses universos dogmáticos, quando a teoria geral dos contratos pretende servir a dois senhores, exige que alguns conceitos sejam melhor compreendidos e contextualizados em cada universo próprio do Direito.

De todo modo, a ausência de uma disciplina específica para os contratos de duração no âmbito empresarial e, em especial, para os contratos de colaboração, não impede que se encontrem, no sistema jurídico normativo vigente, uma solução adequada para esses casos quando do rompimento do vínculo, bastando que se compreendam a finalidade de certas normas dentro do sistema como um todo.

No presente trabalho, a investigação passa, assim, pelos contratos relacionais que têm por objeto a colaboração e as particularidades da sua extinção por ausência de colaboração, de forma a contemplar o inadimplemento, mas, sobretudo, a impossibilidade de execução do objetivo comum.

Nesse contexto, a extinção dos contratos de colaboração pela quebra da confiança impõe a análise dos artigos 473 e 475 do Código Civil, com a ideia central de que quando a confiança está no núcleo da relação — como se dá nos contratos fiduciários típicos — a parte que perde a confiança não poderia ser compelida a permanecer vinculada. A necessidade de compatibilização dessa premissa com a existência de um prazo determinado no contrato, e eventual direito do devedor ao adimplemento de modo específico, não é nada simples, mas é o desafio de debater essas questões que motivou o presente trabalho.

Necessário, ainda, o recorte sob a perspectiva da justa causa, como um conceito de extinção dos contratos duradouros pela ocorrência de circunstâncias que tornem impossível ou prejudiquem gravemente a realização do fim contratual, consubstanciando o conceito de inexigibilidade.

O núcleo central do trabalho parte do questionamento quanto à manutenção compulsória do vínculo nesses contratos de parceria comercial, quando inviabilizada a colaboração presente no núcleo do contrato e, portanto, como pilar da sua funcionalidade, baseada na função econômica do contrato, seja em razão de impossibilidade superveniente, seja por culpa do devedor.

Delimitado o objeto de estudo, a proposta é centrada no encerramento desses contratos de parceria quando inexiste ou se torna inviável a colaboração entre as partes. A investigação passa, portanto, pela necessidade de se repensar uma dogmática que se mostre hábil a lidar com o tema da colaboração, passando pela compatibilização das regras gerais do Código Civil para o encerramento dos contratos empresariais de colaboração, firmados por prazo determinado (em especial os artigos 473 e 475 do Código Civil) e a contextualização da execução específica nessa espécie de contrato.

Para o estudo proposto, importante, assim, a análise dos contratos de duração, da abordagem relacional dos contratos,[25] da cooperação/colaboração como núcleo do contrato,[26] do próprio conteúdo do dever de colaboração, da quebra do dever de colaboração como inadimplemento absoluto,[27] da possibilidade de resilição e extinção dos contratos por prazo determinado[28] por justa causa fundada na ausência de colaboração, da limitação da execução específica, e da correta compreensão e aplicação dos artigos 473 e 475 do Código Civil para essa categoria de contratos.[29]

---

25 Fernando Araújo utiliza a expressão "abordagem relacional" em sua obra. ARAÚJO, Fernando. *Teoria económica do contrato*. Coimbra: Almedina, 2007, p. 393.

26 Schunk, em seu trabalho *A cooperação nos contratos de longa duração*, diverge da noção de boa-fé como núcleo do contrato de colaboração/relacional, analisando o tema sob o ponto de vista dos deveres anexos. A ideia de alta carga de cooperação nos contratos de longa duração é mais ou menos pacífica; no que interessa a esse estudo a questão não está no prazo longo, mas no fato dos contratos terem obrigações que se transmutam no tempo, com alto grau de indefinição ou cláusulas gerais no momento da contratação. Um contrato de locação de longo prazo não tem a nota da cooperação tão forte quanto um contrato de parceria com termos abertos e metas variáveis ao longo do tempo.
É interessante pensar, a partir da noção dos contratos relacionais, que a necessidade de alta carga de cooperação pode ser vista como um fator determinante para a sua manutenção. Inexistindo a possibilidade de cooperação, o contrato deveria ser resolvido. Impossível exigir-se a cooperação como uma obrigação a ser executada de modo específico. Se a parte não quer cooperar não há possibilidade de execução específica de obrigações abertas, e não há, por consequência, como se falar da execução específica do contrato.

27 Seja pelo inadimplemento absoluto, seja por justa causa, ambos levam à rescisão motivada.

28 Forgioni chega a indicar em suas obras que os contratos de colaboração costumam ser firmados por prazo indeterminado, mas existe um grande número de casos em que os contratos de parceria empresarial são firmados por prazo determinado.

29 Ganha relevância no estudo do tema o conceito de mora do credor e mora do devedor. No Direito brasileiro, como a maioria dos países de tradição de *civil law*, o credor não

Pensar no princípio da conservação dos negócios jurídicos[30] e no *pacta sunt servanda* no contexto da ruptura do contrato de duração, com alta carga de colaboração. Quando essa colaboração se dissipa, permitir avaliar que a ruptura, nesse caso, seria preservar os contratos dessa natureza, com o devido respeito ao *pacta sund servanda*.

O estudo perpassa a análise da resolução por justa causa pela quebra da confiança[31] e pela possibilidade de resilição,[32] com fundamento no art. 473 do Código Civil, por aproximação aos tipos legais já existentes (autorização implícita no art. 473 do CC para os contratos fiduciários típicos, p. ex., mandato).

é obrigado a receber do devedor a prestação contratualmente acordada, mas sim é destinatário do ônus de receber a obrigação. A sua recusa, portanto, se injustificada, gera efeitos diferentes se pensarmos em termos de obrigação ou de ônus para efeitos da mora. Como sustentou Agostinho Alvim, "não tendo [o credor] *obrigação* de receber (...) a sua obrigação, por isso mesmo, não pode constituir infração de uma obrigação que não existe" (ALVIM, Agostinho. *Da inexecução das obrigações e suas consequências*. São Paulo: Saraiva, 1980, p. 179).

Igualmente, Pontes de Miranda afirma que o credor "somente tem *dever de receber* se, expressa ou tacitamente, foi convencionado esse dever" (PONTES DE MIRANDA, F. C. *Tratado de Direito Privado*. Rio de Janeiro: Borsoi, 1958. §2.811. t. XXIII, p. 210).

30 O princípio da conservação dos negócios jurídicos fundamenta-se na ideia da função social dos contratos, já que eles criam e permitem a circulação de riqueza, propiciando acesso a bens e serviços que favorecem o desenvolvimento econômico e social da pessoa humana e, consequentemente, a sua dignidade.

Cf.: "O direito contemporâneo caminha, portanto, no sentido de assegurar os efeitos do negócio celebrado entre as partes, tanto quanto seja isto possível, em um autêntico favor *contractus*. Espera-se, afinal, que as partes tenham contratado para que o negócio valha e produza normalmente os seus efeitos, e não o contrário" (MATTIETTO, Leonardo. Invalidade dos atos e negócios jurídicos. *In:* TEPEDINO, Gustavo (coord.). *A parte geral do Novo Código Civil*: estudos na perspectiva civil-constitucional. 3. ed. Rio de Janeiro: Renovar, 2007, p. 352-353.)"(STJ, 4ª T., REsp n. 1.046.418-RJ, rel. Min. Raul Araújo, j. 25.6.2013).

31 Vale observar que no direito português existe um tratamento específico, tanto para a resolução pela quebra da confiança quanto para o descumprimento por impossibilidade superveniente, porque lá a disciplina legal é diferente da nossa (mais completa). Mesmo com essa ressalva, possível citar Joana Farrajota, segundo a qual nos contratos duradouros o conceito de inviabilidade/impossibilidade é da relação, não da prestação em si (FARRAJOTA, Joana. *A resolução do contrato sem fundamento*. Coimbra: Almedina, 2020). Nessas hipóteses, faria mais sentido falar em justa causa do que em inadimplemento.

32 A quebra absoluta da confiança, que torna inexigível a continuidade do contrato, é o critério determinante na avaliação de uma justa causa a legitimar a resolução pela quebra da confiança do contrato de longa duração. O verdadeiro vínculo de um contrato relacional é a "solidariedade orgânica", ou seja, um laço que mantém as partes unidas sob uma perspectiva de mútua dependência e confiança no futuro. Como sugeriu Macneil, este vínculo se perde no momento em que uma das partes demonstra que não há mais confiança no futuro daquela relação de mútua dependência. Somente nesta hipótese a causa será justa — imperativa (*compelling*) — a ponto de forçar o reconhecimento do fim do vínculo (de acordo com MACNEIL, Ian. The New Social Contrac: an Inquiry into Modern Contractual Relations, *Michigan Law Review*, v. 74, Issue 4, p. 827).

No caso do art. 475 do Código Civil, importante investigar quem seria a parte lesada pelo inadimplemento, nessas hipóteses, e quem seria o exclusivo credor da obrigação e qual o interesse protegido. Questionar se retirar a eficácia da rescisão para permitir a aplicação do art. 475 e permitir a execução específica seria favorecer a parte inadimplente. Nesses contratos com alta carga relacional, se o adjudicador, ao final, entender pela execução específica terá que preencher lacunas contratuais que foram, à ocasião da elaboração do contrato, deixadas intencionalmente em aberto pelas partes, a fim de serem preenchidas posteriormente, ao longo do desenvolvimento da relação contratual.

Pretende-se investigar, ainda, o cenário de impossibilidade superveniente inimputável, cuja consequência seria a resolução do negócio, sem pretensão indenizatória de parte a parte, conforme o art. 248 do Código Civil.[33]

A teoria do adimplemento substancial já flexibiliza a aplicação do art. 475 do Código Civil quando impede a resolução do pacto. Há quem diga que adimplemento substancial só caberia nas relações consumeristas. Porém, já pode ser considerada como um sinal positivo a caminho da flexibilização no que diz respeito à execução específica, merecendo a análise da sua aplicação para os contratos empresariais.

De outro lado, o juízo de valor seria exclusivo do credor quanto à inutilidade da prestação? Como evitar comportamentos oportunistas? A opção exclusiva pela solução via indenização resolve?[34]

Esses temas serão abordados no decorrer do trabalho para que, ao final, possam ser respondidas as perguntas inicialmente propostas e se confirmar ou não a premissa de que é possível a extinção dos contratos de colaboração empresarial por ausência da cooperação/colaboração, afastada a possibilidade de execução específica.

---

[33] "Art. 248. Se a prestação do fato se tornar impossível sem culpa do devedor, resolver-se-á a obrigação; se por culpa dele, responderá por perdas e danos".

[34] Rodrigo Moreira, no seu trabalho, entende que no caso de justa causa (ruptura pela quebra da confiança), ainda caberia ao devedor buscar, além das perdas e danos, a manutenção forçada do contrato (MOREIRA, Rodrigo Cavalcante. *A resolução do contrato de longa duração pela quebra da confiança*. São Paulo: Almedina, 2021). Sobre esse ponto busca-se, neste estudo, divergir, em parte, disso.

CONTRATOS DE COLABORAÇÃO EMPRESARIAL

2.1 Introdução

A intensificação da atividade empresarial, aliada à complexidade das relações e à sofisticação do próprio tráfico comercial, propiciaram terreno fértil às formas híbridas de contratação, como alternativas aos contratos de sociedade e aos de intercâmbio.

Os contratos híbridos[35] se apresentam, assim, como realidade, um campo situado entre os contratos associativos e os de intercâmbio de modo a regular os interesses das partes empresárias em empreendimentos comuns, mas onde cada agente mantém sua autonomia, ainda que associados a um propósito comum, onde os esforços empregados servem para incremento dos lucros em suas próprias atividades.

---

35 "É, nesse contexto, que as formas *híbridas* de contratação — descoberta, relativamente, recente dos estudiosos do Direito Privado, como modo de organização da atividade econômica substituta da integração vertical — têm desafiado juristas na exata compreensão do fenômeno cooperativo. Situados, como se verá adiante, no eixo em cujas extremidades estão, de um lado, os contratos de *intercâmbio*, e, de outro, os contratos *associativos*, os *híbridos*, diferentemente de ambos, ainda não foram, totalmente, absorvidos pela dogmática jurídica. Para alguns, ainda sem a exata compreensão desse novo modal econômico, haveria a necessidade de refundação da teoria geral dos contratos. Para outros, como Lequette, essa tal refundação seria dispensável; em realidade, ao invés de se buscar a transformação dos modelos, tradicionalmente, considerados pela dogmática jurídica, haveria que se 'proceder à une diversification de ses modèles.' Como exemplos de arranjos de contratação híbrida, podem-se citar os contratos de produção integrada no agronegócio, contratos de distribuição, contratos de franquia, contratos de aliança, entre outros" (YAMASHITA, Hugo Tubone. *Cooperação empresarial*: contratos híbridos e redes empresariais. São Paulo: Almedina, 2022, p. 20).

As particularidades estabelecidas pelos contratos e agentes econômicos, em que as relações se constituem sob a premissa de se protraírem no tempo e, sobretudo, sob a dinâmica necessária da cooperação empresarial, residem no fato de se situarem, como demonstrado por Williamson, em um espectro voltado a minimizar custos de transação compreendidos entre as meras relações de troca e as organizações hierárquicas.[36]

Esse conceito de contratos de cooperação ou colaboração empresarial é um pouco mais amplo do que o incialmente aventado pela doutrina brasileira,[37] segundo o qual esses contratos tinham mais aproximação com os contratos de intercâmbio, com maior grau de interdependência das partes e menor colaboração (p. ex. contratos de distribuição e de agência).

Contudo, quando se vislumbram contratos híbridos com alto grau de estabilidade do vínculo e da colaboração necessária entre as partes para o atingimento do objeto do contrato, maior sua aproximação com os contratos associativos e maior distanciamento com os de intercâmbio.

Nesse tipo de contrato, a coordenação econômica e colaboração surgem como solução atrativa aos agentes de mercado, sem a necessidade de formação de verdadeira sociedade para a realização da atividade que pretendem, em conjunto, desenvolverem. Exemplo desses arranjos são os contratos de parceria para o desenvolvimento de um negócio em comum, com cláusulas abertas e serem construídas pelas partes ao longo da relação.

---

[36] WILLIAMSON, Oliver. *Markets and Hierarchies*: Analisys and Antitrust Implications. Free Press: Nova York, 1975.

[37] "Para Fábio Ulhoa Coelho, 'contratos de colaboração empresarial, relacionados ao escoamento de mercadorias, são aqueles em que um dos contratantes (empresário colaborador) se obriga a criar, consolidar ou ampliar o mercado para o produto do outro contratante (empresário fornecedor)'. Richard Christou anota a importância da personalidade das partes do contrato de agência — particularmente do agente. Os contratos de colaboração, portanto, instrumentalizam a circulação de mercadorias, sendo possível dividi-los em duas categorias — por aproximação ou por intermediação — cuja distinção básica é a aquisição ou não, pela pessoa interposta, das mercadorias destinadas à circulação. Na primeira categoria, em que o núcleo da operação consiste na compra, pelo colaborador, da mercadoria fabricada ou comercializada pelo fornecedor para revenda, inserem-se os contratos de distribuição e concessão mercantil. Na segunda, em que não há aquisição da mercadoria para revenda, enquadram-se os contratos de representação comercial autônoma, agência, mandato e comissão mercantil, em que não ocorre a compra da mercadoria para revenda" (FRADERA, Vera Maria Jacob D.; ESTEVEZ, André F.; RAMOS, Ricardo E. *Contratos empresariais*. São Paulo: Saraiva, 2014).

A cooperação se apresenta como um valor, segundo o qual o arranjo de forças num único sentido impõe um ganho maior às partes. A intensa interação entre as partes se configura como uma premissa, e a competição entre os agentes, segundo a qual cada parte busca a satisfação dos seus próprios interesses, não desaparece, mas é compreendida ao lado da necessária cooperação para que se atinja o fim comum almejado, propiciando o que alguns chamam de *co-opetition*, da junção dos termos *co-operation* e *competition*.[38]

Reconhecer a colaboração como cerne do contrato empresarial impõe um enfoque econômico-funcional,[39] com uma visão centrada na relação construída e almejada pelas partes.[40]

---

[38] "Essa nova perspectiva híbrida torna aparente uma nova e contraditória ordem, em que os participantes do arranjo são, a um só tempo, premidos a competir e a cooperar. Na lógica competitiva, visa-se à satisfação dos interesses próprios ao custo do outro, sem que, necessariamente, tenha havido uma interação anterior entre as partes. Na cooperação, de modo oposto, a intensa interação entre as partes sé uma premissa e uma deve coalescer com os interesses da outra. Nada obstante, estudos empíricos atestam a possibilidade exitosa do surgimento de estruturas híbridas, que convivem mediante a *co-opetition*, um neologismo criado para representar esses arranjos que cooptam os elementos antagônicos da cooperação (*co-operation*) e da competição (*competition*)" (YAMASHITA, Hugo Tubone. *Cooperação empresarial*: contratos híbridos e redes empresariais. São Paulo: Almedina, 2022, p. 62, em referência a TEUBNER, Gunter. *Network as Connected*. Oxford: Hart Publishing, 2011, p. 210-213).

[39] "É oportuno observar que, após a teorização dos principais contratos mercantis utilizados na ampliação e aprimoramento das técnicas de colocação de bens e serviços no mercado de consumo — o que se deu sob o rótulo de "contratos de distribuição" —, a doutrina recente passou a enfocar esse seguimento do direito obrigacional a partir da ideia da colaboração entre os agentes mercantis. Construiu-se, assim, a classificação, entre os contratos comerciais, da categoria dos contratos de colaboração.

Todavia, essa categoria, vista do enfoque econômico funcional, comporta uma gama de negócios muito aberta e elástica, que de fato incorpora os usuais contratos de distribuição, indo, porém, muito mais além, visto que a colaboração empresarial inclui todos os negócios próprios dos contratos associativos, nomen iuris também identificativo dos apelidados contratos de colaboração. Em meio aos vários ajustes mercantis associativos, por exemplo, figuram as próprias variedades do contrato de sociedade, e, também, os contratos de parceria ou de joint venture, de consórcio ou de formação de grupo econômico, dentre muitos outros.

Nessa perspectiva, os contratos associativos ou de colaboração, em sua visão geral, tanto podem ter a natureza bilateral como plurilateral, e sua especificidade está no jogo das relações que se estabelecem entre as partes.

Reconhece-se, de tal sorte, que, além das redes de distribuição, existem outras redes criadas no mundo empresarial, como as redes de produção formadas por meio do estabelecimento de um determinado sistema negocial, como, v.g., o financiamento bancário para aquisição e instalação de um maquinário industrial, ou um agronegócio ajustado em parceria entre produtores rurais. Uma parceria também pode ser estabelecida entre uma granja e uma empresa exportadora" (MACEDO JÚNIOR, Ronaldo Porto. *Contratos de colaboração empresarial*. São Paulo: GEN, 2019).

[40] "Nos contratos de colaboração, dois dos atuais 'princípios sociais' dos contratos, o do equilíbrio contratual e o da boa-fé, vêm reforçados por força da própria natureza do

Diferentemente dos contratos clássicos de intercâmbio, os contratos de colaboração pressupõem obrigações que, necessariamente, se protraem no tempo, bem como desenham, a partir de termos mais abertos ou cláusulas gerais, as bases para um relacionamento cooperativo, para além de prestações e contraprestações pré-definidas.

Nesse contexto, a teoria dos contratos relacionais se mostra de grande utilidade para a compreensão dos contratos de colaboração empresarial, apresentando-se como uma subespécie dessa categoria. Isso porque, se todo contrato de colaboração empresarial contém alta carga de relacionalidade, nem todos apresentam essa característica como núcleo central do contrato. Poderíamos dizer que um contrato de colaboração empresarial "puro", ou tipicamente híbrido (exatamente no meio do eixo entre um contrato de intercâmbio e um contrato de sociedade) poderia ser considerado um contrato relacional, para todos os seus efeitos.

---

contrato. Parecem oportunas as seguintes palavras de Betti: 'Se de cooperação se trata, não é honesto, não é humano (porque anti-social) pretender o sacrifício da existência patrimonial do devedor para ter fé no contrato. Isto seria contrário à ideia de cooperação no interesse do consorciado; isto seria contrário ao próprio critério da boa-fé contratual. Pois que a boa-fé é, sim, essencialmente fidelidade, emprenho de cooperação no interesse alheio para o adimplemento das legítimas expetativas alheias, mas de frente à superveniência de eventos imprevisíveis, que excedem a álea normal do tipo contratual concluído (álea com a qual todo contratante deve fazer seus cálculos), a mesma boa-fé, entendida como fidelidade e empenho, não pode chegar ao ponto de requerer o sacrifício patrimonial. Então, em circunstâncias similares, a lei intervém para compor a antinomia entre duas exigências opostas, a de certeza das relações jurídicas e a de justiça: trata-se, de fato, de uma exigência de justiça, uma exigência de equidade, entendida não no sentido incolor, vago e o fundo escassamente significativo que a palavra vem assumindo no banal uso e abuso cotidiano, mas sim entendida no sentido de equidade da cooperação. Não é efetivamente admissível uma cooperação se não em um plano de paridade e reciprocidade entre os consorciados, que leve em conta aquele que era, de acordo com toda a previsão razoável, a avaliação comparativa do custo e do rendimento, daquele que era, de acordo com toda a previsão razoável, avaliação comparativa do custo e do rendimento, daquele que era o peso, o sacrifício, o ônus econômico da prestação em confronto com a vantagem correspondente, daquela que era a economia global do arranjo de interesses previsto no contrato'(*Teoria generalle delle obligazioni*. Milão, 1953. v. I, p. 194)" (AZEVEDO, Antônio Junqueira de. Natureza jurídica do contrato de consórcio: classificação de atos jurídicos quanto ao número de partes e quanto aos efeitos; os contratos relacionais; a boa-fé nos contratos relacionais; contratos de duração; alteração das circunstâncias e onerosidade excessiva; sinalagma e resolução contratual; resolução parcial do contrato; função social do contrato. (parecer). *Revista dos Tribunais*, São Paulo, n. 832, p. 113-137, fev. 2005).

2.2 Contratos de duração e sua distinção dos contratos relacionais

Nos contratos de duração, tempo e incompletude se apresentam como exigências próprias dessa categoria contratual. Por isso, importante sua conceituação para distinguir da característica relacional dos contratos.

O conceito de contrato de longa duração é mais adequado ao paradigma neoclássico, do que ao relacional.[41] As teorias do contrato de longa duração, em geral, preconizam a manutenção do equilíbrio original do pacto, o que, por mais das vezes, não é o foco do contrato relacional. Ao contrário disso, os contratos com alta carga relacional, centrados na colaboração, devem permitir os rearranjos necessários durante a vida do contrato, contemplando, em certa medida, até mesmo, uma nova lógica de equilíbrio (ideia do equilíbrio consentâneo ao cumprimento e a uma nova função econômica do contrato).

Para muitos, a categoria de contratos relacionais seria exageradamente fluída e dogmaticamente imprecisa, sendo vários dos supostos dilemas decorrentes da análise de contratos de longa duração e com forte carga de confiança na relação entre as partes, resolvida pelo Direito de forma relativamente pré-estabelecida, sem necessidade de se pensar em uma nova categoria, ou mesmo no caráter relacional dos contratos, de modo mais específico.

É a partir desse embasamento que surgem as grandes perguntas a serem investigadas neste trabalho: as classificações contratuais notadamente conhecidas dão conta de solucionar as particularidades dos contratos relacionais? Será mesmo que grande parte dos problemas que

---

41 "O direito contratual clássico não foi feito para este contexto. A dogmática tradicional foi elaborada para uma outra ordem econômica e filosófica. Há consenso na doutrina quanto à insuficiência do direito da ordem voluntarista diante da complexidade da sociedade atual. O direito, no entanto, não desenvolveu um arcabouço teórico e institucional que possa lidar, por completo, com as relações contratuais contemporâneas, que são um reflexo da complexidade das relações econômicas e sociais atuais. A pretensão napoleônica de construir um Código — e um direito civil — que desse conta de todas as relações fracassou diante do dinamismo da história. A doutrina, é bem verdade, superou a dogmática liberal clássica. No que diz respeito ao direito contratual, no entanto, o arcabouço teórico ainda se baseia fortemente no paradigma da compra e venda, no qual a formação do contrato ocorre num dado momento fixo do tempo, as obrigações são claras e os riscos são bem delimitados. Os contratos de longa duração, em toda a sua complexidade, não funcionam desta maneira. Nestes, a formação do contrato é contínua e o contrato se adapta no tempo, evoluindo de acordo com as interações entre as partes durante a sua vigência" (MOREIRA, Rodrigo Cavalcante. *A resolução do contrato de longa duração pela quebra da confiança*. São Paulo: Almedina, 2021, p. 41).

a visão relacional busca solucionar já encontram solução adequada em nosso ordenamento? E, mais do que isso, será que conceitos gerais de boa-fé, com seus deveres anexos e correlatos, dão conta de nos ajudar a compreender corretamente os efeitos produzidos pelos contratos relacionais ao longo do tempo? Sobretudo, como, na ausência de colaboração, de modo insolúvel entre as partes se pode pensar na extinção do contrato por justa causa e afastada a execução específica?

O percurso dessas investigações passa, necessariamente, pela análise dos contratos de longo prazo ou, mais precisamente, dos contratos de duração,[42] e como o elemento da confiança se apresenta nesses contratos.[43]

2.3 A diferenciação dos contratos relacionais dos contratos-quadro

Importante distinguir os contratos relacionais dos contratos-quadro, como forma de tornar, por exclusão de outras definições, mais precisa a sua identificação.

O contrato-quadro "oferece um meio para concretizar uma vontade de cooperação duradoura. As relações entre uma empresa e os seus revendedores passa principalmente pela celebração de um contrato-quadro que organiza todas as suas relações e regula

---

42 "A teoria contratual relacional procura classificar e descrever as variáveis relevantes dessa dimensão relacional de todos os contratos. É certo, contudo, que alguns contratos são 'mais relacionais do que outros'. O que se poderia entender por tal expressão? Apenas que a importância relativa das fontes obrigacionais não-promissórias dos contratos é mais evidente e relevante em alguns tipos de contratos do que em outros. (...) Isso é o que ocorre em contratos de longa duração, contratos complexos, contratos em rede, contratos de trabalho, etc. E, outras palavras, certas práticas contratuais envolvem uma complexidade relacional não adequadamente descritível pela teoria clássica em fase da sua exagerada simplificação" (MACNEIL, Ian R. *O novo contrato social*: uma análise das relações contratuais modernas. Tradução de Alvamar Lamparelli. Rio de Janeiro: Elsevier, 2009, p. xxxiii).

43 "Como as pessoas conseguem fazer negócios regularmente com base no 'aceitamos, mas não aceitamos?' Elas conseguem fazer isso apenas porque confiam umas nas outras. A confiança (*trust*) pode advir de negociações anteriores com a mesma parte ou com partes semelhantes, dos costumes (mores) da comunidade comercial geral ou particular, de um reconhecimento dos efeitos obsequiosos mesmo de um direito contratual muito positivo, de uma variedade de fontes potenciais. Mas a confiança (*trust*) tem que existir ou os executivos estariam pouco inclinados a correr os riscos do jogo 'aceitamos, mas não aceitamos'" (MACNEIL, Ian R. *O novo contrato social*: uma análise das relações contratuais modernas. Tradução de Alvamar Lamparelli. Rio de Janeiro: Elsevier, 2009, p. 73).

a celebração de contratos comerciais e diversos serviços que irão concretizar essas relações".[44]

Além de iniciarem uma relação contratual que demanda a celebração de novos negócios jurídicos, nos contratos-quadro são identificáveis obrigações de imediato eficazes e destinadas a possibilitar a relação contratual (p. ex. a obrigação do franqueador em licenciar a marca em favor do franqueado).

O contrato-quadro é concebível como um "contrato preliminar às avessas", no qual a reserva de complementação necessariamente consiste pelo menos nos elementos essenciais da relação contratual, enquanto no contrato preliminar, pelo contrário, a reserva de complementação pode equivaler a qualquer elemento que não os essenciais ao contrato definitivo.[45]

Esses dois critérios, aliás, revelam a distinção de função típica entre contrato preliminar e contrato-quadro.

Conquanto ambos conciliem necessidades de segurança e flexibilidade das partes, o contrato preliminar, por se destinar usualmente a preparar um determinado e único contrato, e não a se estender no tempo, resulta em maior enrijecimento da relação contratual, ao fixar, desde logo, os elementos essenciais do contrato vindouro. A temporariedade tem como consequência, nesse caso, uma preferência pela valorização da segurança da operação em troca de sua menor flexibilidade, não

---

[44] "Le contrat-cadre offre um Moyen de concrétiser une volonté de coopération durable (...) Les rapports entre un entreprise et ses revendeurs passent le plus par la conclusion d'un contrat-cadre organisant l'ensemble de leurs relations et réglement la conclusion des contrats de ventre et de prestations diverses qui concrétiseron ces relations" (SAYAG, Alain. Première approche de la notion. *In:* SAYAG, Alain. *Le contrat-cadre:* exploration comparative. Paris: LITEC, 1955, p. 20-21; tradução livre). Também em estudo sobre o tema, contratos-quadro: "são aqueles que inauguram uma relação contratual na qual, simultaneamente, cria-se uma obrigação de cooperação entre as partes para celebrar novos contratos, e rege-se — vinculando as partes no que se refere isso — o modo de celebração, o conteúdo e a forma dos chamados contratos de aplicação, que são responsáveis por concretizar as operações econômicas desejadas" (MENDES, Davi Guimarães. *O contrato-quadro no Direito privado brasileiro.* 2020. 54 f Dissertação (Mestrado em Direito Civil) – Universidade de São Paulo, São Paulo, 2020. Orientador: Professor Cristiano de Sousa Zanetti, p. 57).

[45] "O contrato-quadro pode ser melhor compreendido a partir de sua comparação com o contrato preliminar. De fato, enquanto o contrato preliminar deve, conforme dispõe o art. 462 do CC/02, possuir todos os requisitos essenciais do contrato definitivo, o contrato quadro caracteriza-se justamente por não possuir todos esses requisitos, servindo apenas para deixar firmado o consenso das partes a respeito de determinadas cláusulas" (ZANETTI, Cristiano de Sousa. A perda do interesse do credor. *In:* BENETTI, Giovana; CORRÊA, André Rodrigues; FERNANDES, Márcia Santana; NITSCHKE, Guilherme Carneiro Monteiro; PARGENDLER, Mariana; VARELA, Laura Beck (orgs.). *Direito, cultura, método*: leituras da obra de Judith Martins-Costa. Rio de Janeiro: GZ, 2019, p. 21).

podendo a reserva de complementação alcançar os elementos essenciais (categoriais inderrogáveis) do contrato definitivo.

O contrato-quadro, de modo diverso, privilegia a flexibilidade do vínculo obrigacional em detrimento de sua estabilidade,[46] opção a qual resulta da constante necessidade de repactuação dos elementos essenciais da relação contratual, bem como de outros que permaneçam indefinidos por opção dos contraentes. Nesse caso, a longa duração da operação econômica planejada, bem como a necessidade de sua constante adaptação às modificações sociais e/ou econômicas, explica, via de regra, a escolha das partes.

Com efeito, é corrente a explicação das dessemelhanças entre as espécies pela afirmação de que o contrato preliminar vincularia à conclusão de outro contrato, à medida que o contrato-quadro obrigaria as partes a adotarem certo conteúdo, na hipótese de virem a concluir um vindouro contrato.

Análise açodada poderia dar origem à ilação de que tal posicionamento não apresenta nenhuma imprecisão, ou mesmo que seria idêntico ao acima mencionado critério da vinculação das partes à celebração de um contrato futuro.

---

46 "As partes optam pela celebração de contrato mais abrangente, designado contrato-quadro ou acordo guarda-chuva [*umbrella agreement*, na tradição anglo-saxã, *framework agreement*, na *civil law*], destinado a formatar o negócio em linhas gerais, contendo a previsão da celebração, futura ou concomitante, de vários outros contratos com objetos mais específicos (contratos satélite). Na definição de Stefanos Mouzas, os contratos-quadro podem ser entendidos como 'acordos privados que fornecem um quadro de cláusulas para regular contratos futuros'.
A partir dessa perspectiva, a expressão 'contrato-quadro' assume significados diversos em várias jurisdições. (...)
Os contratos-quadro visam a proporcionar maior grau de segurança para as partes em face do desenvolvimento de operações futuras. Afastando-se de um 'congelamento' da relação, procura-se gerir o risco representado pela ausência de vínculo contratual. A confiança assume papel primordial: o contrato origina moldura dentro da qual se desenrolam as ligações futuras capazes de adaptar o liame aos tempos vindouros e salvaguardar a estabilidade da relação. O contrato completa-se por outras avenças que passarão a integrá-lo [contratos de aplicação].
Os italianos absorveram o debate sobre os contratos-quadro no âmbito dos contratos normativos, que se caracterizam 'pela circunstância de estabelecer as cláusulas com as quais deverão [ou não deverão] ser concluídos determinados contratos futuros, desde que, e quando, cada parte decida concluí-los'. O modelo contratual associado ao contrato-quadro emparelha-se aos contratos de coordenação, visando a "preordenar e organizar o desenvolvimento de uma continuidade de relações futuras, cuja constituição é obrigatória, pelo menos por uma das partes, segundo um esquema predisposto" (FORGIONI, Paula A. *Contratos empresariais*: teoria geral e aplicação. 5. ed. São Paulo: Revista dos Tribunais, 2020, p. 54-57).

No que diz respeito aos contratos relacionais, a categoria de contratos-quadro se apresenta como útil para se pensar no grau de relacionalidade que eles envolvem e o quanto a sua extinção por ausência de colaboração na finalização dos contratos que dele decorrem. De todo modo, os contratos relacionais não se confundem com os contratos-quadro.

2.4 Contratos relacionais: a importância da teoria para a análise dos contratos de colaboração empresarial

A teoria dos contratos relacionais ganha força nos Estados Unidos em estudos datados da década de 1960, embora a existência de um "elemento relacional" nos contratos possa ser encontrada antes disso. Essa nova teoria coloca em xeque o pensamento jurídico vigente até então.[47]

A teoria dos contratos relacionais, como qualquer outra teoria, deve ser compreendida no contexto histórico em que surgiu: um capitalismo em crise, expansão da globalização e questionamento dos valores do positivismo jurídico, até então, imperante.

No campo jurídico, não necessariamente no Direito Comercial, via-se a passagem[48] do modelo liberal de contrato para o modelo solidarista de contrato.[49]

Há de se distinguir, ainda, algumas vertentes teóricas importantes que deram ensejo a essa corrente.[50] A primeira a ganhar maior expressão no tema foi a identificada por Macaulay, ao publicar um artigo sobre o tema dos contratos relacionais,[51] que influenciou o estudo do tema sob a perspectiva da Análise Econômica do Direito (*Law and Economics*).

---

47 BITTAR, Eduardo Carlos Bianca. O Direito na pós-modernidade. *Sequência – Estudos Políticos e Jurídicos*, UFSC, v. 29, n. 57, 2009, p. 132.

48 TIMM, Luciano Penteado. *O novo Direito Contratual brasileiro*. Rio de Janeiro: Forense, 2008, p. 96.

49 AMARAL, Francisco. O contrato e sua função institucional. *Revista da Academia Brasileira de Ciências Jurídicas*, ano XV, n. 18, p. 105-119, 2000.

50 "Fernando Araújo [ARAÚJO, Fernando. *Teoria económica do contrato*. Coimbra: Almedina, 2007, p. 207] entende haver pelo menos cinco variações específicas da abordagem relacional aos contratos: "a dominada pelos contributos da 'Law and Economics', a 'fundacional', liderada por Ian Macneil, a da 'Law and Society', a libertária, a comunitarista" (SILVA, Leonardo Toledo da. *Contrato de aliança*: projetos colaborativos em infraestrutura e construção. São Paulo: Almedina, 2017, p. 405-406).

51 MACAULAY, Stewart. Non-Contratual Relations in Business: A Preliminary Study. *American Sociological Review*, n. 28, 1963.

Nessa esteira, a linha representada por Williamson, muito influenciada pela Nova Economia Institucional,[52] tem como centro de análise os custos de transação, o oportunismo e a racionalidade limitada dos agentes econômicos. Ainda na tradição de *Law and Economics*, alguns autores, como Alan Schwartz e Robert Scott, analisam os contratos relacionais à luz da Teoria dos Jogos, aproximando-os dos contratos incompletos.[53]

A corrente encampada por Ian Macneil, que tornou a teoria dos contratos relacionais conhecida, foi baseada em um viés mais social do fenômeno contratual, integrando o movimento chamado *Law and Society*.[54] Segundo Macneil, a comunicação e a confiança — que para Williamson representavam fontes de custos de transação — configuram pilares de viabilidade das relações e de formação dos contratos.[55]

Delimitou-se o escopo deste estudo, dada a importância da teoria desenvolvida, aos conceitos propagados por Macneil e por sua relevância nos estudos do tema no Brasil.[56] De modo sintético, sua teoria pretendia questionar a tradição da *common law* diante das novas formas de contratação impulsionadas pelo contexto social então vigente,

---

52 "É na caracterização do contrato relacional como um tipo de moldura capaz desse duplo efeito — tanto alinhamento ex ante de interesses, quanto incentivo *ex post* ao cumprimento contratual —, que se identifica ponto de aproximação entre os contratos relacionais, tanto em sua concepção jurídica, quanto econômica, e a lógica da ECT.
Isso se dá na medida em que a ECT tem como principal preocupação analisar diferentes formas e arranjos de governança que sejam capazes de, aos menores custos de transação, reduzir o *oportunismo* contratual e, com isso, garantir o *cumprimento* de relações econômicas assumidas. Tanto no aspecto da cooperação gerada, quanto no objetivo de cumprimento contratual, há simetria em relação aos argumentos desenvolvidos pela plataforma dos contratos relacionais" (PRADO, Maria da Graça Ferraz de Almeida: *A economia da arbitragem*: uma análise dos impactos sobre contratos e políticas de desenvolvimento. Rio de Janeiro: Lumen Juris, 2018, p. 75).
"Essa vinculação entre os contratos relacionais e a ECT é feita de forma direta em Masten" (PRADO, Maria da Graça Ferraz de Almeida: *A economia da arbitragem*: uma análise dos impactos sobre contratos e políticas de desenvolvimento. Rio de Janeiro: Lumen Juris, 2018, p. 76).

53 FEINMAN. The Reception of Ian Macneil's Work on Contract in the USA. *In*: CAMPBELL, David. Ian Macneil and the Relational Theory of Contracts. *CDAMS Discussion Paper*, 04/1E, p. 3-4, March 2004, p. 64.

54 SCOTT, Robert E. The Promise and the Peril of Relational Contract Theory. *In:* BRAUCHER, Jean; KIDWELL, John; WHITFORD, William C. (eds.). *Revisiting the Contracts Scholarship of Stewart Macaulay*: On the Empirical and the Lyrical. London: Hart Publishing, 2013, p. 105-139.

55 CAMPBELL, David. Ian Macneil and the Relational Theory of Contracts. *CDAMS Discussion Paper*, 04/1E, p. 3-4, March 2004, p. 37.

56 MACEDO JÚNIOR, Ronaldo Porto. *Contratos relacionais e defesa do consumidor*. São Paulo: Max Limonad, 1998.

alicerçado na ideia dos contratos instantâneos, ou como poderíamos dizer na tradição do Direito brasileiro, no modelo clássico da compra e venda.

É fato que Macneil não conseguiu sustentar sua teoria como a base para uma nova categoria contratual, representada pelos contratos relacionais, mas talvez nem tenha sido mesmo essa a sua intenção.[57] Alguns autores sustentam que Macneil nem teria tido esse propósito, mas apenas o de "revelar a constituição relacional de todos os contratos".[58]

O próprio Macneil[59] afirmou, em um dos seus últimos trabalhos, que todas as transações envolvem, em alguma medida, as *discrete transactions* e, do mesmo modo, todos os contratos, em alguma proporção, não podem desconsiderar certo grau de relacionalidade.

Macneil também admitiu a confusão gerada pelo vocábulo "relacional" (*relation*). Isso porque todos os contratos seriam, em alguma medida, relacionais.[60] Para tentar desfazer essa confusão, Macneil explica que quando utiliza a expressão "contrato relacional", não está dizendo que apenas nesses contratos há uma relação, mas sim está adotando a expressão como um termo técnico legal, para agrupar esse conjunto de contratos que contenham as características que ele se propôs a identificar.[61]

---

57 "It is impossible to locate, in the relational-contract literature, a definition that adequately distinguishes relational and nonrelational contracts in a legally operational way — that is, in a way that carves out a set of special well-specified contracts for treatment under special well-specified rules. (...) what would be imperative for operation legal rules to govern relational contracts, therefore, is a definition that centered on one or more variables that meaningfully distinguished relational and discrete contracts and did so in a way that justified the application of special legal rules to relational contracts" (EISENBERG, Melvin A. Relational contracts. *In*: BEATSON, Jack; FRIEDMANN, Daniel (eds.). *Good Faith and Fault in Contract Law*. Oxford: Claredon Press, 1997, p. 291 304).

58 ARAÚJO, Fernando. *Teoria económica do contrato*. Coimbra: Almedina, 2007, p. 393 *apud* TOLEDO, *Id.*, p. 129.

59 MACNEIL, Ian R. Relational Contract Theory: Challenges and Queries. *Northwestern Law Review*, v. 94, n. 3. p. 876-907, 2000.

60 "O intento de Macneil não parece ter sido o de simplesmente propor um direito aplicável aos contratos relacionais. Quando ele descreve os contratos isolados, no fundo, ele está descrevendo criticamente os pressupostos fáticos adotados pelo direito contratual para formular uma regulação dos contratos. Ele tenta demonstrar que são pressupostos irreais, pois os contratos têm, em realidade, caraterísticas relacionais que o modelo tradicional desconsidera. O próprio Macneil reconheceu que sua missão principal era auxiliar a compreensão das relações contratuais, de maneira geral. Talvez por isso, a denominação teoria relacional dos contratos fosse mais adequada e coerente com as explicações de Macneil, em nossa visão" (SILVA, Leonardo Toledo da. *Contrato de aliança*: projetos colaborativos em infraestrutura e construção. São Paulo: Almedina, 2017, p. 130).

61 "The Dual Meaning of Relational: First, use of the root 'relation' to describe two separate things causes confusion. One use, seen above, encompasses all relations in which exchange

Essa distinção, conquanto ainda não deixe totalmente clara a real intenção de Macneil — se no sentido de criar uma nova categoria contratual, com todas as dificuldades inerentes ao tema, ou apenas no sentido de distinguir do modelo de contratação instantânea — pode auxiliar a análise da teoria e identificação de sua utilidade nos estudos dos contratos no Brasil.

Sobretudo, ao nos aprofundarmos sobre os estudos dos contratos de colaboração empresarial, vemos que as disposições do Código Civil estão voltadas para as formas tradicionais da teoria obrigacional, fundadas no contrato baseado na troca instantânea, com pouca, ou quase nenhuma reflexão sobre os contratos de duração e, muito menos, para os de caraterísticas relacionais.

2.5 Os contratos relacionais na doutrina brasileira

José Eduardo Faria,[62] em obra no campo do direito econômico, tratou de aportar uma visão sobre os contratos relacionais no Brasil.

Faria propõe o estudo dos contratos relacionais como modelo teórico, onde merecem destaque as suas principais características — flexibilidade, abertura, cooperação — como uma decorrência necessária das transformações sociais e em oposição ao modelo contratual anterior.

Cláudia Lima Marques,[63] assim como Macedo Júnior,[64] estudou os contratos relacionais sob a ótica do Direito do Consumidor[65] e desenvolveu, com inspiração nos contratos relacionais, a teoria dos "contratos cativos de longa duração" Nesse trabalho, Cláudia Lima Marques não propõe a criação de uma categoria dogmática contratual,[66] mas sim

---

occurs. Since even the most discrete exchange occurs in relations, discrete exchange is relational in this sense. The other use refers particularly to relational contract, which is found at the opposite end of a discrete-relational spectrum. The confusion arises because contracts labeled relational in the second sense are already relational in the first sense (as are all discrete contracts), although the obvious implication of describing one pole as relational is that contracts at the other (discrete) pole are not relational" (MACNEIL, 2000, *op. cit.*, p. 894).

62 FARIA, José Eduardo. *O Direito na economia globalizada*. São Paulo: Malheiros, 1999, pp. 212 e ss.

63 MARQUES, Cláudia Lima. *Contratos no Código de Defesa do Consumidor*: o novo regime das relações contratuais. 8. ed. rev. atual. e ampl. São Paulo: Revista dos Tribunais, 2016.

64 MACEDO JÚNIOR, Ronaldo Porto. *Contratos relacionais e defesa do consumidor*. São Paulo: Max Limonad, 1998.

65 *Ibid*.

66 "Que o novo aqui não é a espécie de contrato (seguro, por exemplo), mas a sua relevância no contexto atual, a sociedade de consumo atual beneficia e fomenta estes

identificar o fenômeno decorrente dessas relações jurídicas,[67] caracterizadas pela dependência e pela massificação.

A demonstrar a utilidade dessa teoria relacional nos contratos empresariais, Junqueira de Azevedo, em estudo sobre a natureza jurídica do contrato de consórcio, aponta que a dicotomia contratual do século XXI se dá entre "contrato existencial/contrato empresarial" e que, dentre os contratos empresariais, é preciso distinguir os relacionais dos não relacionais.[68]

Muitas das críticas à teoria dos contratos relacionais[69] se orientam no sentido da sua amplitude, no fato de que reúne, numa mesma

serviços, considerados, então, socialmente essenciais, a necessitar uma nova disciplina" (MARQUES, Cláudia Lima. *Contratos no Código de Defesa do Consumidor*: o novo regime das relações contratuais. 8. ed. rev. atual. e ampl. São Paulo: Revista dos Tribunais, 2016, p. 69).

67 "Resolvi denominar este fenômeno, estas novas relações contratuais múltiplas e complexas, de 'contratos cativos de longa duração', sem, porém, desconsiderar que outras denominações poderiam ter sido usadas, como as de 'contratos múltiplos', 'serviços contínuos', 'relações contratuais triangulares', 'contratos conexos', 'contratos de serviços complexos de longa duração' etc.".

68 "Por força da renovação dos princípios contratuais e da frequência da sua concretização, não se pode mais empregar a palavra 'contrato' sem consciência dessa nova dicotomia; ela é operacional e está para o século XXI, como a de 'contrato paritário/contrato de adesão esteve para o século XX. Fechado o parêntesis, cumpre dizer, porém, que, no próprio grupo dos contratos empresariais, é preciso distinguir entre os relacionais — com o conceito já adaptado ao nosso direito — e os não-relacionais. O princípio da boa-fé deve ser mais intensamente considerado nos primeiros, tendo em vista seu caráter aberto, com forte indefinição na sua projeção para o futuro, impondo, para atingir seus fins, muita lealdade entre as partes" (AZEVEDO, Antônio Junqueira de. Natureza jurídica do contrato de consórcio: classificação de atos jurídicos quanto ao número de partes e quanto aos efeitos; os contratos relacionais; a boa-fé nos contratos relacionais; contratos de duração; alteração das circunstâncias e onerosidade excessiva; sinalagma e resolução contratual; resolução parcial do contrato; função social do contrato. (parecer). *Revista dos Tribunais*, São Paulo, n. 832, p. 113-137, fev. 2005).

69 Lequette define a teoria relacional como vaga e de difícil operação, trazendo conceitos mais de cunho sociológico do que jurídico. Lorenzetti critica o fato de que ela não apontaria solução para os problemas dos efeitos da cooperação, apenas descrevendo a sua existência, que já era de todos conhecida. Ferreira Pinto aponta o caráter meramente descritivo da teoria, e alerta que ao desprezar o consenso como fonte originadora dos contratos, ela não encontraria lugar nos ordenamentos português e brasileiro. Adar e Gelbard ressaltam que não foi dada a necessária atenção pela teoria relacional aos remédios contratuais e ao inadimplemento contratual. (LEQUETTE, Suzanne. *Le contract-coopération*: contribution à la théorie générale du contract. Paris: Economica, 2012, p. 7 e 242; LORENZETTI, Ricardo Luis. *Tratado de Los Contratos*. Buenos Aires: Rubinzal Culzoni, 2000. t. I, p. 49; PINTO, Fernando A. Ferreira. *Contratos de distribuição*: da tutela do distribuidor integrado em face da cessão do vínculo. Lisboa: Universidade Católica Editora, 2013, p. 125-26; ADAR, Yehuda; GELBARD, Moshe. Contract Remedies: A Relactional Perspective. *In:* GRUNDMANN, Stefan; CAFFAGI, Fabrizio; VETORRI, Giuseppe (coord.). *The Organizational Contract*: From Exchange to Long-Term Cooperation in European Contract Law. Brulington: Ashgate, 2013, p. 275).

categoria, por exemplo, contratos de intercâmbio de trato sucessivo e contratos de cooperação. Também se questiona o fato de que se todos os contratos contêm certa carga de relacionalidade não há utilidade na teoria, dado que inexistente a necessidade de um regime específico para os relacionais. A contribuição da teoria relacional seria, assim, mais consentânea com o cunho sociológico,[70] e por colocar em relevo aspectos como solidariedade e cooperação, bem como a incompletude ontológica desses contratos e da gestão do risco nas relações duradouras.

De todo modo, sem discordar dessas críticas, talvez a ambição de Macneil não tenha sido bem capturada. Isso porque, como ele defendeu ao desenvolver a teoria relacional, sua pretensão era compreender o fenômeno contratual por esse outro enfoque, em contraposição às teorias contratuais clássicas, e não criar regras de uma nova categoria.[71] Se bem compreendida sua intenção, a teoria relacional se apresenta de

---

70 "Entre as múltiplas questões que o caso examinado propõe, está aquela formulada logo no primeiro quesito, sobre ser ou não o consórcio um 'contrato relacional'. Essa expressão, ainda não inteiramente assimilada nos direitos da família romano-germânica, representa uma importante tentativa de renovação da dogmática contratual clássica. A economia moderna se desenvolve intensamente por meio de contratos de duração (por oposição a contratos instantâneos) e, tendo em vista a aceleração da produção e a complexidade das situações que vão surgindo, por acordos com cláusulas abertas. A visão algo padronizada dos 'momentos contratuais', conclusão e execução dos contratos, não cobre exatamente essa realidade.
Há, porém, dois pontos, ambos referentes à sua origem, que tornam difícil a integração do contrato relacional no mundo mental dos juristas romano-germânicos. São a sua fonte na sociologia e no universo intelectual norte-americano. A seguir, transcrevemos trecho da obra de Ronaldo Porto Macedo Júnior (MACEDO JÚNIOR, Ronaldo Porto. *Contratos relacionais e defesa do consumidor*. São Paulo: Max Limonad, 1998, p. 155) que serve, ao mesmo tempo, para dar a noção de 'contrato relacional' e ilustrar o que dizíamos sobre sua origem — que parece 'bastarda' aos nossos juristas.
Procurando adaptar essas ideias ao nosso mundo conceptual, o que se percebe é que há, no contrato relacional, um contrato de duração e que exige forte colaboração. São relacionais todos os contratos que, sendo de duração, têm por objeto colaboração (sociedade, parcerias, etc.) e, ainda, mesmo não tendo por objeto a colaboração, exigem-na intensa para poder atingir seus fins, como os de distribuição e da franquia, já referidos. O consórcio, sendo de colaboração e de duração, não resta dívida, é um contrato relacional. Essa afirmação exige, porém, para o caso concreto examinado, dois desenvolvimentos, feitos a seguir, um sobre a boa-fé nos contratos relacionais e outro, sobre o tempo na execução dos contratos" (AZEVEDO, Antônio Junqueira de. Natureza jurídica do contrato de consórcio: classificação de atos jurídicos quanto ao número de partes e quanto aos efeitos; os contratos relacionais; a boa-fé nos contratos relacionais; contratos de duração; alteração das circunstâncias e onerosidade excessiva; sinalagma e resolução contratual; resolução parcial do contrato; função social do contrato. (parecer). *Revista dos Tribunais*, São Paulo, n. 832, p. 113-137, fev. 2005).

71 SILVA, Leonardo Toledo da. *Contrato de Aliança*: projetos colaborativos em infraestrutura e construção. São Paulo: Almedina, 2017, p.129-130.

grande utilidade,[72] especialmente para a análise e compreensão dos contratos de colaboração empresarial, como se pretende neste estudo.

Nesse sentido, assumiremos como premissa para o estudo que se propõe a existência de uma "característica" relacional a que por vezes os autores se referem como "relacionalidade".[73]

2.6 Contratos relacionais como objeto de estudo

O contrato é relacional, assim, é também incompleto, na medida em que as partes são incapazes de reduzir a termo obrigações que, num primeiro momento, poderiam ser consideradas bem definidas. Em termos jurídicos, pode ocorrer que a precisa definição das obrigações contratuais seja impraticável em um primeiro momento, devido à inabilidade ou incapacidade das partes em identificar condições futuras incertas ou devido à dificuldade para especificar adaptações complexas de maneira adequada. Deste modo, em substituição às cláusulas de reajuste das obrigações, são incluídos termos estabelecendo, por exemplo, o processo para cooperação na organização do produto ou serviço, ou para a produção e estruturação da forma de gerenciamento, ou, ainda, os termos necessários para a troca ao longo da relação e até previsão de futuros ajustes contratuais.

Os contratos relacionais, portanto, são de duração continuada, com alta carga de cláusulas programáticas ou abertas, nas quais o processo e a relação são de maior tônica do que obrigações pré-definidas. Por essência, são suscetíveis à modificação por circunstâncias futuras. Nos contratos relacionais há o que Ricardo Luis Lorenzetti[74] denomina *desmaterialização do objeto contratual*, pois seu objeto não trata propriamente da troca momentânea de bens, mas sim regras de "procedimento

[72] "A Teoria dos Contratos Relacionais inaugura uma nova abordagem contratual, iluminando o contexto social em que se encontrava inserida determinada operação econômica instrumentalizada no contrato. Entre seus diversos caracteres distintos em relação aos contratos descontínuos, vale o destaque ao reposicionamento da cooperação como elemento central de tais negócios. A despeito das críticas às formulações da teoria relacional, especialmente no que toca à sua complexidade e aplicabilidade, o fato é que ela abriu espaço para uma perspectiva complementar da análise contratual, inclusive permitindo, ulteriormente, o reconhecimento dos arranjos híbridos de contratação" (YAMASHITA, Hugo Tubone. *Cooperação empresarial*: contratos híbridos e redes empresariais. São Paulo: Almedina, 2022, p. 423).

[73] MOREIRA, Rodrigo Cavalcante. *A resolução do contrato de longa duração pela quebra da confiança*. São Paulo: Almedina, 2021.

[74] LORENZETTI, Ricardo Luis. Esquema de uma teoria sistemica del contrato. *Revista de Direito do Consumidor*, v. 33, p. 51-78, 2000, p. 51-78.

de atuação", fazendo com que ao longo do processo de cumprimento do contrato estas regras se adaptem.[75]

Na definição de Fernando Araújo:

> Em termos mais simples, dir-se-á que o contrato "relacional" emerge da simples constatação de que muita da actividade econômica decorre em relações longas, complexas, frequentemente multilaterais, assentes em comportamentos recíprocos que em larga medida se encontram isolados das forças de mercado — e por isso distante dos mecanismos de salvaguarda e de promoção da eficiência que o mercado prodigaliza aos participantes dele. E a solução "relacional" decorre também da constatação, mais elementar ainda, de que as partes não são moralmente impecáveis e podem facilmente ceder à tentação de explorar estrategicamente as vulnerabilidades da contraparte ou de adaptar o cumprimento das suas obrigações à maximização unilateral dos seus ganhos em detrimento dos ganhos do bem-estar total — tudo isso, e mais, em contextos em que o socorro externo nem sempre está disponível ou é eficiente.[76]

Assim sendo, o planejamento nos contratos relacionais tende a assumir um caráter menos substantivo e mais procedimental. Conforme enfatiza Macneil:[77]

> [E]ste tipo de planejamento fornece quadros gerais para planejamento posterior e acordo mútuo conforme o futuro demandar. Ele pode, sem dúvidas, afetar a substância da troca no futuro dependendo de como aloca o poder. Todavia, ele faz isto alocando o poder, e não mensurando agora as trocas futuras. (tradução livre)

Como observa Donald Nolan,[78] o principal argumento que diferencia os contratos relacionais dos não relacionais, ou seja, descontínuos, é que aqueles partem da premissa segundo a qual a relação contratual deve responder a eventuais mudanças de circunstâncias para que possa subsistir e, neste contexto, o desenvolvimento da relação jurídica envolve relações complexas entre as diversas partes e será pautado por um

---

75 MACEDO JÚNIOR, Ronaldo Porto. *Contratos relacionais e defesa do consumidor*. São Paulo: Max Limonad, 1998, p. 160.

76 ARAÚJO, Fernando. *Teoria económica do contrato*. Coimbra: Almedina, 2007, p. 397.

77 MACNEIL, Ian R. The Many Futures of Contracts. *California Law Review*, v. 47, 1974, p. 759.

78 NOLAN, Donald. The classical legacy and Modern English Contract Law, *Modern Law Review*, 1996, p. 617.

dever de conduta guiado pelos vínculos pessoais e de solidariedade, confiança, cooperação, ética e boa-fé.

Portanto, a premissa de longa duração dos contratos relacionais baseia-se na própria dinâmica estabelecida, o que impõe a permanência da relação contratual. A satisfação total das partes depende da continuação da relação jurídica, uma vez que o contrato desenvolve seus efeitos através da passagem do tempo. A lição de Rogério Zuel Gomes[79] é esclarecedora: "Esse modelo contratual traz em sua essência a geração de expectativa de parceria mútua, inspirado pela confiança gerada no decorrer de seu cumprimento".

O dever de cooperação nesses contratos ganha, assim, inegável importância: são constituídas relações pessoais e de confiança que não correspondem ao clássico objeto baseado na troca imediata. Para o regular funcionamento desta espécie contratual são imprescindíveis os conceitos fundamentais de solidariedade, cooperação, comunidade e boa-fé.[80]

Com esteio no desenvolvimento dos estudos já realizados por Macedo Júnior, Azevedo[81] coerentemente explica que a forma de dar sentido à teoria estrangeira dos contratos relacionais nos sistemas jurídicos romano-germânicos é considerar como relacionais os contratos que "sendo de duração, têm por objeto colaboração (sociedade, parcerias etc.) e, ainda, os que, mesmo não tendo por objeto a colaboração, exigem-na intensa para poder atingir os seus fins, como os de distribuição e da franquia".

Nos contratos relacionais o planejamento ganha relevância[82] e as expectativas de continuidade do vínculo são compartilhadas pelos contratantes, de modo que se tal vínculo é rompido de forma unilateral e abruptamente, a parte prejudicada encontraria muita dificuldade

---

79 GOMES, Rogério Zuel. *Teoria contratual contemporânea*: função social do contrato e boa-fé. Rio de Janeiro: Forense, 2004, p. 76.

80 ATIYAH, Patrick Selim. An introduction to the law of contract, *Clarendon Law Series*, Six Edition, 1981, p. 51.

81 MACEDO JÚNIOR, Ronaldo Porto. *Contratos relacionais e defesa do consumidor*. São Paulo: Max Limonad, 1998.

82 "No caso dos contratos relacionais, ao contrário, o planejamento vai assumindo um caráter menos substantivo e mais processual ou constitucional, a medida que passa a regular a forma pela qual a revisão e reformulação do planejamento vai se operar. Neste caso, os termos contratuais passam a definir menos as regras para o fornecimento do produto ou do serviço e mais as regras processuais que pela própria regulação sobre o fornecimento serão definidas" (MACEDO JÚNIOR, Ronaldo Porto. *Contratos relacionais e defesa do consumidor*. 2. ed. São Paulo: Revista dos Tribunais, 2007, p. 133).

para celebrar um novo contrato, nos mesmos termos, com um terceiro parceiro contratual. Esse modelo contratual traz em sua essência a geração de expectativa de parceria mútua, inspirado pela confiança e cooperação verificadas no decorrer de seu cumprimento.

Mesmo existindo um campo de matrizes e de premissas que permite agrupar os contratos de longa duração, com grande tom colaborativo e de parceria e dentro de um modelo de contratação mais aberto, sujeito, portanto, a alterações e adaptações futuras, o conceito dos contratos relacionais ainda não é uma unanimidade dogmática. Muito ao contrário. Especialmente no Brasil, critica-se a pouca utilidade de mais uma classificação dos contratos nessa espécie, reconhecendo essas características em vários tipos contratuais e fazendo uma crítica importante ao fato de que seria dispensável a categorização dos contratos numa espécie chamada de "relacionais". O objetivo desse trabalho, no entanto, não é o de discutir acerca da originalidade da teoria relacional introduzida pela obra de Macneil, ou de indicá-la como premissa de uma nova categoria contratual. Consideramos a teoria relacional de Macneil adequada ao posicionar a cooperação, ou seja, a associação com o outro para benefício mútuo por meio da projeção da troca e divisão mútua dos ônus, no centro da compreensão do fenômeno contratual. Ou seja, o dever de cooperação, enquanto uma postura juridicamente exigível, que coloca a observância ao interesse alheio como um dever principal do contrato, aderente ao seu próprio objeto, como uma cooperação qualificada, tendente a atingir o adimplemento. Nas palavras de Macedo Júnior, a concepção relacional do contrato implica reconhecer a centralidade da cooperação na experiência contratual e adotá-la, portanto, como ponto de partida para compreensão dos contratos.[83]

Considera-se, assim, que a grande contribuição de Macneil foi revelar um conjunto de elementos que, tradicionalmente, eram ignorados na teoria clássica dos contratos,[84] e, dentre eles, a ideia de

---

[83] *Ob. sup. cit.* MACEDO JÚNIOR, 1998, p. 189.

[84] Como explica Fernando Araújo: "O domínio por excelência (mas não exclusivo) da abordagem 'relacional' é o dos contratos complexos celebrados entre partes sofisticadas, nos quais ocorre que, com essa sofisticação, as partes percebem desde o início tanto as possibilidades como os riscos ínsitos no 'afastamento do mercado' com a acumulação de idiossincrasias na relação, com a sucessiva rejeição de oportunidades alternativas, com a passagem do tempo, com a ocorrência de investimentos específicos, e percebem que, nessas condições, se tornam insatisfatórios os regimes de responsabilidades e as presunções simplificadoras do regime contratual clássico, reclamando-se antes a formação de relações de verdadeira solidariedade entre as partes, de superação das tensões resultantes da contraposição objectiva e dúctil, de uma auto-disciplina mais implícita do que explícita,

interdependência e cooperação entre as partes, sendo a variação desse fato o que tornaria o contrato mais ou menos *relacional*.

Surge assim uma nova característica dos contratos, de execução duradoura, que refletem a incapacidade de as partes transporem para o contrato todos os elementos essenciais do negócio e alocarem, sob a forma de obrigações precisamente definidas, todos os riscos envolvidos.[85]

Assim, a despeito de se investigar a afirmação dos contratos relacionais configurarem uma categoria contratual própria, pretende-se estudar as características relacionais dos contratos empresariais — ainda que sem a criação de uma categoria contratual específica, no intuito de se verificar se, ao elevar a cooperação para o centro do objeto contratual, o rompimento da relação entre as partes poderia ter por fundamento a ausência de colaboração como justa causa e o afastamento da execução específica.

Pondere-se, ainda, a falta de efeito prático da categorização, em especial por não ser necessária normatização própria a essa espécie de contratos ou para a solução legal aplicável no caso de ruptura, sendo possível o reconhecimento da aplicação das disposições atuais, em especial, aquelas relativas aos contratos fiduciários.

Para além do estudo dos contratos relacionais tendo por base a própria característica da relação entre as partes, estruturamos, nos pontos seguintes, mais duas características fundamentais desses contratos: a incompletude e a confiança relacional.

2.7 Incompletude como característica dos contratos relacionais

As ideias de contratos incompletos, sob a ótica dos custos de transação e a de contratos relacionais, com seu pilar na área da sociologia, que aparecem nos estudos de *Law and Economics*, acabam sendo unidas por Williamson.

---

mais tributária da 'moralidade' de normas sociais interiorizadas do que a enumeração formal de deveres" (ARAÚJO, Fernando. *Teoria económica do contrato*. Coimbra: Almedina, 2007, p. 396).

85 Nesse sentido, afirmam Goetz, Charles J. e Scott, Robert E.: "[a]a contract is relational to the extent that the parties are incapable of reducing important terms of the arrangement to well-defined obligations" (Principles of Relational Contracts. *Virginia Law Review*, v. 67, Set. de 1981, n. 6, p. 1.091).

Nos contratos relacionais, o tempo e a incompletude surgem como características fundamentais e, nessa medida, importante a distinção, para efeitos de estudo dogmático, dos contratos de duração e dos contratos incompletos.

A incompletude de um contrato pode ter diversas causas. Para Clerico, contratos completos existiriam apenas em "condições ideais", caracterizadas por um mercado de "concorrência pura e perfeita". Por isso, o autor italiano ensina que os contratos são completos se as partes, em qualquer dos infinitos possíveis estados do mundo, concordam com sua solução e seu resultado.[86]

Bellantuono explica que "um contrato é considerado incompleto se não liga as ações das partes a qualquer um dos possíveis estados de mundo".[87]

Na mesma toada, Rachel Sztajn:

> Contratos de longa duração são ditos completos quando todas as variáveis que possam produzir efeitos sobre as condições originais de contratação tiverem sido previstas, bem assim as contingências por eles geradas. Vale dizer que não será necessário que as partes, no futuro, revejam ou renegociem cláusula contratuais. Será incompleto o contrato que não preencha o acima exposto. E, nesses casos, normas supletivas incidirão. Outra solução, proposta por estudiosos de Law and Economics, é recorrer a usos e costumes, ou replicar operações em mercados, de sorte a espelhar alocação eficiente de direitos e deveres.[88]

---

86 CLERICO, Giuseppe. *Analisi economica del contratto*. Milano: Dott. A. Giuffrè, 2008, p. 33. No original: "Un contratto è completo se le parti, per ciascuno degli infiniti possibili stati del mondo, concordano sulla soluzione e sul risultato".

87 BELLANTUONO, Giuseppe. *I contratti incompleti nel diritto e nell'economia*. Milano: CEDAM, 2000, p. 71. Em sentido semelhante: FORGIONI, Paula A. *Teoria geral dos contratos empresariais*. São Paulo: Revista dos Tribunais, 2009, p. 71; CLERICO, Giuseppe. *Analisi economica del contratto*. Milano: Dott. A. Giuffrè, 2008, p. 33; EGGLESTON, Karen; POSNER, Eric A.; ZECKHAUSER, Richard. The Design and Interpretation of Contracts: Why Complexity Matters. *Northwester University Law Review*, v. 95, n. 1, p. 91-132, 2000, p. 91; POSNER, Eric. *Análise econômica do Direito Contratual após três décadas*: sucesso ou fracasso? Tradução e adaptação ao Direito brasileiro: Luciano Benetti Timm, Cristiano Carvalho e Alexandre Viola. São Paulo: Saraiva, 2010, p. 49; SZTAJN, Rachel. Direito e economia dos contratos: os conceitos fundamentais. *In*: VERÇOSA, Haroldo Malheiros Duclerc. *Direito Comercial*. Teoria Geral do Contrato. Fundamentos da Teoria Geral do Contrato. v. 4. 2. ed. rev., atual. e ampl. São Paulo: Revista dos Tribunais, 2014, p. 72-82, p. 77.

88 SZTAJN, *op. cit.*, 2014, p. 77.

No caso de contratos de parceria relacionais,[89] a ideia de incompletude não está nesse campo, não pretendem as partes economizar custos *ex ante*, nem deixar em aberto soluções para eventos futuros, elas buscam a completude através da própria relação entre as partes. É um contrato a ser construído em conjunto (*self-enforcing*). Os contratos relacionais regulam, assim, o trocar, e não a própria troca.

Os adeptos da teoria dos contratos relacionais explicam que o contrato funcionaria como uma estrutura dinâmica, a ser preenchida e adaptada pelas partes ao longo de sua execução,[90] parecendo cada vez mais como atos de "constituição", abrindo espaço para que as formas de governança e premissas gerais passem a reger o relacionamento entre as partes.[91]

Na verdade, a estrutura dos contratos relacionais encontra elementos comuns com a teoria dos contratos incompletos, mas acrescenta os elementos de cooperação e redução de oportunismo contratual das partes, aos quais a teoria dos contratos incompletos não dá tanta importância.[92]

---

89 "(...) o paradigma contratual da sociedade contemporânea, diferentemente da dos séculos XIX e primeira metade do século XIX, não é mais de trocas pontuais, nem tampouco mais o dos contratos de adesão, mas dos chamados *contratos relacionais*. Além disso, as partes, por conta dos fatores acima elencados, muitas vezes optam, deliberadamente ou por falta de outras possibilidades, em deixar ampla margem de temas negociáveis intocada, apesar dos riscos disto, de modo que o paradigma do contrato do século vinte e um pode-se dizer que já é o dos *contratos incompletos*" (PENTEADO, Luciano de Camargo. *Integração de contratos incompletos*. 2014. 381 f. Tese (Livre-docência em Direito Privado) – Faculdade de Direito de Ribeirão Preto, Universidade de São Paulo, 2014, p. 31).

90 "Another possibility is relational contracting, which does not attempt the impossible task of complete contract but instead settles for an agreement that frames the relationship. The parties do not agree on detailed plans of action but on goals and objectives, on general provisions that are broadly applicable, on the criteria to be used in deciding what do the when unforeseen contingencies arise, on who has power to act and the bounds limiting the range of actions that can be taken, and on dispute resolution mechanisms to be used if disagreements do occur" (MILGRON, Paul; ROBERTS, John. *Economics, Organization & Management*. New Jersey: Prentice-Hall, 1992, p. 131).

91 "As relation aspects of the contract more significant, emphasis will shift from a detailed specification of terms of agreement to a more general statement of the process of adjusting the terms of the agreement overtime — the establishment, in effect, a 'constitution' governing the ongoing relationship" (GOLDBERG, Victo P. Regulation and Administered Contracts. *The Bell Journal of Economics*, v. 7, n. 2, 1976, p. 428).

92 "Whereas the literature on long-term contracts focuses on the problems which arise because of the incompleteness and the potential for renegotiation, the theory of relational contracts focuses on the relationship between the contracting parties which ensures that opportunistic behavior does not arise" (HVIID, Morten. Long-Term Contracts and Relation Contracts. *In*: BOUCKAERT, Boudewijn; DE GEEST, Gerrit (coord.). The Encyclopedia of Law and Economics, Cheltenham: Edward Elgar, 2000. v. III. Disponível em: https://reference.findlaw.com/lawandeconomics/4200-long-term-contracts-and-relational-contracts.pdf, p. 54).

Podemos também pensar que contratos completos e incompletos se mostram mais aderentes à estrutura clássica dos contratos e que, numa visão relacional dos contratos, a incompletude ocuparia outro lugar. Maria da Graça Ferraz de Almeida Prado, com apoio na Nova Economia Institucional, aproxima os contratos relacionais dos incompletos, sob a ótica da economia dos custos de transação (ECT[93]) para afastar o oportunismo e assegurar a colaboração.[94]

2.8 Confiança relacional como característica fundamental dos contratos de duração

Na classificação clássica de Giorgio Oppo,[95] os contratos de duração têm o tempo como parte integrante do interesse das partes que desejam, em última análise, uma atividade continuada. Nessa espécie de contrato, mais do que um elemento acidental de existência, o tempo se torna integrante indissociável do próprio fim do contrato. Nesse grupo estão os contratos de distribuição, de franquia, serviços de caráter continuado, fornecimento, suprimentos, acordos de acionistas, entre outros. São os contratos de duração em sentido estrito.[96]

Os estudos de Giorgio Oppo nessa matéria são fundamentais. Consagrando a expressão "contrato de duração", com inspiração na doutrina germânica, em especial nos estudos de Gierke, Oppo explica sua opção ao termo pela simplicidade que ele representa, indicando que a qualificação de um contrato como duradouro não diz respeito

---

[93] Ronaldo Porto, por sua vez, entende não existir qualquer aproximação teórica entre contratos relacionais e a ECT.

[94] "É na caracterização do contrato relacional como um tipo de moldura capaz desse duplo efeito — tanto alinhamento *ex ante* de interesses, quanto incentivo *ex post* ao cumprimento contratual -, que se identifica ponto de aproximação entre os contratos relacionais, tanto em sua concepção jurídica, quanto econômica, e a lógica da ECT.
Isso se dá na medida em que a ECT tem como principal preocupação analisar diferentes formas e arranjos de governança que sejam capazes de, aos menores custos de transação, reduzir o *oportunismo* contratual e, com isso, garantir o *cumprimento* de relações econômicas assumidas. Tanto no aspecto da cooperação gerada, quanto no objetivo de cumprimento contratual, há simetria em relação aos argumentos desenvolvidos pela plataforma dos contratos relacionais" (PRADO, Maria da Graça Ferraz de Almeida: *A economia da arbitragem*: uma análise dos impactos sobre contratos e políticas de desenvolvimento. Rio de Janeiro: Lumen Juris, 2018, p. 75).

[95] OPPO, Giorgio. I contratti di durata – parte I. *Rivista del Diritto Commerciale e del Diritto Generale delle Obbligazioni*. Milano: Casa Editrice Dottor Francesco Vallardi, v. XLI, 1943.

[96] BURTUCE, Vitor Augusto José. *O design da ruptura dos contratos empresariais de prazo determinado*. Ano. 474 f. Tese (Doutorado em Direito Comercial) – Universidade de São Paulo, São Paulo, 2019. Orientador: Prof. Rodrigo Octávio Broglia Mendes, p. 75.

à sua formação, ou ao negócio fonte da relação, mas à sua execução e ao relacionamento entre as partes. Para o autor, o ideal seria falar em relações de duração, e, dentro destas, em relações obrigacionais de duração (como o fazia Gierke, por exemplo), uma vez que relações de duração existem também em outros ramos do Direito, como no Direito das Coisas e no Direito de Família. De toda forma, o autor concorda que a expressão oferece uma fórmula sintética e consagrada, razão pela qual a aceita e adota.

Oppo, apoiando-se declaradamente em Gierke, sustenta que o conceito de contrato de duração deve ser construído com base na proeminência do papel atribuído à duração na execução do contrato.

Dentro desse espectro, o tempo interessa aos contratos de duração como força motriz do relacionamento construído ao longo do contrato.

Parece-nos, assim, possível, estudar os contratos relacionais como integrante da categoria contratos de duração. Afinal, nem todos os contratos de duração serão, necessariamente, relacionais (p. ex. contrato de locação de longo prazo), distinguindo-se estes pela alta carga de colaboração na construção do próprio objeto contratual.

Registre-se, ainda, que contratos fiduciários e de longa duração podem ser considerados dentro da mesma categoria "negócios de confiança", dado que há um caráter autônomo e distinto em relação à confiança presumida na boa-fé objetiva.[97]

---

97 "Outro aspecto da harmonização do conflito nas relações modernas é a necessidade de uma regularidade processual (*processual regularity*), um ponto que Clyde Summers enfatizou em seu excelente artigo 'Acordos Coletivos e o Direito Contratual' (*Colletive agreeements and the law of contracts*). Assim também, como ele ressalta, a boa-fé (*good faith*) e a confiança (*trust*) são vitais não somente nos mecanismos substanciais básicos das relações contratuais, como discutido anteriormente, mas também e particularmente em relação a conflitos. De fato, a boa-fé (*good faith*) e a confiança (*trust*) que estas constroem vêm antes da regularidade processual tanto em importância como em utilidade.
Os advogados geralmente esquecem que a regularidade processual imposta é necessária e útil somente quando a boa-fé (*good faith*) e a confiança (*trust*) declinam para abaixo de determinados níveis. Esquecem, também, que esta por sua vez produz a desconfiança. A maioria das pessoas exige relativamente pouca regularidade processual em suas relações matrimoniais devido aos altos níveis de boa-fé (*good faith*) e confiança (*trust*); assim, também as relações entre parceiros e associados em muitas formas de advocacia. A ascensão da regularidade processual concernente a relações estudante-universidade geralmente é aclamada como um grande passo em direção à igualdade e à justiça. Pode, da mesma forma, ser considerada como resultado de um grande declínio em confiança (*trust*) e percepções sobre a ausência de boa-fé (*good faith*). Visto desta forma, constitui um enorme passo para trás" (MACNEIL, Ian R. *o novo contrato social*: uma análise das relações contratuais modernas. Tradução de Alvamar Lamparelli. Rio de Janeiro: Elsevier, 2009, p. 66-67).

Essa confiança, presente nos contratos de duração com alta carga da colaboração,[98] pode ser chamada de "confiança relacional", distinta da boa-fé objetiva,[99] por seu caráter autônomo, construída ao longo da relação contratual, e não apenas inerente à contratação em si mesma.

2.9 Utilidade dos contratos relacionais para o estudo da extinção do vínculo dos contratos de colaboração empresarial

Como delimitamos anteriormente, contratos relacionais não compõem um tipo, mas uma categoria contratual.[100] Assim como podemos falar em contratos incompletos ou sinalagmáticos, por exemplo, podemos falar em contratos relacionais. E qual a utilidade de se categorizar[101]

---

98 "Outra alavanca de *design* colaborativo mencionada por Benkler é a confiança. Esse elemento, explica o autor, já recebeu um número grande de análises com objetivos e implicações distintas. A confiança que Benkler menciona aqui não é a confiança na eficiência de um sistema, mas aquela que se refere a uma atitude do agente em interação com outro. 'É a crença de que outros, em um dado sistema, agirão de forma cooperativa em relação ao 'trusting agent' ou em relação ao objetivo comum, quando lhes for dada a chance efetiva de agir de modo prejudicial ou benéfico ao 'trusting agent'. Para Benkler, a criação de confiança, no sentido que ele emprega, pode ocorrer por meio do fatiamento dos comportamentos cooperativos, possibilitando que a parte observe, gradativamente, como a contraparte irá se comportar. Com a sinalização acerca do comportamento da outra parte e a tendência à reciprocidade, serão criadas as bases para que, naturalmente, surja o ambiente de confiança" (SILVA, Leonardo Toledo da. *Contrato de Aliança*: projetos colaborativos em infraestrutura e construção. São Paulo: Almedina, 2017, p. 97).

99 "Por isso, uma distinção é necessária. A confiança dos contratos de longa duração merece uma classificação distinta, a que chamaremos de 'confiança relacional'. Essa confiança tem como elemento essencial o vínculo, o desejo de permanecer unido, compartilhando uma relação íntima de interdependência, nos termos da noção de 'solidariedade orgânica' de Durkhein que é utilizada por Ian Macneil.
É essa confiança que as partes — e, em última análise, o julgador — devem recorrer para verificar se, diante de um determinado ato ou evento disruptivo, é possível ou exigível continuar aquela relação. E essa confiança, apesar de similar, não é a mesma dos contratos fiduciários, na qual existe, como bem afirma Carneiro da Frada, para equilibrar uma relação na qual o prestador de serviços tem sob o seu poder bens e direitos de extrema relevância para o credor. É uma confiança, portanto, imposta. A confiança relacional, por sua vez, é da natureza da relação contratual, mas é construída. Pode ou não existir, inclusive — por isso a análise é sempre casuística.
Assim, nos alinhamos à doutrina portuguesa de Carneiro da Frada, acompanhado por Joana Farrajota, ao reconhecer a existência de uma confiança autônoma, distinta daquela oriunda da boa-fé objetiva. Esta é a 'confiança relacional'" (MOREIRA, Rodrigo Cavalcante. *A resolução do contrato de longa duração pela quebra da confiança*. São Paulo: Almedina, 2021, p. 173).

100 Os contratos relacionais mais interessantes são os atípicos ou aqueles que misturam diferentes tipos contratuais.

101 Marino critica a ideia de uma categoria própria que não indique um regime jurídico que só a ela seja aplicável: "A doutrina recente tem se mostrado particularmente propensa

os contratos em relacionais em oposição aos contratos de interesses opostos (discretos)?[102]

A princípio, a maior utilidade está em compreender o próprio fenômeno contratual, que apresenta mais facetas do que as categorias atuais se mostram aptas a cobrir, se desconsiderarmos os relacionais. A utilidade está, assim, no enfoque da relação entre as partes. Ênfase não na duração, mas sim nos interesses (opostos ou de colaboração) envolvidos para a própria consecução do objeto do contrato.

Comum usarem os relacionais em classificações contratuais em contraposição a contratos pessoais (*intuitu personae*).

A afirmativa de que o contrato de trabalho é impessoal já seria por si só bastante questionável, o que torna incompreensível, em certo modo, a classificação desse tipo de contrato como relacional, de acordo com a categorização proposta por Faria. Quando ele define que o contrato relacional pressupõe reconhecer as mútuas necessidades, a cooperação e a solidariedade, ele se aproxima um pouco mais da definição de contratos relacionais, à qual nos filiamos para a análise do presente trabalho.

Outro exemplo bastante comum de contratos relacionais seria o de plano de saúde e o de relação previdenciária. Contudo, seriam mesmo esses contratos relacionais? Conteriam carga de colaboração

---

ao estudo de modelos contratuais mais abrangentes do que os tipos (modelos calcados em operações econômicas), normalmente estruturados sob a forma de dicotomias ou tricotomias classificatórias, que podemos denominar *categorias*. Categorias não são, contudo — ou ao menos não deveriam ser -, meros exercícios de abstração ou especulações conduzidas segundo o gosto ou a linha de pesquisa do autor. A construção de uma categoria dogmática somente se revelará útil e justificada quando lhe for possível prescrever um dado regime jurídico, só a ela aplicável" (MARINO, Francisco Paulo de Crescenzo. Prefácio. *In*: BUENO, Ricardo Busana Galvão. *Comportamento das partes nos contratos de duração*. São Paulo: Almedina, 2022, p. 6). Contudo, se não pudermos falar em categoria dos contratos relacionais, no mínimo, deveríamos reconhecer a relacionalidade como uma característica dos contratos, assim como o sinalagma, por exemplo.

102 Eisenberg critica a falta de distinção entre *relacional contracts* e *discret contracts* e a falta de aplicação normativa específica a *relational contracts*. Aproximação dos *relacional contracts* aos contratos de longa duração. Radicaliza e diz que as regras que se aplicariam aos contratos relacionais ou bem servem para quase todos os contratos ou não seriam boas para nenhum contrato. Eu questiono isso. Podemos ter contratos relacionais que não sejam de longo prazo e vice-versa. *Relacional contracts* pressupõem uma relação entre os contratantes. Mesmo os críticos da teoria dos contratos relacionais reconhecem neles a utilidade de trazerem as partes para o protagonismo da solução do término da relação. A melhor parte foi: "Rather, the solution to the problems presented by such contracts is to allow either party to dissolve the relationship on fair terms, even if the right to dissolve is not written into the contract" (EISENBERG, Melvin A. Relational contracts. *In*: BEATSON, Jack; FRIEDMANN, Daniel (eds.). *Good Faith and Fault in Contract Law*. Oxford: Claredon Press, 1997, p. 291-304, p. 302).

acentuada a permitirem serem inseridos nessa classificação? A carga de boa-fé presente nesses contratos não nos parece suficiente para caracterizá-los como relacionais, especialmente dada a ausência do caráter programático e processual na construção das prestações.

Forgioni classifica os relacionais ao lado dos contratos de prestação (contratos de execução imediata), pelo interesse principal da parte no contrato:

> A análise elaborada pela doutrina dos contratos relacionais é útil para nossa empreitada de dissecação dos contratos empresariais, porque põe em relevo dois de seus elementos fundamentais: [i] a relação entre as partes e [ii] a força da boa-fé, da confiança. Quanto ao primeiro ponto, pensar a ligação entre as partes, nos moldes doutrinários dos contratos relacionais, é essencial para dimensionar o ajuste e trazer à baila a importância da boa-fé objetiva, da confiança, da não frustração da legítima expectativa para garantir a estabilidade jurídica e o melhor desenvolvimento do contrato enquanto um processo.[103] Muitos contratos apresentam traços relacionais.[104] As transações entre completos estranhos, de execução imediata, são cada vez mais raras no mundo empresarial.[105] Muitas das contratações, atualmente, obedecem a uma lógica relacional.[106]

---

[103] FORGIONI, Paula A. *Contratos empresariais*: teoria geral e aplicação. 4. ed. São Paulo: Revista dos Tribunais, 2019, p. 65.

[104] "A denominação 'contrato relacional' não é feliz, embora tenha caído no uso corrente. Dir-se-á que tal nome se justifica porque as partes tratam de organizar suas relações levando em conta o tempo que perdurará o acordo. Mas nem por isso a designação deixa de ser confusa, porque todo negócio jurídico é apto para criar, modificar ou extinguir relações jurídicas. Aliás, pode-se acrescentar como crítica que não exista nada no Direito que não seja relacional. Todos os institutos jurídicos disciplinam relações entre sujeitos. É elementar no universo jurídico a categoria relação jurídica. Nesse contexto, é absurdo afirmar que certo contrato seja 'relacional', porque isso levaria alguém a crer que possa existir contrato 'não relacional'. Apesar de conduzir a tais disparates, a expressão adentrou no costume doutrinário, um tanto porque o hábito leva à acomodação, em parte por falta de um nome melhor" (GRAMSTRUP, Erik Frederico. Contratos relacionais. *In:* LOTUFO, Renan; NANNI, Giovanni Ettore (coords.). *Teoria geral dos contratos*. São Paulo: Atlas, 2011, p. 323).

[105] "Em primeiro lugar, muitos dos contratos em nossa sociedade são relacionais. Associações contratuais são elementos constantes em nossas vidas. O motivo básico destas associações são a solidariedade mecânica e o compartilhamento. Os exemplos mais notáveis são os contratos de cooperação, de franquia, de trabalho e formação de redes produtivas e de fornecimento de produtos já mencionadas anteriormente" (MACEDO JÚNIOR, Ronaldo Porto. *Contratos relacionais e defesa do consumidor*. 2. ed. São Paulo: Revista dos Tribunais, 2007, p. 187).

[106] "In circumstances such as the foregoing each exchange no longer stands alone as in the discrete transaction, but is part of a relational web. Since most actual Exchange are as least partially relational, most contracts could be called relational" (MACNEIL, Ian. Restatement (Second) of Contracts: An Presentation. *In*: CAMPBELL, David (coord.). *The Relational Theory of Contract*: Selected Words of Ian Macneil, Sweet & Maxwell: London, 2001, p. 186).

Isso não quer dizer que os modelos clássico e neoclássico de contratação tenham cedido, mas se a análise a partir das suas premissas não dá conta dos novos modelos de contratação, em especial diante do fator tempo, da duração dos pactos e da preponderância de obrigações mais abertas nas transações, necessário se faz socorrer-se da doutrina que repensa as relações contratuais para além do modelo da troca instantânea.

Nesse contexto, o cumprimento dos contratos — considerado o espaço temporal entre a contratação e sua execução — se torna cada vez mais relevante.[107] Como lembra Judith Martins-Costa, no melhor cenário, após a contratação, as partes têm uma "expectativa de confiança" quanto ao cumprimento das obrigações assumidas.[108]

Contratos relacionais pressupõem colaboração, planejamento de longo prazo, laços entre as partes e ferramentas para lidar — de forma lícita e objetiva — com o futuro e a incerteza incorporados a esses contratos.[109] Como Masten ressalta, a teoria relacional permite encontrar ferramentas capazes de reduzir o oportunismo e inadimplemento, mesmo diante das limitações dos contratantes.[110]

A utilidade de se compreender os contratos relacionais como oposição aos contratos de contratos discretos ou descontínuos, que se esgotam na execução de prestações recíprocas, parece se impor.[111] Reconhecer nos relacionais um dever de cooperação mais intenso, próprio e característico das obrigações abertas, a serem construídas

---

107 "O problema de fazer cumprir os contratos — o que a literatura econômica denomina *enforcement* — é um dos principais elementos que define o desenho dos contratos" (AZEVEDO, Paulo Furquim de. Contratos: uma perspectiva econômica. *In*: ZYLBERSZTAJN, Decio; STAJN, Rachel (Coord.). *Direito & Economia*: análise econômica do direito e das obrigações. Rio de Janeiro: Elsevier, 2005, p. 120).

108 "Os contratos provocam uma específica eficácia geradora da vinculabilidade jurídica obrigacional às partes contratantes, ligadas por uma expectativa de confiança para manter o que pactuaram e tal qual pactuaram" (MARTINS-COSTA, Judith. Contratos: conceito e evolução. *In*: NANNI, Giovanni Ettore (coord.). *Teoria geral dos contratos*. São Paulo. Atlas, 2011, p. 55).

109 Vale dizer que não hoje em dia os contratos relacionais estão presentes em contratos de todos os tipos, inclusive os bilaterais (contratos de parcerias empresariais), não apenas os ligados a uma rede contratual.

110 "An essential element of contract design, therefore, becomes structuring the relationship in a way that reduces the incentive to engage in wasteful efforts to evade performance or force a renegotiation" (MASTEN, Scott E. Contractual choice. *In*: *Encyclopedia of Law and Economics*, 1999, p. 34. Disponível em: SSRN: http:ssrn.com/abstract=142934).

111 A conhecida tese de Ronaldo Porto Macedo Júnior apresenta os contratos relacionais para tratar das relações de consumo (MACEDO JÚNIOR, Ronaldo Porto. *Contratos relacionais e defesa do consumidor*. São Paulo: Max Limonad, 1998), o que nos parece um uso limitado e específico dos contratos relacionais.

ao longo da relação contratual,[112] parece ser mesmo a grande virtude dessa teoria e da sua incorporação pela dogmática jurídica brasileira.

Importante ainda a utilidade da teoria dos contratos relacionais sob a ótica da funcionalidade dos contratos.

Um dos méritos da teoria relacional de Macneil é atentar para as disfuncionalidades do contrato, ou seja, para as hipóteses de desagregação contratual, com a ótica sobre o conflito entre as partes. A ênfase da moldura relacional recai sobre técnicas de planejamento de risco capazes de alinhar os interesses das partes em torno de um objetivo contratual comum, o que é feito preponderantemente através do incentivo à confiança e à cooperação entre as partes. Desse modo, a prevalência das soluções encontradas dentro do próprio contrato, permitindo, assim, flexibilidade, autonomia e adaptação suficientes para lidar com os potenciais conflitos.

A relevância da teoria relacional se apresenta, nesse viés, para a compreensão do caráter mais processual do que material da relação, o que destaca a possibilidade de soluções mais maleáveis para os conflitos inerentes às relações contratuais mais abertas, encontradas pelas próprias partes.[113]

Mais que ser uma categoria própria de contrato, o enfoque na relacionalidade tem utilidade não só na tônica da boa-fé, mas no aspecto da possibilidade de construção e revisão dos termos pactuados.[114]

---

112 "Tem-se por contratos relacionais aqueles negócios que dão origem a vínculos de longa duração, implicada com vínculos de solidariedade, cooperação e confiança desconhecidos pela doutrina clássica dos contratos e dos negócios jurídicos" (GRAMSTRUP, Erik Frederico. Contratos relacionais. *In:* LOTUFO, Renan; NANNI, Giovanni Ettore (coords.). *Teoria geral dos contratos*. São Paulo: Atlas, 2011, p. 321).

113 "É nesse aspecto que reside justamente a ideia de autorregulação dos interesses contratuais, como já apontado no início deste capítulo. Conforme menciona Macneil, a autorregulação dentro dos contratos relacionais chegaria ao ponto de ser criada uma verdadeira *mini-sociedade* entre os contratantes.
Além disso, o que parece ser outro grande diferencial em Macneil é a inclusão do conflito como parte integrante da moldura relacional. Algo, aliás, que a teoria dos sistemas faz em relação ao próprio Direito. Ao reconhecer que a contingência é própria à realidade contratual moderna e que as alterações são inerentes ao processo de cumprimento contratual, colocar uma camisa de força sobre os contratantes ou tentar domar o futuro mediante previsões contratuais detalhadas soa simplesmente tolice ou esforço inútil. O enfoque da moldura relacional de Macneil é assegurar aos contratantes, dentro das balizas de legalidade, autonomia suficiente para encontrarem, por si, a solução mediada dos conflitos contratuais" (PRADO, Maria da Graça Ferraz de Almeida: *A economia da arbitragem*: uma análise dos impactos sobre contratos e políticas de desenvolvimento. Rio de Janeiro: Lumen Juris, 2018, p. 117-119).

114 Embora tratando do que chamou de contratos de duração alongada, essa citação de ARAÚJO serve para descrever a maleabilidade dos contratos relacionais: "nas relações

Superação dos conflitos em cenário de transações continuadas traz o foco para as partes, enquanto agentes capazes de perenizar a relação, superando obstáculos de forma conjunta, cooperativa e a custos reduzidos. A solução dada pelas próprias partes é sempre melhor, mais qualificada do que as impostas por terceiros. As partes têm posição privilegiada, com mais conhecimento dos fatos.

O termo relacional abrange, como se viu, mais do que os contratos de cooperação e os de longa duração; abarca ambos e mais a ideia de construção, de obrigação como processo[115] e, no que interessa a este estudo, a possibilidade de extinção dos contratos, quando ausente a colaboração esperada.

O estudo passa, assim, pela ideia de que a proibição de resilição imotivada dos contratos relacionais, desde que pactuada, permite o oportunismo do inadimplente, dada a alta carga de obrigações abertas e, portanto, a dificuldade de se comprovar o inadimplemento (obrigações de meio ou parâmetros fluidos), quando o principal deveria ser a percepção do inadimplemento pelo outro contratante, em razão do não atendimento do interesse do credor, com base no programa contatual fundado na função econômica. De outro lado, se, mesmo assim, a função econômica estiver preservada — o que se mostra difícil diante da quebra do interesse do credor — não haverá razão para se extinguir o contrato.

---

jurídicas de duração alongada a interação entre as partes é cíclica e periódica, repetindo-se de tempos em tempos (...). Esse vai e vem entre proximidade e distanciamento, entre alta e baixa intensidade do relacionamento leva a doutrina francesa a dizer que o tempo contratual nas relações jurídicas duradouras não é linear, mas circular. A cada período, as partes emitem declarações de vontade novas, geram obrigações novas, cumprem essas obrigações e voltam ao estado de espera em que se encontravam. É um ir e vir repetitivo que marca a relação jurídico-contratual (...). Diante disso, afirma-se que o contrato ou a relação contratual de longa duração está em constante formação. Não há propriamente um único momento em que todas as regras e condições contratuais estão definidas, como queriam os voluntaristas. Há uma combinação construtiva entre o contrato e o tempo, que permite ao contrato superar os obstáculos ligadas à inconsistência do tempo, permitindo assim sua evolução ao longo da duração da relação jurídico contratual. O pacto contratual vai sendo construído pelas partes ao longo do tempo, confirme a relação jurídica se desenvolve" (ARAUJO, Paulo Dóron Rehder de. *Prorrogação compulsória de contratos a prazo*. São Paulo: Universidade de São Paulo, 2011, p. 71-73).

115 "A concepção da obrigação como um processo dinâmico e como uma totalidade concreta, qualificada como 'relação de cooperação' põe em causa um determinado paradigma do Direito das Obrigações, fundado nuclearmente na valorização jurídica da vontade humana, inaugurando outro paradigma, articulando, dialeticamente, os princípios da autonomia privada e da boa-fé objetiva" (MACEDO JÚNIOR, Ronaldo Porto. *Contratos relacionais e defesa do consumidor*. São Paulo: Max Limonad, 1998, p. 237).

3

RESOLUÇÃO CONTRATUAL POR AUSÊNCIA DE COLABORAÇÃO

3.1 Delimitação do dever de cooperação como objeto de estudo

Quando se trata de contratos de colaboração empresarial, deve-se ter em conta qual a cooperação esperada nesses contratos.

Muitas vezes a cooperação é vista como obrigação de melhores esforços, o que torna a identificação da sua ausência um desafio por si mesmo. Outras vezes, analisa-se a cooperação sob o conteúdo dos deveres anexos de boa-fé.

Contudo, ao que interessa a este estudo, a cooperação é o cerne dos próprios contratos objetos de investigação, constituindo o núcleo do seu objeto.

Para que se delimite, de modo específico, essa cooperação, importante analisar como essas duas outras vertentes (obrigação de melhores esforços e dever anexo de cooperação) dela se distinguem e como o interesse do credor pode representar importante fator de orientação e constatação do inadimplemento em contratos de colaboração.

3.2 Violação do dever anexo de colaboração

O foco do presente trabalho é o estudo da ausência de colaboração quando integrante da obrigação principal do contrato. No entanto, com o propósito de bem delimitar o tema, importante distingui-lo do dever anexo de colaboração.

É consagrado na doutrina brasileira o entendimento de que pode haver inadimplemento contratual por violação a um dos deveres anexos do contrato, com suporte na boa-fé.[116]

Os deveres conexos ou laterais de boa-fé referem-se àquelas condutas esperadas das partes durante a execução do contrato, tais como o dever e informação, fidelidade, respeito, cooperação e confiança.[117]

Isso permite a dissolução do contrato nas situações em que a outra parte não age com a conduta esperada. Nessas situações, a quebra desse dever lateral pode ser tão grave a ponto de o credor perder a utilidade da contratação, de modo a tornar inútil ao credor a sua continuação,[118] equiparando-se ao inadimplemento absoluto e fazendo com que a resolução seja o único caminho possível.[119]

---

116 Enunciado 24 da I Jornada de Direito Civil: "Em virtude do princípio da boa-fé, positivado no art. 422 do novo Código Civil, a violação dos deveres anexos constitui espécie de inadimplemento, independentemente de culpa". Em virtude do princípio da boa-fé, positivado no art. 422 do novo Código Civil, a violação dos deveres anexos constitui espécie de inadimplemento, independentemente de culpa.

117 No caso de contratos relacionais, os deveres laterais de conduta não estão expressamente estipulados no contrato, de modo que se concretizam "na medida em que o contrato é executado e seu programa, cumprido. Contudo, eles decorrem da boa-fé objetiva, princípio e cláusula geral que regulam contratos, de sorte que, apesar de não estarem estabelecidos na conclusão do pacto, geneticamente, exsurgem funcionalmente, na fase de execução. E devem ser cumpridos por um contratante em face do outro, de modo individualizado, sob pena de causarem efeitos contratuais, como a resolução do pacto, por exemplo. Logo, o descumprimento de deveres anexos de conduta gera responsabilidade civil contratual e não aquiliana" (GALVANO, Renato Rodrigues Costa. *A boa-fé objetiva no âmbito dos contratos relacionais*. Belo Horizonte: Del Rey, 2019, p. 120-121).

118 "Assim, eventual dano não decorreria apenas do descumprimento da prestação, porém, da quebra de um dever de conduta, comportamental, que, afinal, tinha a finalidade de assegurar um adimplemento o mais eficiente possível, evitando desgastes à contraparte pela execução do contrato.
A violação positiva do contrato refere-se também à hipótese de quebra antecipada do contrato propriamente dita, em que o devedor se recusa a adimplir com sua obrigação, deixando de efetivar sua prestação. Aqui, o credor não fica adstrito a aguardar pelo inadimplemento consolidado, ficando-lhe facultado, desde já, a quebra antecipada do negócio, requerendo a resolução do contrato.
Essa teoria é muito palpável relativamente aos contratos relacionais, tanto que fora concebida, na Alemanha, por Hermann Staub quando este se preocupou em resolver questões ligadas ao contrato de fornecimento, de modo que a quebra de prestações singulares geraria a viabilidade de se resolver o contrato.
Veja que o descumprimento de uma prestação singular remeteria à própria quebra da confiança, que se liga diretamente à figura da boa-fé objetiva, de modo que se vislumbraria a possibilidade de quebra positiva do contrato pela quebra de deveres anexos de conduta, mormente, nos contratos relacionais, em que a boa-fé objetiva atua em alto grau de intensidade.
A quebra positiva do contrato pode ser aplicada no Brasil, em que pese a falta de normatização específica, pelo viés da boa-fé objetiva, conforme é, inclusive, indicação do Enunciado n. 24 da I Jornada de Direito Civil do Centro de Estudos Judiciários do Conselho de Justiça Federal, *in verbis*: 'Enunciado n. 24- Art. 422: Em virtude do princípio

da boa-fé, positivado no art. 422 do Novo Código Civil, a violação dos deveres anexos constitui espécie de inadimplemento, independentemente de culpa.' Isso posto, havendo a efetivação do descumprimento de dever anexo de conduta oriundo da boa-fé objetiva, exsurgem certos efeitos possíveis, entre eles, a depender da gravidade, pode estar a resolução do contrato" (GALVANO, Renato Rodrigues Costa. *A boa-fé objetiva no âmbito dos contratos relacionais*. Belo Horizonte: Del Rey, 2019, p. 122-123).

119 Esse é o entendimento de Judith Martins-Costa, Ruy Rosado Aguiar Júnior, Deborah Santos e Renato Rodrigues Galvano e Letícia Caroline Minnel:

"Em uma hipótese, porém, cogita-se da eficácia resolutiva. É quando o incumprimento do dever lateral seja tão grave que venha a conduzir, justificadamente, à quebra da confiança e, assim, à perda do interesse do credor na manutenção do vínculo obrigacional. Nesse caso, haveria o inadimplemento absoluto e, por conseguinte, o advento do direito formativo extintivo de resolução lato sensu. Portanto, perante a relação jurídica obrigacional, determinar a eficácia — se indenizatória, apenas, ou resolutiva, com o pagamento das perdas e danos causados pela resolução, dependerá da análise da gravidade do descumprimento do dever de proteção. Se o incumprimento quebrou a confiança e gerou a perda do interesse do credor na manutenção do vínculo obrigacional, não se configura a violação positiva do crédito, mas desenha-se caso de inadimplemento absoluto e, consequentemente, é gerado o direito formativo extintivo de resolução *lato sensu*" (MARTINS-COSTA, Judith. *A boa-fé no Direito privado*. São Paulo: Marcial Pons, 2015, p. 773-774).

"Segundo doutrina especialista do tema, a boa-fé origina duas espécies de deveres na relação obrigacional, conforme os interesses envolvidos: os deveres anexos (ou instrumentais) e os deveres de proteção. Já os deveres de informação podem ser tanto instrumentais como de proteção, a depender do caso concreto. Enquanto os deveres anexos são inseridos no contrato no interesse da prestação e atuam como forma de otimização do adimplemento satisfatório, os deveres de proteção tutelam o interesse de proteção, isto é, o interesse do credor à integridade de sua esfera jurídica. Ressalte-se que tanto a violação de dever anexo quanto a violação de dever de proteção poderão gerar o direito de o credor resolver o contrato, quando haja grave afetação da confiança legítima, com a transmudação da mora em inadimplemento absoluto, em razão da perda do interesse do credor na manutenção do vínculo obrigacional" (SANTOS, Deborah Pereira Pinto dos. *Indenização e resolução contratual*. São Paulo: Almedina, 2022. (Coleção IDIP) Versão eletrônica, p. 57-58).

"De qualquer forma, para fins dos esforços aqui pretendidos, interessa-nos o aspecto da violação de deveres anexos de conduta oriundos da boa-fé objetiva. Haverá violação positiva do contrato mesmo que se descumpram deveres anexos, afora a prestação principal, objeto da obrigação contratada. Assim, eventual dano não decorreria apenas do descumprimento da prestação, porém, da quebra de um dever de conduta, comportamental, que, afinal, tinha a finalidade de assegurar um adimplemento o mais eficiente possível, evitando desgastes à contraparte pela execução do contrato. A violação positiva do contrato refere-se também à hipótese de quebra antecipada do contrato propriamente dita, em que o devedor se recusa a adimplir com sua obrigação, deixando de efetivar sua prestação. Aqui, o credor não fica adstrito a aguardar pelo inadimplemento consolidado, ficando-lhe facultado, desde já, a quebra antecipada do negócio, requerendo a resolução do contrato. Essa teoria é muito palpável relativamente aos contratos relacionais. tanto que fora concebida, na Alemanha, por Hermann Staub quando este se preocupou em resolver questões ligadas ao contrato de fornecimento, de modo que a quebra de prestações singulares geraria a viabilidade de se resolver o contrato. Veja que o descumprimento de uma prestação singular remeteria à própria quebra da confiança, que se liga diretamente à figura da boa-fé objetiva, de modo que se vislumbraria a possibilidade de quebra positiva do contrato pela quebra de deveres anexos de conduta, mormente, nos contratos relacionais, em que a boa-fé objetiva atua em alto grau de intensidade. A quebra positiva do contrato pode ser aplicada no Brasil, em que pese a falta de normatização específica, pelo viés da boa-fé objetiva, conforme

Quando se observam os deveres anexos, eles compreendem, em alguma medida, um traço do dever de cooperação, pois todos demandam alguma espécie de auxílio da contraparte para se efetivar por completo. O interessante, no entanto, é que esses deveres laterais, inerentes a qualquer contrato, não encerram o dever de colaboração tal qual um ato de autonomia contratual.

De todo modo, nos contratos de duração o dever anexo de cooperação é mais intenso, exigindo-se dos contratantes uma postura mais colaborativa do que se exigiria nos contratos de curto prazo. Quando uma das partes viola esse dever de colaboração gerando a quebra da confiança entre as partes, de modo a abalar o cumprimento de futuras obrigações e da própria consecução do objeto contratual, pode-se justificar, nessas hipóteses, a resolução do contrato, mesmo que a prestação ainda pudesse ser útil, do ponto de vista objetivo, ao credor.[120]

é, inclusive, indicação do Enunciado n. 24 da I Jornada de Direito Civil do Centro de Estudos Judiciários do Conselho de Justiça Federal, *in verbis*: 'Enunciado n. 24- Art. 422: Em virtude do princípio da boa-fé, positivado no art. 422 do Novo Código Civil, a violação dos deveres anexos constitui espécie de inadimplemento, independentemente de culpa.' Isso posto, havendo a efetivação do descumprimento de dever anexo de conduta oriundo da boa-fé objetiva, exsurgem certos efeitos possíveis, entre eles, a depender da gravidade, pode estar a resolução do contrato. Vejamos que as interações relacionais são complexas, exigem forte e constante cooperação entre as partes, além de muito confiança, lealdade e transparência, sendo certo que nasce uma tal interdependência entre os contratantes ao longo do tempo, de modo que, por isso mesmo, a quebra de um dever lateral pode ser grave a ponto de colocar toda a contratação a perder, sendo o único deslinde possível a resolução contratual". (GALVANO, Renato Rodrigues Costa. *A boa-fé objetiva no âmbito dos contratos relacionais*. Belo Horizonte: Del Rey, 2019, p. 122-123)

"Demais disso, a violação positiva do contrato poderá acarretar a resolução contratual 'quando o incumprimento do dever lateral seja tão grave que venha a conduzir, justificadamente, à quebra da confiança e, assim, à perda do interesse do credor na manutenção do vínculo obrigacional'" (MINNEL, Leticia Caroline. *Deveres pós-contratuais*. São Paulo: USP, 2017, p. 127).

120 "Com esses conceitos bem delineados, o problema que desde logo nos vem à mente, e que tentamos solucionar da forma que nos parece mais adequada, é justamente aquele de a violação do dever anexo, ainda que em uma situação única, representar tão grave impacto na contratação, em especial pela quebra da confiança entre as partes, que deve ser compreendida como fator suficiente a permitir a resolução do contrato. Note-se que nosso exemplo considera uma situação hipotética na qual inclusive se poderia sustentar que a prestação ainda é útil ao credor — credor entendido aqui na compreensão dinâmica da obrigação, que movimenta a posição das partes conforme o momento contratual — e que de fato o único descumprimento é de um dever anexo de conduta criado pela boa-fé. Nossa resposta, guardadas algumas considerações que serão feitas em seguida, é positiva, aceitando a possibilidade da resolução em tais casos, inclusive levando-se em consideração o fato de o Enunciado nº 24 da I Jornada de Direito Civil ter colocado a violação de deveres anexos de conduta em pé de igualdade com o inadimplemento e a mora, como uma espécie de inadimplemento, como vimos anteriormente.

Parece-nos que, justamente pela maior integração entre as partes, pela confiança que os contratantes depositam um no outro, e também pelo fato de muitas vezes tais avenças serem bastante complexas, e outras vezes representarem forte dependência entre as

Nos contratos relacionais, a verificação dos deveres laterais de conduta, assim como nos demais contratos, não estão expressamente estipulados, mas se concretizam na medida em que o contrato é executado e seu programa, cumprido. O descumprimento desses deveres anexos pode gerar, assim, a resolução do pacto, com a consequente responsabilidade civil da parte faltosa.[121]

Importante notar que o descumprimento de um dever lateral na fase de execução do contrato representa uma violação positiva, equivalente ao inadimplemento das obrigações,[122] sobretudo se esse dever lateral estiver positivado.[123]

---

partes, fato é que o descumprimento de um dever de cooperação — que se traduz, dependendo da dinâmica contratual em um dever de informação, de sigilo, de cuidado, de proteção, de renegociação, entre outros — pode representar uma trinca insuperável no relacionamento das partes.

Na relação duradoura 'o descumprimento, seja de um único dever de prestação, seja de um único dever lateral, não poderá ser analisado de modo isolado, porém, de acordo com a globalidade da relação'. (...)

Por outro lado, a depender da gravidade da situação e do dever violado, seria razoável entender-se pela resolução logo na primeira infração. Isso pode acontecer porque o contrato, em razão da perda da confiança, tende a tornar-se inútil ao credor, assemelhando-se assim ao inadimplemento absoluto, mas sem que haja propriamente a aplicação do conceito de inadimplemento, em razão das peculiaridades da violação. Nos casos de resolução de contrato de longa duração, entendemos que, na maioria das hipóteses, a resolução se operará apenas com efeitos a partir daquela data, ou seja, *ex nunc*, já que as prestações entregues e acaba das muitas vezes não poderão ser devolvidas ou até mesmo o credor não terá interesse em devolvê-las e nem o devedor em recebê-las de volta" (SCHUNCK, Giovana Bonano. *Contratos de longo prazo e dever de cooperação*. São Paulo: Almedina, 2016, p. 227-232).

121 "E devem ser cumpridos por um contratante em face do outro, de modo individualizado, sob pena de causarem efeitos contratuais, como a resolução do pacto, por exemplo. Logo, o descumprimento de deveres anexos de conduta gera responsabilidade civil contratual e não aquiliana" (GALVANO, Renato Rodrigues Costa. *A boa-fé objetiva no âmbito dos contratos relacionais*. Belo Horizonte: Del Rey, 2019, p. 120-121).

122 "Embora tendo se ressaltado a distinção dos deveres laterais, vinculados aos de prestação, daqueles, sem ligação com os últimos, em verdade, o que há é uma diferença de graus de vinculação desses deveres para com os de prestação principal. Tal afirmativa se explica em virtude de ser possível dar-se o inadimplemento, mesmo que tenha se descumprido um dever lateral, o qual não estava vinculado diretamente com o dever de prestação. Em havendo o descumprimento de um dever lateral na fase de execução do contrato não vinculado diretamente ao interesse de prestação, ocorre a violação positiva do contrato, entendido essa, como uma espécie de inadimplemento de obrigações. Tendo por foco de análise o inadimplemento das obrigações, pode-se afirmar que os deveres laterais mantêm ou uma vinculação imediata ou uma vinculação mediata, como os deveres de prestação. Quanto aos primeiros, servem para atender, necessariamente, ao interesse de prestação. Quanto aos segundos, servem para atender ao interesse de proteção sem, com isso, em caso de descumprimento, não vir a não afetar o interesse de prestação. Por isso, a vinculação dos deveres laterais tem de ser vista como imediata e mediata aos deveres de prestação" (HAICAL, Gustavo Luis da Cruz. O inadimplemento pelo descumprimento exclusivo de dever lateral advindo da boa-fé objetiva. *Doutrinas Essenciais Obrigações e Contratos*, v. 4, p. 551-594, , jun. 2011, p. 7).

A quebra positiva do contrato pode ser aplicada no Brasil, em que pese a falta de normatização específica, pelo viés da boa-fé objetiva. No caso dos contratos relacionais, que exigem forte e constante cooperação entre as partes, além da confiança, lealdade e transparência, com um certo grau de interdependência entre os contratantes ao longo do tempo, a quebra de um dever lateral pode ser grave a ponto de colocar toda a contratação a perder.

Na análise proposta, o foco se mantém na obrigação de cooperar, como integrante do objeto contatual, sem prejuízo da aproximação entre o inadimplemento específico dessa obrigação com o dever anexo de cooperação, quando esse dever for de tal modo essencial à execução do contrato, que não possa ser segregado da realização do seu próprio objeto.

3.3 Dever de colaborar e obrigação de melhores esforços

Bastante comum em contratos de parceria comercial, com alta carga de colaboração entre as partes, estabelecer-se, diante da dificuldade de se indicarem no momento da celebração do contrato, no que consistiria especificamente o conteúdo dessas obrigações de cooperação, uma cláusula de melhores esforços. Ou seja, por ser um empreendimento embrionário, com vários pontos em aberto, essas cláusulas gerais, estabelecendo um parâmetro de conduta, são bastante comuns.

A dificuldade, nesses casos, é na hipótese de uma das partes estar insatisfeita com a prestação da outra se verificar o inadimplemento, ainda mais em caráter absoluto. Se o contrato não der indicações claras de quais os esforços esperados, o intérprete deverá buscar no contexto negocial, e especialmente na função econômica do contrato, o sentido

---

[123] "A Karl Larenz parece que a vulneração culpável de um dever de conduta ou dever lateral desencadeia uma obrigação de indenizar e, em algumas situações, confere à outra parte o direito de resolver o contrato. A posição de Larenz é sufragada neste livro, com os adendos da lição de Mota Pinto, quando se verificar a alta carga normativa de um dever lateral, conferida pela boa-fé objetiva. Em caso contrário, a questão se resumirá na perda de uma vantagem por parte do credor (ônus), que deixou de observar determinado comportamento. Observe-se que o que definirá a roupagem jurídica (dever lateral, direito ao adimplemento ou ônus) e a consequência da violação de um dever lateral, ou seja, a obrigação de indenizar ou a simples perda de uma vantagem em benefício próprio, será a normatividade e a concretude alimentadas pela boa-fé objetiva. Isso, por suposto, se o dever lateral não estiver positivado, visto que nesta hipótese não se questiona a sua consequência" (SOMBRA, Thiago Luís Santos. *Adimplemento contratual e cooperação do credor*. São Paulo: Saraiva, 2011, Versão eletrônica, p. 10).

mais apropriado para identificar os parâmetros do cumprimento dessa obrigação.

Em contratos relacionais, cuja colaboração seja o núcleo do que as partes negociaram, como premissa essencial e necessária para se alcançar o projeto desejado, a ausência dos melhores esforços de uma das partes, no sentido da consecução do objeto contratual, poderá levar ao inadimplemento absoluto, uma vez compreendido o não atendimento ao interesse do credor.

Relevante observar, também, que "melhores esforços" tem um significado próprio (muito influenciado pelo *standard* de *best efforts* da *common law*), mas englobado pelas obrigações de meio.

Assim, para a investigação desse ponto, importante começar pela distinção de obrigações de meio e de resultado, sob a ótica do interesse do credor, a fim de se contextualizar corretamente o que seria o resultado legítimo esperado pelo credor numa obrigação de melhores esforços.

3.4 Obrigações de meio e de resultado sob a ótica do interesse do credor

Apesar de ser uma classificação clássica e tradicional na matéria do Direito das Obrigações, há várias discussões envolvendo a utilidade e o critério da classificação das obrigações de meio e de resultado. Em síntese, há autores, como Orlando Gomes, que consideram que a classificação tem como critério o próprio conteúdo da obrigação, enquanto outros, como Comparato, consideram que a distinção estaria na causa da obrigação.[124]

Tepedino e Schreiber discorrem sobre o adimplemento da obrigação de meio, sendo realizada através da ação do devedor de despender seus melhores esforços para, talvez, chegar num resultado pretendido. Entretanto, observam que não é qualquer atividade do devedor que seja suficiente para tornar adimplida a obrigação de meio. Para tal, a atividade do devedor, efetuada com a diligência necessária, tem por finalidade o resultado útil para o credor.[125]

---

[124] "Em resumo, toda obrigação comporta naturalmente um resultado, que corresponde à sua utilidade econômico-social para o credor. Mas nem sempre este resultado é compreendido no vínculo como elemento da prestação; algumas vezes, deixa de exercer a função de objeto ou conteúdo da obrigação, para ser tão-somente a sua causa no sentido teleológico" (COMPARATO, Fábio Konder. Obrigações de meio, de resultado e de garantia. *In*: *Ensaios e Pareceres de Direito Empresarial*. Forense: Rio de Janeiro, 1978, p. 530).

[125] "[N]as obrigações de meio, consistindo a prestação nos melhores esforços do devedor rumo a determinado resultado, e não exatamente no alcançá-lo, o inadimplemento não

Pablo Rentería, em obra monográfica sobre o tema das obrigações de meio, após apresentar as concepções existentes na doutrina brasileira — que associam a utilidade da classificação em obrigações de meio e de resultado com a verificação do tipo de responsabilidade decorrente do seu inadimplemento ou com a definição do conteúdo da obrigação —, apresenta sua crítica acerca da dicotomia entre obrigações de meio e de resultado. A ideia do autor é muito interessante uma vez que é pautada, como evolução da concepção dualista da obrigação, na concepção finalista da obrigação pela qual os legítimos interesses do credor são levados em conta para a determinação do conteúdo obrigacional, e, consequentemente, da verificação de seu descumprimento.

Essa perspectiva eleva a importância do perfil funcional sobre o estrutural da obrigação. A obrigação de meio deixa de ser concebida como um fim em si mesma[126] para ser valorada como "instrumento de cooperação social para a satisfação de certo interesse do credor", servindo, assim, como parâmetro à valoração do comportamento das partes, no sentido da boa-fé e da plena realização dos seus mútuos e legítimos interesses. Na ideia de que a relação obrigacional é dinâmica e se volta, sempre, ao adimplemento, a sua função jurídica é satisfazer o interesse do credor.

Rentería elabora, portanto, a importante "distinção entre obrigações de meios e de resultado com base na qualificação do interesse do credor e na determinação do conteúdo da prestação do devedor",[127]

---

pode consistir, por óbvio, na não obtenção do propósito perseguido, mas deve, muito diversamente, consubstanciar-se na falta de diligência e empenho do devedor nos esforços empreendidos. (...) Destaque-se que o fato de, nas obrigações de meio, a conduta devida consubstanciar-se na atuação diligente em prol de determinada finalidade não significa que o adimplemento é alcançado independentemente da consecução do resultado útil que realiza o interesse do credor. Nas obrigações de meio, em verdade, tal resultado útil se confunde com o próprio desempenho diligente da conduta devida. Por outro lado, a diligência do devedor assume relevo mesmo nas obrigações de resultado, por força da incidência do princípio da boa-fé objetiva, a demandar de ambas as partes um comportamento que atenda a *standards* de lealdade e cooperação" (TEPEDINO, Gustavo; SCHREIBER, Anderson. *Fundamentos do Direito Civil*: obrigações. 2. ed. Rio de Janeiro: Forense, 2021, p. 241-243).

126 De acordo com Antunes Varela: "A obrigação não constitui um fim em si mesma. Ela é apenas um meio, um instrumento técnico-jurídico criado por ou predisposto pelas partes, para a satisfação de certo interesse. (...) O interesse do credor assente na necessidade ou situação de carência de que ele é portador e na aptidão da prestação para satisfazer tal necessidade é que define a função da obrigação" (VARELA, João de Matos Antunes. *Das obrigações em geral*. 7. ed. Coimbra: Almedina, 2017, p. 158).

127 "Como visto, a distinção entre obrigações de meios e de resultado não representa uma variação na configuração da relação obrigacional. Esta significa sempre a promessa do devedor em desempenhar determinada atividade (a prestação, objeto da obrigação) como

sem descuidar, entretanto, da dificuldade que se apresenta em determinar qual seria o verdadeiro e legítimo interesse do credor em cada caso concreto. Quando se identificam as obrigações de meio e de resultado por sua função, a verificação do interesse do credor (nas obrigações de meio não há necessária coincidência entre o interesse preliminar, que motivou o credor a contratar com o devedor, e o interesse *in obligatione*, que, de acordo com o ajuste contratual, o devedor prometeu realizar com o adimplemento da prestação) se dá com a interpretação do contrato como um todo.[128]

---

meio para produzir o resultado útil (muitas vezes, a entrega ou a transferência de certa coisa) que satisfaz o interesse do credor (a função da obrigação). (...) Em definitivo, as obrigações de meios não possuem natureza jurídica diversa das obrigações de resultado. Mas qual seria, então, a diferença entre as duas categorias? A resposta tradicional, segundo a qual esta distinção residiria no tipo de conduta prometida pelo devedor, mostra-se incompleta, porque, restrita ao exame da estrutura da obrigação, não atenta para a sua função. Não é possível saber o que o devedor deve fazer e aquilo que o credor pode dele exigir (aspecto estrutural), se, antes disso, não se identifica por que o devedor prometeu aquilo e por que o credor pode exigir isto dele (aspecto funcional). Com efeito, uma vez determinada a função da obrigação, pode-se então definir com segurança a sua estrutura" (RENTERÍA, Pablo. *Obrigações de meios e de resultado*: análise crítica. Rio de Janeiro: Gen, 2011, p. 62).

[128] "Como já se assinalou repetidas vezes, a função da obrigação é a satisfação do interesse do credor. No entanto, a identificação desse interesse nem sempre é evidente. Isto porque o interesse (preliminar) que motivou o credor a contratar com o devedor não coincide necessariamente com o interesse (*in obligatione*) que, de acordo com o ajuste contratual, o devedor prometeu realizar com o adimplemento da prestação.

Dito diversamente, nem sempre o adimplemento do vínculo obrigacional ocorre com a satisfação do interesse que o credor quer ver satisfeito com a constituição do vínculo, podendo configurar-se com o atendimento de outro interesse conexo àquele. Nesta esteira, mostra-se necessário verificar se há coincidência entre o interesse (*in obligatione*) cuja satisfação configura o adimplemento e o interesse (preliminar) que ensejou a formação da obrigação. A distinção entre obrigações de resultado e de meios reside, justamente, no nexo entre esses dois interesses do credor.

Nas obrigações de resultado, há plena coincidência: o interesse a ser satisfeito com a prestação do devedor corresponde ao interesse (preliminar) do credor, que o levou a se relacionar com o devedor. Tome-se o exemplo do contrato de transporte: o passageiro tem interesse em ser conduzido até determinado local e compra uma passagem de ônibus. Se o transportador levá-lo até o local no tempo ajustado com segurança e conforto, aquele interesse do credor, que fez surgir a relação contratual, será plenamente satisfeito. Neste caso, como se vê, o adimplemento produz resultado útil que realiza o interesse do credor objetivado com a constituição da obrigação.

Por sua vez, nas obrigações de meios, não há coincidência entre o interesse (preliminar) que deu origem à relação e o interesse (*in obligatione*) a ser satisfeito com o adimplemento. O credor almeja que o devedor produza certo resultado em seu favor, mas este resultado não se encontra contemplado no adimplemento devido pelo devedor.

Nestas obrigações, o interesse do credor atendido com o adimplemento consiste na atuação diligente do devedor. O adimplemento de tal desempenho, quando bem sucedido, pode realizar o interesse preliminar do credor, como pode também se revelar infrutífero. Desta feita, considera-se que o interesse do credor no cumprimento da prestação é instrumental em relação ao interesse preliminar, que, embora pretendido

Esse autor afirma que se devem analisar as obrigações a partir de uma perspectiva funcional, sendo que a obrigação, segundo o autor, "passa a ser valorada como instrumento de cooperação social para a satisfação de certo interesse do credor".[129]

Desse modo, mesmo nas obrigações de meio não se pode deixar de verificar o adimplemento sob o resultado útil esperado pelo

---

com a constituição da obrigação, não se encontra *in obligatione*, sendo indiferente, por isso mesmo, à configuração do adimplemento. (...)

Em síntese, se o interesse *in obligatione* coincide com o interesse preliminar, a obrigação é de resultado. De modo diverso, caso o interesse *in obligatione* seja instrumental em relação ao interesse preliminar, a obrigação é de meios. Eis como a distinção encontra seu fundamento no direito positivo.

Mas como determinar no caso concreto se o devedor prometeu satisfazer o interesse preliminar do credor ou apenas o interesse considerado instrumental em relação a este interesse preliminar? Em outras palavras, como decidir se determinada obrigação pertence à categoria das obrigações de resultado ou das obrigações de meios? Não há resposta abstrata e apriorística à questão, devendo-se interpretar o contrato formado pelas partes contratantes" (RENTERÍA, Pablo. *Obrigações de meios e de resultado*: análise crítica. Rio de Janeiro: Gen, 2011, p. 66).

129 "Nas obrigações de resultado, o resultado útil estaria compreendido no objeto da relação obrigacional como algo devido em favor do credor, ao passo que, nas obrigações de meios, o objeto seria desprovido de resultado útil, podendo ser descrito em termos de puro comportamento devido pelo obrigado.

A construção, todavia, merece exame crítico. A relação obrigacional somente pode ser corretamente compreendida quando examinada sob os seus perfis estrutural e funcional. A doutrina tradicional, dentro de uma perspectiva voluntarista, definia a tutela da obrigação a partir de uma análise estritamente estrutural, ou seja, mediante a identificação dos sujeitos (quem?) e daquilo que se prometeu (o quê?). A análise da função jurídica teria, desse modo, uma importância secundária, surgindo, pontualmente, naquelas hipóteses em que a lei expressamente chamasse o intérprete a considerar o interesse do credor, como, por exemplo, na apreciação da possibilidade de o devedor purgar a mora, realizando a prestação depois de vencida a dívida.

Contudo, a doutrina mais moderna, reconhecendo a insuficiência da análise exclusivamente estrutural dos institutos jurídicos, destaca que a disciplina da relação obrigacional deve partir prioritariamente da investigação das finalidades que as partes perseguem com o cumprimento da obrigação. A própria razão para o ordenamento tutelar determinada relação obrigacional passa pela apreciação da legitimidade das suas finalidades, exigindo-se, nesse sentido, que o interesse do credor no cumprimento da obrigação seja digno de tutela. Afinal, não se pode admitir que o devedor consinta em se despojar de parte de sua liberdade, contraindo uma obrigação perante o credor, se não for para atender a interesse considerado, à luz dos valores que informam o ordenamento jurídico, merecedor de proteção. (...)

De acordo com esta perspectiva, que enfatiza a prioridade do perfil funcional sobre o estrutural, a obrigação deixa de ser concebida como fim em si mesma para ser valorada como instrumento de cooperação social para a satisfação de certo interesse do credor. Esta sua função jurídica orienta todo o desenvolvimento da relação obrigacional até o momento de sua extinção," servindo, em particular, de parâmetro para a valoração do comportamento das partes, que são chamadas, de acordo com a cláusula geral da boa-fé objetiva, a colaborarem mutuamente para a plena realização dos seus legítimos interesses" (RENTERÍA, Pablo. Obrigações de meios e de resultados: análise crítica. Rio de Janeiro; São Paulo: método, 2011, p. 49-51).

credor,[130] colocando, portanto, o interesse do credor na centralidade das obrigações de melhores esforços e na definição do que seriam esses melhores esforços.

3.5 Mitigação da dicotomia entre a obrigação de meio e a obrigação de resultado

Na distinção clássica entre obrigações de meio e de resultado, o descumprimento de uma obrigação de meio ocorre diante da ausência da diligência necessária do devedor para a satisfação da obrigação prevista.[131]

Contudo, observa-se que, embora o objeto da obrigação de meio não seja o próprio resultado almejado pelo credor, o objeto da obrigação de meio não é, por outro lado, apenas uma "vaga diligência", por assim dizer, mas, sim, os *meios* necessários para alcançar aquele resultado.[132]

---

130 "Justamente por representar o momento de realização da relação obrigacional, não se pode admitir, nem mesmo nas obrigações de meios, que o adimplemento não tenha por efeito intrínseco proporcionar ao credor o resultado útil que, satisfazendo o seu interesse, justifica a extinção da obrigação. Sustentar o contrário traduziria, mais do que curioso paradoxo, inaceitável incongruência, à qual a dogmática jurídica não se pode curvar. Admitir a obrigação de meios como relação que pode surgir, desenvolver-se e, finalmente, com o cumprimento, extinguir-se, sem que disto resulte qualquer vantagem para o credor, equivaleria a conferir tutela a vínculo jurídico que não tem por razão de ser a satisfação de um interesse humano relevante. (...)
Se a produção do resultado útil é inerente a qualquer relação obrigacional, inclusive àquelas denominadas obrigações de meios, isto não significa que o próprio objeto da obrigação — o que promete o devedor — consista neste resultado. Neste particular, mostra-se necessário, mais uma vez, a fim de evitar confusão, distinguir na relação obrigacional o plano funcional do estrutural. Neste, há o objeto da obrigação, que cor responde à prestação, isto é, ao comportamento que, uma vez adimplido produz o resultado útil o bem ou a utilidade que, no plano funcional, concretiza o interesse do credor. Como se vê, o resultado útil é efeito do adimplemento e não constitui, portanto, o próprio objeto da obrigação" (RENTERÍA, Pablo. *Obrigações de meios e de resultado*: análise crítica. Rio de Janeiro: Gen, 2011, p. 53-54).

131 Na doutrina de Caio Mário, a obrigação de meio é conceituada da seguinte maneira: "nas [obrigações] de meio, a inexecução caracteriza-se pelo desvio de certa conduta ou omissão de certas precauções, a que alguém se comprometeu, sem se cogitar do resultado final. Não se trata, portanto, senão de agrupar obrigações tradicionalmente classificadas em certos planos, à vista do problema da apuração da responsabilidade civil. (...) [N]a obrigação de meio o devedor se obriga a envidar esforços para atingir certo objetivo, não se comprometendo, no entanto, a obtê-lo" (PEREIRA, Caio Mario da Silva. *Instituições do Direito Civil*: teoria geral das obrigações. 29. ed. Rio de Janeiro: Forense, 2017, p. 64).

132 "Há, assim, certas obrigações cuja prestação não consiste em um resultado certo e determinado a ser produzido pelo devedor, mas simplesmente numa atividade diligente deste em benefício do credor. (...) Por outras palavras, o conteúdo da obrigação, na hipótese, não é um resultado determinado, mas a própria atividade do devedor, isto é, os meios tendentes a produzir o resultado almejado" (COMPARATO, Fábio Konder. Obrigações

Por essa linha tênue entre o que seria, realmente, uma obrigação de resultado e um mero dever de empregar os esforços necessários para uma determinada conduta, a distinção entre obrigações de meio e de resultado sofre, com certa razão, diversas críticas da doutrina.[133] A maior parte das críticas se dá[134] quando se observa que em ambos os casos, o devedor se obriga a uma conduta (prestação) e o credor visa sempre a um resultado correspondente ao seu interesse,[135] sendo que

---

de meio, de resultado e de garantia. *In*: COMPARATO, Fábio Konder. *Ensaios e Pareceres de Direito Empresarial*. Forense: Rio de Janeiro, 1978, p. 526-527).

133 "De fato, a tendência mais atual do direito das obrigações é a de temperar a distinção entre obrigação de meio e de resultado. O princípio da boa-fé objetiva, iluminado pelos princípios da dignidade da pessoa humana e da solidariedade social, consagrados na Constituição Federal, impõe às partes da relação contratual não só o dever de cumprir, mas também o de facilitar o cumprimento das obrigações. Daí afirmar Gustavo Tepedino que 'ao resultado esperado pelo credor, mesmo nas chamadas obrigações de meio, não pode ser alheio o devedor. E, de outro lado, o insucesso na obtenção do fim proposto, nas chamadas obrigações de resultado, não pode acarretar a responsabilidade *tout court*, desconsiderando-se o denodo do devedor e os fatores supervenientes que, não raro, fazem gerar um desequilíbrio objetivo entre as prestações, tornando excessivamente oneroso o seu cumprimento pelo devedor'" (CRUZ, Gisela Sampaio da. Obrigações alternativas e com faculdade alternativa. Obrigações de meio e de resultado. *In*: TEPEDINO, Gustavo (coord.). *Obrigações*: estudos na perspectiva civil-constitucional. Rio de Janeiro: Renovar, 2005, p. 163-164, 168-169, 170, 177, 178).

134 "Entre nós, Gomes da Silva demonstrou o fracasso da distinção, com o argumento de que mesmo nas obrigações de meios existe a vinculação a um fim, que corresponde ao interesse do credor, e que se o fim não é obtido presume-se sempre a culpa do devedor. Efectivamente, a crítica parece proceder já que em ambos os casos aquilo a que o devedor se obriga é sempre uma conduta (a prestação), e o credor visa sempre um resultado, que corresponde ao seu interesse (art. 398.o, n.o 2). Por outro lado, ao devedor cabe sempre o ônus da prova de que realizou a prestação (art. 342.o, n.o 2) ou de que a falta de cumprimento não procede de culpa sua (art. 799.o), sem o que será sujeito a responsabilidade. Não parece haver assim base no nosso direito para distinguir entre obrigações de meios e obrigações de resultado" (LEITÃO, Luís Manuel Teles de Menezes. *Direito das obrigações*. 3. ed. Coimbra: Almedina, 2003. v. 1, p. 140-141).

135 "A propósito da cirurgia estética, aliás, o Superior Tribunal de Justiça situa-se em posição oscilante, ora configurando nesta hipótese obrigação de resultado, ora admitindo cuidar-se de obrigação de meio, embora exigindo, neste último caso, um patamar mínimo de resultado, compatível com a expectativa do paciente.
Tal entendimento, a rigor, reflete a tendência mais atual do direito das obrigações, a temperar a distinção entre obrigações de meio e de resultado. Afinal, diga-se entre parênteses, o princípio da boa-fé objetiva, aplicado ao direito das obrigações, iluminado pelos princípios da dignidade da pessoa humana e da solidariedade social, consagrados na Constituição Federal, congrega credor e devedor nos deveres de cumprir (e de facilitar o cumprimento) das obrigações. Se assim é, ao resultado esperado pelo credor, mesmo nas chamadas obrigações de meio, não pode ser alheio ao devedor. E, de outro lado, o insucesso na obtenção do fim proposto, nas chamadas obrigações de resultado, não pode acarretar a responsabilidade *tout court*, desconsiderando-se o denodo do devedor e os fatores supervenientes que, não raro, fazem gerar um desequilíbrio objetivo entre as prestações, tornando-se excessivamente oneroso o seu cumprimento pelo devedor" (TEPEDINO, Gustavo. A Responsabilidade médica na experiência brasileira contemporânea. *RTDC*, v. 2, p. 44-46, abr./jun. 2000).

o inadimplemento se dá quando o devedor não consegue atender ao interesse do credor.[136]

Paulo Lôbo destaca, ainda, a injustiça, sob o ponto de vista da distribuição do ônus e da carga probatória, na prova do inadimplemento, seja a obrigação de meio ou de resultado. Segundo o autor, "na obrigação de meio, a vítima não apenas tem de provar os requisitos da responsabilidade civil para a reparação, mas também que o meio empregado foi tecnicamente inadequado ou sem a diligência requerida, o que envolve informações especializadas, que o autor do dano dispõe e ela não; na obrigação de resultado, basta a prova dos requisitos". Segundo ele, essa distinção violaria a primazia do interesse da vítima, conflitando com o princípio constitucional da igualdade no que diz respeito à responsabilidade civil.[137]

---

136 "Destaque-se que o fato de, nas obrigações de meio, a conduta devida consubstanciar-se na atuação diligente em prol de determinada finalidade não significa que o adimplemento é alcançado independentemente da consecução do resultado útil que realiza o interesse do credor. Nas obrigações de meio, em verdade, tal resultado útil se confunde com o próprio desempenho diligente da conduta devida. Por outro lado, a diligência do devedor assume relevo mesmo nas obrigações de resultado, por força da incidência do princípio da boa-fé objetiva, a demandar de ambas as partes um comportamento que atenda a *standards* de lealdade e cooperação" (TEPEDINO, Gustavo; SCHREIBER, Anderson. *Fundamentos do Direito Civil*: obrigações. 2. ed. Rio de Janeiro: Forense, 2021, p. 166-167).

137 "Tal distinção das obrigações não mais se sustenta, pois contradiz um dos principais fatores de transformação da responsabilidade civil, ou seja, a primazia do interesse da vítima. Por outro lado, estabelece uma inaceitável desigualdade na distribuição da carga da prova entre as duas espécies: na obrigação de meio, a vítima não apenas tem de provar os requisitos da responsabilidade civil para a reparação, mas também que o meio empregado foi tecnicamente inadequado ou sem a diligência requerida, o que envolve informações especializadas, que o autor do dano dispõe e ela não; na obrigação de resultado, basta a prova dos requisitos. O tratamento desigual para danos reais, em virtude da qualificação do conteúdo da obrigação como de meio ou de resultado, conflita com o princípio constitucional da igualdade, que é uma das conquistas modernas da responsabilidade civil. (...)
Afinal, é da natureza de qualquer obrigação negocial a causa final, o fim a que se destina, que nada mais é que o resultado pretendido. O resultado é o interesse do credor (...)
Assim também pensa a doutrina portuguesa, cuja crítica demonstra o 'fracasso da distinção', com o argumento de que "mesmo nas obrigações de meios existe a vinculação a um fim, que corresponde ao interesse do credor, e que se o fim não é obtido presume-se sempre a culpa do devedor" (LEITÃO, 2002, p. 131).
A exigência à vítima de provar que a obrigação foi de resultado, em hipóteses estreitas, constitui o que a doutrina denomina prova diabólica. Inclusive em sua terra de origem (França), essa distinção tem sido objeto de rejeição doutrinária, considerada relativa, sem reflexo da realidade, evocando querelas bizantinas. (...)
Em nenhum caso, o devedor há de adimplir utilizando simplesmente "meios", sejam ou não idôneos para alcançar o resultado, e, portanto, como um correlato do dever, se o objetivo — resultado prometido — não se atinge, o devedor é quem deve dar explicações acerca do porquê da frustração. O devedor deve provar a impossibilidade de chegar ao resultado final, ainda que adotados os comportamentos adequados para alcançar o

No que diz respeito à extinção dos contratos de colaboração, nota-se que a ideia de obrigação de melhores esforços — implícita ao contrato como pressuposto do dever de cooperação entre as partes —, merece ser considerada como a necessidade de o devedor atender ao interesse do credor, sendo que o resultado esperado da prestação é muito próprio ao resultado esperado pela própria consecução do objeto contratual. Nesse contexto, o inadimplemento de uma obrigação de colaborar — seja conceituada como mera obrigação de fazer, ou mesmo como de melhores esforços — não pode desprezar o interesse do próprio credor e a sua orientação no sentido da função econômica do contrato.

3.6 Quebra dos melhores esforços quanto ao dever de colaborar

Delimitada a hipótese de que trata este capítulo, ou seja, o entendimento de que o dever de colaborar pode ser compreendido dentro do sistema das regras das obrigações de melhores esforços, resta saber o parâmetro desses esforços, no sentido de se identificar o inadimplemento.

A despeito da dificuldade na definição de quais as condutas são exigíveis sob uma cláusula de melhores esforços, a sua apuração não pode ocorrer em abstrato, mas sim em relação aos elementos e circunstâncias do próprio contrato. Esse o entendimento de Judith Martins-Costa, para quem a avaliação do inadimplemento da obrigação de melhores esforços é "fortemente relacional aos elementos específicos — normativos e fáticos — do caso concreto".[138]

Não há dúvida de que, entre esses elementos, deve-se avaliar o conjunto de interesses das partes, o resultado e os fins concretamente por elas perseguidos. A intenção comum das partes, em outras palavras, deve ser aferida tendo em vista a finalidade da operação econômica.[139]

De todo modo, a resposta sobre qual seria o grau de diligência esperado, para além do contexto do próprio contrato e sua finalidade econômica, não pode perder de vista a necessária priorização do

---

resultado próximo ou provável" (LÔBO, Paulo. *Direito Civil*: obrigações. v. 2. 9. ed. São Paulo: Saraiva Educação, 2021, livro virtual, p. 7-15).

138 MARTINS-COSTA, Judith. A obrigação de diligência: sua configuração na obrigação de prestar melhores esforços e efeitos do seu inadimplemento. *In:* TERRA, Aline de Miranda Valverde; GUEDES, Gisela Sampaio de Cruz. (org.). *Inexecução das obrigações*: pressupostos, evolução e remédios. Rio de Janeiro: Processo, 2020, v. 1, p. 133-173, p. 171.

139 AMATO, Astolfo di. *L'interpretazione dei contratti di impresa*. Napoli: Edizione Scientifiche Italiane, 1999, p. 162.

interesse do credor. Podemos pensar esse ponto sob a ótica da mora do credor. Digamos que o devedor pretenda cumprir sua obrigação, compreendendo, no seu melhor juízo, estar prestando os melhores esforços. Se o credor, na sua avaliação, não vir atendido seu interesse e se recusar ao recebimento da prestação, estaríamos diante de um caso de mora do credor? O que importa, nesse caso, é que não há direito do devedor para obter uma tutela específica dirigida a obrigar o credor a receber a prestação devida, compreendido que não há um dever do credor de cooperar para o recebimento da prestação, mas sim um verdadeiro ônus.[140]

3.7 Direito à resolução pelo credor

Dentre os fundamentos para o direito do credor à resolução do contrato por inadimplemento absoluto da obrigação pelo devedor, está o *pacta sunt servanda.*

A ideia de que as partes devem observar os termos pactuados traz, em essência, a consideração sobre a obrigatoriedade dos contratos. O credor espera que aquilo que foi voluntariamente assumido como obrigação pelo devedor seja por ele executado.

A segunda linha constrói-se a partir da ideia de que as partes, em contratos bilaterais, assumem obrigações interdependentes, pelo que,

---

[140] Verificada a mora do credor, o devedor sofre consequências em sua esfera jurídica, mesmo que a mora não decorra de ato culposo seu. O devedor deixa de ser responsável pela conservação da coisa, e o credor é obrigado a ressarcir as despesas necessárias à conservação da coisa (CC, art. 400). O devedor, contudo, não pode exigir uma tutela específica para que o credor coopere, aceitando a prestação. O devedor, mesmo pendendo a mora do credor, continua obrigado a prestar e, querendo liberar-se de sua obrigação, deve promover o pagamento em consignação (CC, art. 334). Julgado procedente o depósito, será o credor condenado ao pagamento das despesas incorridas pelo devedor com o depósito (CC, art. 343). Nos países que seguiram a distinção alemã entre mora do credor e do devedor, passou a prevalecer o entendimento de que o credor é destinatário de um ônus de aceitar a prestação, ficando sujeito às consequências negativas relacionadas à mora do credor: VAQUER, Antoni. Tender of Performance, Mora Creditoris and the Principles of European Contract Law. *Tulane European & Civil Law Forum,* v. 17, 2002, p. 83-112, 86-87 ("According to communis opinio, the creditor has no obligation to accept performance" — com indicação de farta bibliografia). A título exemplificativo: Na Alemanha, cf. PENNITZ, Martin. §§293-304. *In*: SCHMOECKEL, Mathias *et al.* (ed.). *Historisch-kritischer Kommentar zum BGB,* Bd. II, 1. Tb. Tübingen: Mohr Siebeck, 2007, p. 1405. Na Itália, cf. Pietro Trimarchi. *Istituzioni di diritto privato.* 19. ed. Milano: Giuffrè, 2011, p. 317 ("il creditore non può venire obbligato a cooperare, e sono inapplicabili a suo carico le regole relative all'inadempimento delle obbligazioni"). Na Espanha: MARQUÈS, Albert Lamarca. *El hecho del acreedor y la imposibilidad de la prestación.* Zaragoza: Real Colegio de España, 2001, p. 68.

na quebra do sinalagma (se a prestação se tornar inútil ou excessiva/ insignificante), a parte adimplente não estaria mais obrigada a cumprir a sua parte no contrato (teoria da causalidade recíproca, exceção do contrato não cumprido ou onerosidade excessiva).

3.8 Sobre o interesse do credor

Com a compreensão da relação obrigacional como um processo,[141] o inadimplemento não se apresenta mais como o simples descumprimento da obrigação principal, mas sim como o não atendimento dos interesses do credor[142] já que, nesse caso, o que terá sido desatendido é o próprio programa contratual, a função econômica do negócio entabulado pelas partes.

Assim, se o interesse do credor é a própria obtenção do resultado útil programado através do contrato,[143] o seu não atingimento, quando por ato imputável ao devedor, configura inadimplemento contratual.[144] Nesse sentido, interesse do credor e fim contratual se equivalem, ainda que muitas vezes seja difícil identificar na relação concreta um dos sujeitos apenas como credor. Assim como se equivalem resolução contratual e *pacta sunt servanda*, pois o cumprimento do contrato é o

---

141 SILVA, Clóvis do Couto e. *A obrigação como processo*. Rio de Janeiro: FVG, 2006, p. 17.

142 "Se adimplemento e inadimplemento se conectam lógica e funcionalmente, é inevitável que todas as ponderações até aqui formuladas repercutam na teoria do inadimplemento. A alteração do conceito de adimplemento implica, na mesma medida, a evolução da noção de inadimplemento: se para se reputar o devedor adimplente se impõe a observância não apenas do dever principal de prestação, mas também, com a mesma acuidade, dos deveres de conduta, significa dizer que se considera inadimplente o devedor que não cumpre o dever principal de prestação ou os deveres de conduta impostos pela sistemática obrigacional. Em sentido amplo, portanto, inadimplemento significa a inexecução da *prestação satisfativa*, e não mero descumprimento da prestação principal. Sob tal perspectiva, valorização o aspecto objetivo do inadimplemento, que se individua na não satisfação do interesse do credor" (TERRA, Aline de Miranda Valverde. *Cláusula resolutiva expressa*. Belo Horizonte: Fórum, 2017, p. 103).

143 "Ganha força, nesse sentido, o entendimento segundo o qual o adimplemento não requer somente a execução do comportamento devido, mas depende também da efetiva produção do resultado útil programado. Noutros termos, o credor não deseja o cumprimento da prestação-conduta do devedor em abstrato, mas da [citando João Calvão da Silva] 'prestação que se concretiza e efetiva um resultado desejado e programado. E só haverá propriamente cumprimento quando a actuação da prestação pelo devedor implementa o programa obrigacional enquanto resultado a proporcionar ao credor'" (TERRA, Aline de Miranda Valverde. *Cláusula resolutiva expressa*. Belo Horizonte: Fórum, 2017, p. 102).

144 KONDER, Carlos Nelson; RENTERÍA, Pablo. A funcionalização das relações obrigacionais; interesse do credor patrimonialidade da prestação. *In*: TEPEDINO, Gustavo; FACHIN, Luiz Edson (Or.). *Diálogos sobre Direito Civil*. Rio de Janeiro: Renovar, 2008. v. 2, p. 275.

adimplemento daquilo que as partes projetaram. Sem o adimplemento integral das obrigações pactuadas, e verificada a perda definitiva da utilidade do contrato para o credor, o princípio da obrigatoriedade dos contratos permite a liberação das obrigações originalmente pactuadas.

Cumprir os contratos, nessa medida, e poder liberar as partes de um contrato cujo programa contratual que já não se apresenta tal como planejado, seja porque o devedor não cumpriu as obrigações planejadas ou porque a colaboração, imprescindível à execução do contratado, se tornou inviável.

Judith Martins-Costa sistematiza os critérios (subjetivo e objetivo) para verificar a inutilidade da prestação para o credor. E no que concerne ao critério subjetivo se averigua a inutilidade da prestação no caso em que, mesmo possível de ser cumprida a destempo pelo devedor, ela já não se mostra mais plenamente útil ou satisfativa aos olhos do credor. Já o elemento objetivo congrega tanto a noção de utilidade do art. 395 do Código Civil, quanto a legítima expectativa do credor — considerada a normalidade da operação — iluminada por todo o contexto e programa contratual.[145]

É fato que para a satisfação do interesse do credor, espera-se determinada conduta do devedor. Contudo, se o interesse do credor se vincula ao fim da prestação, não se permite, de outro lado, exigir do devedor, a qualquer custo, todos os meios para atingir esse fim.[146]

---

145 "Grosso modo, dois são os critérios adotados [para a averiguação da inutilidade da prestação para o credor], o subjetivo e o objetivo. Pelo primeiro, se aprecia ou a vontade das partes ou a chamada 'inutilidade subjetiva', qual seja, inutilidade que resultaria para o credor se cumprida fosse a prestação morosa; e há o critério objetivo, atado ao interesse do sinalagma, sendo composto pela conjugação entre os interesses subjetivos objetivamente detectáveis à luz do programa contratual. *Não apenas elementos objetivos compõe esse segundo critério: é que se agregam, na noção de 'utilidade' do art. 395, parágrafo único, a contrário, também certos elementos subjetivos (o interesse para o credor, em vista de sua legítima expectativa; a confiança depositada fundamentalmente em que a prestação seria adequadamente satisfeita)* e elementos objetivos (o interesse decorrente da operação econômica em causa, do sinalagma estruturante do contrato), além de elementos objetiváveis (a gravidade do incumprimento, consideradas a normalidade da operação em causa e as expectativas suscitadas legitimamente no credor). Vincula-se, pois, ao quadro contratual concretamente considero isto é: não apenas o tipo contratual tomado *in abstrato* ou o tipo de prestação afetada pelo descumprimento, mas o inteiro conjunto contratual em suas circunstâncias. (...)" (MARTINS-COSTA, Judith. *A boa-fé no Direito privado*. São Paulo: Marcial Pons, 2015, p. 674-675).

146 É o que Catarina Monteiro Pires chama de "tensão da vinculação debitória": "A obrigação, enquanto realidade baseada numa estrutura meios-fim, destina-se a um resultado, à satisfação do interesse do credor, e implica determinados meios, concretizados em um esforço e dispêndios a cargo do devedor. É, por isso, comum a alusão a uma 'tensão da vinculação debitória' entre dois polos: os meios e o fim. Ambos os pólos são problemáticos. Saber qual é o fim ou resultado do contrato da prestação implica, muitas vezes, um

Ruy Rosado do Aguiar Júnior, ao tratar da resolução por perda do interesse do credor, classifica o inadimplemento como a perda do interesse do credor, por motivos objetivos, pela prestação ainda possível como incumprimento definitivo, em razão da impossibilidade superveniente parcial, impossibilidade temporária, de cumprimento imperfeito (incompleto ou defeituoso), de infração positiva do contrato, ou demora, com culpa (mora), ou sem culpa (simples retardo).[147] Para a resolução não basta o incumprimento, é necessário verificar se a prestação se tornou inútil ao credor. Nesse caso, o incumprimento passa a ser definitivo e causa de resolução.

Note-se que não se trata de caso de extinção automática do contrato, pelo que se faz necessário encontrar no ordenamento alguma solução compatível. O "fundamento está na falta de interesse jurídico e social pela conservação de contrato que apresenta qualidades negativas, em prejuízo das partes, especialmente do credor, com a indefinição decorrente da recusa de prestação insuficiente ou da prolongada demora na prestação retardada."[148]

A premissa é o interesse do credor é auferido pela utilidade da prestação, que funciona como parâmetro para a mora em sentido estrito, como para os demais casos de cumprimento imperfeito.

Deve-se ter em conta que, para a resolução, o fato deve atingir substancialmente a relação afetando a utilidade da prestação.[149] Esse seria exatamente o caso de fatos relevantes que atingem diretamente a confiança entre as partes, de modo que o credor não acredita mais no cumprimento da prestação pelo devedor. Isso fica ainda mais evidente quando o contrato tem no seu núcleo um dever de colaboração

exercício delicado de interpretação (e integração) do contrato e de esclarecimento, em concreto, da relação entre o interesse do credor e o fim da prestação. O problema dos meios revela também complexidade, a começar pela constatação de que o Direito Civil reconhece um fim (o interesse do credor) e não coloca ao serviço desse interesse todos os meios: o devedor não tem de prestar a todo custo, nem a qualquer preço" (PIRES, Catarina Monteiro. Limites dos esforços e dispêndios exigíveis ao devedor para cumprir. *Revista da Ordem dos Advogados, Lisboa,* ano 76, p. 105-106, 2016, p. 105-106).

147 "Esses fatos originam incumprimento definitivo, e servem de fundamento à resolução, quando a eles se acrescentar a perda do interesse do credor em receber a prestação" (AGUIAR JÚNIOR, Ruy Rosado de. *Extinção dos contratos por incumprimento do devedor*: resolução. Rio de Janeiro: Aide, 1991, p. 114).

148 AGUIAR JÚNIOR, Ruy Rosado de, *op. cit.*, p. 115.

149 "Como a utilidade deriva da capacidade da coisa ou do ato em satisfazer o interesse do credor, temos que a prestação inútil — que pode ser enjeitada e levar à resolução do contrato e mais perdas e danos — é a feita com atraso ou imperfeições tais que ofendam substancialmente a obrigação, provocando o desaparecimento do interesse do credor, por inutilidade" (AGUIAR JÚNIOR, Ruy Rosado de, *op. cit.*, p. 132).

entre as partes, por exemplo, no desenho da funcionalidade e execução de determinadas prestações, que somente pode ser obtido por acordo entre as partes. O interesse, no caso, decorre do próprio sinalagma contratual, envolve critérios objetivos e subjetivos (necessidade do credor em receber uma prestação de acordo com a sua legítima expectativa, de acordo com os dados do próprio contrato).[150] Quando o devedor não colabora de modo adequado, sob a ótica do interesse do credor, a utilidade da prestação resta irremediavelmente abalada. Esse é o caso, por exemplo, de um contrato para a divulgação de uma marca ou produto do contratante, na base de clientes do contratado, mas que dependa de uma estrita colaboração entre credor e devedor para se acessar os canais de vendas e atingir as metas adequadas. A função econômica seria atingida com o incremento das vendas do contratante e a contraprestação pecuniária ao contratado. Nesse exemplo, se o contratante não tiver mais a confiança necessária para compartilhar suas metas comerciais ou não tiver a colaboração do devedor no sentido de desenvolver um plano de negócios específico para essa parceria, a função econômica inicialmente desenhada não poderá mais ser obtida e o interesse do credor se verá frustrado.

Podem-se pensar alguns critérios para a avaliação do incumprimento definitivo por perda do interesse do credor, para que seja possível determinar quando uma prestação, ainda que possível, possa ser rejeitada equivalendo ao incumprimento e servindo como fundamento para a resolução do negócio.

O desafio de identificar causas lícitas para a perda do interesse do credor e a dificuldade na determinação desses critérios não podem ser suficientes para impedir que o conceito seja válido afastando a possibilidade do credor, egoisticamente, querer se desvencilhar do contrato para firmar outro que lhe seja mais vantajoso.

Assim, para a análise da perda do interesse do credor no cumprimento da obrigação, importante a contribuição do comportamento do devedor para se configurar a inutilidade da prestação. A depender do comportamento do devedor,[151] se reiterado o inadimplemento, se

---

[150] Há o incumprimento definitivo quando a prestação resultar economicamente distinta daquela inicialmente planejada pelas partes (LARENZ, Karl. Derecho de obligaciones. *Revista de Derecho Privado*, Madrid, 1958, v. I, p. 303).

[151] "No âmbito dessa análise subjetiva [da eventual perda do interesse do credor], a conduta das partes, notadamente a do devedor, há de ser igualmente levada em conta, na medida em que ela pode ser determinante para a avaliação da confiabilidade que o credor poderá ter na realização e na qualidade da prestação futura e, com isso, na interpretação do grau

não presentes indícios ou demonstrações concretas de atos tendentes ao adimplemento, se quebrada a confiança ou a crença do credor de que o devedor será capaz de cumprir o avençado, se perde, em definitivo, o interesse no cumprimento do contrato.[152]

Zanetti explica que o credor tem o direito de exigir a execução da prestação em conformidade com a boa-fé objetiva, mas que essa também justifica sua recusa em receber a prestação, se perdida, com base em fatos concretos, a confiança que ele depositava no devedor. Isso ocorre nos casos de inexecução dolosa, de inadimplemento reiterado ou de manifesta imperícia. Em quaisquer desses casos, as circunstâncias justificam a perda de confiança no devedor.[153]

A exigência de que os contratantes se comportem de acordo com a boa-fé objetiva[154] permite ao credor recusar a prestação no caso em que sua confiança no devedor reste absolutamente abalada. Essa análise passa pela gravidade do comportamento faltoso do devedor e pelo grau de sacrifício e tolerância que se possa impor ao credor nessa situação.[155]

A dificuldade quanto à prova, no caso concreto, sobre a gravidade do comportamento e o juízo de valor legítimo do credor a respeito da quebra irremediável da confiança depositada no devedor não pode ser óbice para que, do ponto de vista dogmático, a quebra da confiança possa ser identificada como elemento legítimo para a ruptura do contrato por inadimplemento ou, no mínimo, por justa causa.

O argumento da ausência de coercibilidade efetiva do direito à cooperação, conquanto possa levar à tentação de reduzir a análise a esse

---

de sacrifício que é exigível do credor (...)" (SILVA, Jorge Cesa Ferreira da. *Inadimplemento das obrigações*. São Paulo: Revista dos Tribunais, 2007, p. 88).

152 "A desatenção à boa fé, que impõe comportamentos adequados já na fase das tratativas (*culpa in contrahendo*), durante a vigência do contrato e mesmo depois (*culpa post pactum finitum*), tal seja sua gravidade, poderá ensejar a eliminação do interesse do credor em receber a prestação principal, assumindo o caráter de incumprimento definitivo" (AGUIAR JÚNIOR, Ruy Rosado. *Extinção dos contratos por incumprimento do devedor*: resolução. Rio de Janeiro: Aide, 1991, p. 126).

153 Se devedor inadimplente se comporta de maneira em que nele não se possa confiar, a perda de interesse do credor, à luz da boa-fé objetiva, é justificável e, por conseguinte, autoriza a caracterização do inadimplemento como definitivo" (ZANETTI, Cristiano de Sousa. A perda do interesse do credor. *In:* BENETTI, Giovana; CORRÊA, André Rodrigues; FERNANDES, Márcia Santana; NITSCHKE, Guilherme Carneiro Monteiro; PARGENDLER, Mariana; VARELA, Laura Beck (orgs.). *Direito, cultura, método*: leituras da obra de Judith Martins-Costa. Rio de Janeiro: GZ, 2019, pp. 782-784).

154 MARTINS-COSTA, Judith. *A boa-fé no direito privado*: critérios para a sua aplicação. 2. ed. São Paulo: Saraiva Educação, 2018.

155 DELAMUTA, Maria Beatriz Rizzo. *Convenção de Viena e Resolução Contratual*. São Paulo: Almedina, 2022, p. 236.

ponto, não afasta a necessidade de se investigar a consequência sancionatória a essa conduta do devedor, concentrada na falta de colaboração. A despeito da possibilidade de acesso à via judicial para uma tentativa de execução específica da obrigação (se ela ainda for possível e desejável), não se podem fechar os olhos para os casos de impossibilidade definitiva da prestação, sobretudo quando verificada sob o interesse legítimo do credor e sopesada pela função econômica do contrato.

A análise cuidadosa do art. 394 do Código Civil[156] nos leva à compreensão de que a cooperação, quando integrante da prestação, pode ser exigida do devedor, sendo que o credor não está obrigado a recebê-la de modo não consentâneo com a forma contratada. Aqui se compreende o conceito de mora de modo mais amplo, em linha com o entendimento da doutrina que não vê, na definição estrita de tempo, lugar e forma, limite para o conceito de mora, relacionando-o ao fato de o devedor não ter, ainda, realizado a prestação de modo pleno, tal como indicado pelo contrato.

Não se pode deixar de considerar, ainda, que o artigo 399 do Código Civil aduz que o devedor em mora, como não poderia deixar de ser, responde pela impossibilidade da prestação.[157]

No caso de a impossibilidade de cooperação restar caracterizada, depois de uma conduta reiterada do devedor ou pelo fato de, constituído em mora, não ter apresentado conduta compatível com a retomada da confiança pelo credor, ele poderá ser responsabilizado pela ruptura contratual, com a sua condenação em perdas e danos.

3.9 A colaboração como obrigação central dos contratos relacionais

No presente trabalho, o termo cooperação foi usado, nos itens precedentes, como uma característica fundamental dos contratos de colaboração, mas neste subcapítulo, para se constatar a ausência de colaboração para a base do inadimplemento, o termo merece ser melhor diferenciado.

---

156 "Art. 394. Considera-se em mora o devedor que não efetuar o pagamento e o credor que não quiser recebê-lo no tempo, lugar e forma que a lei ou a convenção estabelecer".

157 "Art. 399. O devedor em mora responde pela impossibilidade da prestação, embora essa impossibilidade resulte de caso fortuito ou de força maior, se estes ocorrerem durante o atraso; salvo se provar isenção de culpa, ou que o dano sobreviria ainda quando a obrigação fosse oportunamente desempenhada".

Para efeitos desse estudo, a colaboração seria a exigência de um agir que não crie obstáculos para o atingimento do objetivo dos contratantes, mas sobretudo uma ação no sentido de concreção do próprio objetivo contratual. Sem a colaboração, como um dever-agir das partes, o contrato não atinge a sua finalidade.

Importante distinguir a cooperação como um conceito originário nas obras clássicas de economia e da colaboração, objeto do presente estudo. A cooperação, como um termo econômico, faz referência direta à possiblidade de potencialização do trabalho envolvendo múltiplas partes, onde "se percebe que sem a ajuda de muitos, não seria possível prever as necessidades de todos".[158] No livro *O capital*, Marx dedica um capítulo ao tema da cooperação, identificando como necessária à forma de trabalho em que vários trabalham de modo planejado e em conjunto, no mesmo processo de produção, ou em processos conexos.[159] No campo das ciências sociais, Von Misses trata da cooperação como uma forma de ajuda mútua que transforma a sociedade, onde o indivíduo age com a consciência do benefício de seus esforços em favor da coletividade.[160]

A colaboração, atualmente, aparece em diferentes contextos,[161] mas em todos ela guarda uma nota comum: diferentemente da cooperação, em que a ação individual é orientada a um objetivo comum predefinido, ela é voltada ao planejamento estratégico na construção dos objetivos comuns. A colaboração, ainda, pressupõe um contexto dinâmico, adaptável, não hierarquizado e com processos abertos e flexíveis para o compartilhamento do entendimento das partes e construção conjunta do objetivo comum. É um processo muito mais complexo do que o da simples cooperação e envolve confiança mútua.[162]

---

158 SMITH, Adam. *A riqueza das nações*. Nova Cultural, 1996. (Coleção Os Economistas).

159 MARX, Karl. *O capital*. Nova Cultural, 1996. (Coleção Os Economistas).

160 MISSES, L. Von. *Ação humana*: um tratado de economia. Lelivros, 2010.

161 PANITZ, Theodore. *Collaborative Versus Cooperative Learning a Concept of the Two Concepts Which Will Help Us Understanding the Underlying Nature*, 1997. No campo da educação, por exemplo, os termos são sedimentados, existindo diferentes teorias sobre cooperar e colaborar em processos de aprendizagem (Disponível em: https://revistaseletronicas.pucrs.br/ojs/index.php/porescrito/article/view/38027/26978).

162 No estudo do desenvolvimento de jogos eletrônicos, foi realizado, em 2016, interessante estudo pelo Departamento de Design da Universidade Federal do Paraná (autores: Daniella Rosito Michelena Munhoz, André Luiz Battaiola e Adriano Heemann) sobre a distinção entre jogos de cooperação e colaboração, com a proposta de uma tabela resumo da distinção desses termos, com indicações de referências (Disponível em: chrome-extension://efaidnbmnnnibpcajpcglclefindmkaj/https://www.sbgames.org/sbgames2016/downloads/anais/157653.pdf).

Atuar em colaboração exige regras e governança. Cooperar é fazer a sua parte em determinado processo. Colaborar é construir esse processo em conjunto.

No campo do Direito, embora o tema do dever de cooperação esteja mais ou menos sedimentado, os termos cooperação e colaboração são, mais das vezes, usados como sinônimos,[163] atributos do dever de boa-fé objetiva.

Nos contratos de colaboração empresarial interessa, assim, investigar esse dever de colaboração, para além da cooperação intrínseca a todos os contratos, como corolário natural da boa-fé.

Nesse contexto, tem-se que o incentivo à colaboração deve vir da própria equação econômica do contrato, dos corretos incentivos previamente definidos pelas partes, evitando-se, assim, comportamentos oportunistas.[164]

Esse dever de colaboração se apresenta como um compromisso assumido tanto pelo credor como pelo devedor, baseado nos seus próprios comportamentos e interesses,[165] e que, para além da lealdade,

---

[163] Suzanne Lequete, ao afirmar que o dever de cooperação se inspira no artigo 1134, alínea 3, do Código Civil francês, o correlaciona à necessidade das obrigações serem executadas de boa-fé, para, na sequência, explicar que da análise da doutrina e jurisprudência sobre o tema, se pode concluir que a boa-fé impõe às partes um dever de colaboração (LEQUETTE, Suzanne. *Le contract-coopération*: contribution à la théorie générale du contract. Paris: Economica, 2012, p. 337-338).

[164] "Pour entretenir la coopeération dans les relations contractuelles, il est donc nécessaire de maintenir des considérations relationnelles relativement importantes. Un agent adoptera alors un comportement coopératif tout au long de la relation contractuelle si les coûts de la coopération sont suffisamment faibles ou, lorsqu'ils sont un peu plus élevés, s'ils sont placés hors de son attention directe. (...)
Tout d'abord, l'opportunisme myope menace la coopération; il conduit l'une des parties à se saisir d'une opportunité de court terme, ce qui peut provoquer un basculement de l'autre dans un cadre de perte, puis une rupture de la relation et des coûts importants. Mais surtout, la reconnaissance des conséquences que peut provoquer l'opportunisme myope conduit les partenaires contractuels à être attentifs a leur myopie. En effet, chacun préfère éviter de faire basculer l'autre dans un cadre de perte, pour ne pas en subir les effets. La contractualisation est alors prévoyante, les contractants cherchant à éviter d'être opportunistes par myopie. Pour se faire, chacun vise à stabiliser le cadre d'autrui autour des normes de l'égoısme éclairé. Or cette stabilisation passe avant tout par celle de son propre cadre. Il n'y a donc rien d'altruiste dans un comportement coopératif. C'est par anticipation de l'effet de perte que les normes de coopération ne sont pas systématiquement violées, dans des circonstances présentant pourtant des opportunités de défection" (CHASERANT, Camille. La Coopération se réduit-elle a un contrat? Une approche procédurale des relations contractuelles. *Recherches* Économiques *De Louvain, Louvain Economic Review*, v. 68, n. 4, 2002, p. 490).

[165] "Afin de stabiliser le comportement coopératif de son partenaire, il est donc nécessaire de stabiliser aussi son propre comportement. Chacun doit maintenir les signaux vers les autres et vers soi-même compatibles. La rationalité est ainsi réflexive: stabiliser la définition

se materializa na convergência dos comportamentos na construção de um programa contratual comum.[166]

O dever de colaboração advém, assim, do sistema normativo, quando positivado esse princípio, ou do próprio contrato[167] (o que interessa ao presente trabalho).

---

de la situation d'autrui nécessite avant tout de stabiliser son propre cadre. Les signaux accompagnant les comportements sont alors conformes aux attentes mobilisées par le cadrage; on obtient une résonance des cadres (CHASERANT, Camille. La Coopération se réduit-elle a un contrat? Une approche procédurale des relations contractuelles. *Recherches* Économiques *De Louvain, Louvain Economic Review*, v. 68, n. 4, 2002, p. 495-496).

166 "La coopération est une norme de comportement qui dans les rapports contractuels a un sens précis (a), surtout lorsqu'elle est érigée en exigence juridique (b). Par rapport au contrat, « coopérer » c'est « agir conjointement avec » son partenaire. Il s'agit de « participer à une œuvre commune », de « collaborer », de « concourir », de « contribuer » ou alors d'« aider » ou d'« assister » son cocontractant. Par conséquent, « promettre de coopérer, c'est accepter d'agir uni, c'est avouer que l'on se reconnaît lié par des intérêts communs ou convergents. Ce n'est donc pas, comme l'exige le droit commun de la loyauté, simplement s'obliger à ne pas nuire aux intérêts du partenaire. C'est plus encore: c'est s'obliger à prendre ses intérêts en compte, à les respecter et à agir en vue de leur développement ». La coopération, dit J. Mestre, est « l'exigence... des attitudes, des comportements convergents au service d'un intérêt contractuel commun ».
Cette coopération est donc susceptible de degré. Elle peut traduire une simple exigence de solidarité contractuelle ou aller jusqu'à fonder des rapports de « proximité » présentant un certain degré d'intimité, et par suite revêtir une forme strictement contractuelle ou, au contraire, sociétaire caractérisée par l'union des contractants au sein d'une structure juridique formelle. Contenue dans une structure, la coopération contractuelle implique l'existence de liens privilégiés entre les parties et d'un objectif commun, et repose nécessairement sur la confiance réciproque, sur « l'intuitu personae » et sur « l'animus cooperandi » qui transforme finalement « les parties en véritables partenaires occupés à réaliser une tâche commune ». Ainsi, la notion d'animus cooperandi épuise celle de « l'affectio societatis » qui dans différentes sociétés civiles et commerciales traduit l'engagement et l'intention de s'associer. La coopération limitée à la forme contractuelle est, quant à elle, plutôt une expression de la solidarité entre les parties, cristallisée par une sorte « d'affectio contractus » ou de « jus fraternitas » qui constituent la détermination des contractants à s'engager dans une œuvre plus ou moins commune.
Quelle que soit sa forme, la coopération s'impose donc tant à l'égard du débiteur qu'à l'égard du créancier, en revêtant dans chaque cas une portée différente et en exprimant des exigences tantôt communes aux deux parties, tantôt propres à chacune d'elles, selon la position qu'elle occupe par rapport à l'obligation en cause". (DIESSE, François. Le devoir de coopération comme principe directeur du contrat. *Arch. Phil. Droit*, 43, 1999, p. 264-265).

167 "Ainsi se fait la transformation du devoir de coopération en obligation juridique par le processus qui consiste d'une part à découvrir un devoir et d'autre part à sanctionner ou à prévoir une sanction pour son inobservation. Cette transformation peut résulter de la volonté des parties ou d'une décision du législateur ou du juge. Le passage du devoir de coopération au stade de principe juridique permet donc de mettre en évidence la diversité des sources des devoirs qui peuvent être transformés en obligations contractuelles, et à travers cette diversité, de souligner l'importance du rôle normatif du juge. Cette norme — ou devoir — ainsi érigée en obligation devient donc le lien étroit en vertuduquel une personne (le créancier) a le droit d'exiger une prestation, en l'occurrence la collaboration, d'une autre personne appelée « débiteur ». À cette possibilité de transformation des normes de coopération répondent la flexibilité et la normativité du devoir, celui-ci étant un excellent facteur d'évolution du droit des contrats" (DIESSE, François. Le devoir de coopération comme principe directeur du contrat. *Arch. Phil. Droit*, 43, 1999, p. 271).

3.10 A crise no dever de colaboração

Definida de qual colaboração estamos falando, importa entender o que acontece com o contrato quando ela acaba. Emilio Betti dedicou parte da sua obra *Teoria Generale dele Obligazioni* para tratar do que chamou de crise no dever de cooperação.[168] Segundo ele, a própria fragmentação do conhecimento e o alto nível de especialização na sociedade imporia um maior individualismo e uma menor preocupação com o todo, passando a crise da cooperação por todas as relações sociais.[169]

---

[168] "Ma prima ancora di dilucidare questi casi patologici dobbiamo rilevare che la crisi della cooperazione è, oggi, non soltanto un fenomeno riscontrabile in determinate circostanze, bensì un fenomeno, diremmo, dilagante, di fronte al quale il giurista non può e non deve chiudere gli occhi. (...)

2) Il contegno di cooperazione è infungibile; e allora è data al creditore la possibilità di ottenere soddisfazione mediante equivalente; il creditore può fare espropriare i beni del debitore per ricavare in tal modo un «equivalente» in denaro della cooperazione dovuta, cioè il risarcimento dei danni. Risulta evidente che in questo caso non si può parlare di cooperazione surrogata, ma solo di riparazione del torto contrattuale sotto forma di risarcimento del danno risentito (perdita sofferta e mancato guadagno: art. 1223; cfr. 2043). (...)

Il fenomeno sociologico costituito dalla crisi odierna della cooperazione giova a mettere in più chiara luce il problema pratico, di cui nell'odierno ordinamento i vari rapporti obbligatori rappresentano la soluzione (8 3), e il valore che nell'etica del diritto assume il criterio di condotta designato come «buona fede» (8 5). (BETTI, Emilio. *Teoria Generale Delle Obligazioni. I. Prolegomeni: Funzione Economico-Sociale Dei Rapporti D'Obbligazione.* Milano. Dott. A. Giuffrè Editore, 2006, p. 28-38).

[169] "Assim como ocorre com os demais deveres jurídicos anexos, o dever de cooperação pode ser violado de várias maneiras. Ele, todavia, mereceu detida atenção de Emilio Betti em sua obra *Teoria Generale dele Obligazioni*, que dedicou parte dela para discutir a chamada crise no dever de cooperação. Aduz, preliminarmente, não ser um problema próprio das obrigações, mas sim um fenômeno que se espalha por todas as relações sociais, que se formou em razão da gigantesca expansão de um instrumental que especializa e fragmenta intensamente o conhecimento, pouco se preocupando com o todo e, sobretudo, com o ser humano.

Nesta crise de cooperação entre as pessoas, Betti identifica quatro modalidades patológicas para as obrigações: cooperação extorquida ou fraudada, cooperação forçada ou chantageada, cooperação sub-rogada ou cooperação recusada. (...)

A última modalidade é a cooperação recusada, na qual, como o próprio nome diz, há recusa da parte em cumprir sua obrigação, com ou sem razão no Direito. Conforme esclarece Betti, assim como pode haver a voluntária inadimplência pelo simples fato de a parte não querer cumprir o pactuado, pode haver também aquela justificativa diante do comportamento indevido da parte contrária.

A primeira acepção é a consequência ordinária da inobservância do dever de cooperação, em que a parte contrária terá de cumprir forçadamente a obrigação ou indenizar por perdas e danos. É a recusa sem motivo justo e em desconformidade com as hipóteses permitidas pela legislação.

A segunda acepção possui convergência com as finalidades do Direito, haja vista que a cooperação é recusada pelo motivo legítimo de a parte contrária agir em desconformidade com o ordenamento jurídico. Trata-se da hipótese, por exemplo, da *excepctio non adimplemento contractus*" (MARTINS, José Eduardo Figueiredo de Andrade. *Inadimplemento eficiente do contrato.* Curitiba: Juruá, 2020, p. 214).

Essa crise do dever de cooperação afeta, em boa medida, o dever de colaboração e atua de modo direito e específico no inadimplemento contratual e, no que diz respeito aos contratos de duração e aos relacionais, no âmago do seu núcleo, podendo levar à resolução do contrato.

A ideia de alta carga de cooperação nos contratos de longa duração é mais ou menos pacífica.[170] Entretanto, no que diz respeito ao objeto do presente estudo, a questão não está no prazo longo, mas no fato de os contratos relacionais terem obrigações que se transmutam no tempo, com alto grau de indefinição, ou cláusulas gerais no momento da contratação. Um contrato de locação de longo prazo não tem, necessariamente, apenas em razão do seu prazo, a nota da cooperação tão forte quanto um contrato de parceria para o desenvolvimento de novos negócios, com termos abertos e metas variáveis ao longo do tempo.

O interessante é pensar que nos contratos relacionais, com alta carga de cooperação, ela pode ser vista como um fator determinante para a sua manutenção. Inexistindo a possibilidade de cooperação, o contrato deveria ser resolvido. Impossível exigir-se a cooperação como uma obrigação de fazer suscetível de execução específica. Se a parte não quer cooperar não há possibilidade de execução específica — *in natura* — de obrigações abertas, e não há, por consequência, como se falar da execução específica do contrato.

Nos contratos relacionais a cooperação, como um corolário da boa-fé,[171] constitui-se, na mais das vezes, na obrigação principal, porque indefinidos muitos dos demais elementos contratuais.[172] Não são

---

170 "Se todas as relações contratuais são marcadas pelo dever de cooperação, tal vicissitude mostra-se muito mais eficiente nos contratos de longo prazo, visto que os pactos de duração apresentam feição distinta em relação àqueles de execução instantânea, reclamando uma disciplina particular, lastreada na confiança" (NANNI, Giovanni Ettore. Apresentação. *In*: SCHUNCK, Giovana Bonano. *Contratos de longo prazo e dever de cooperação*. São Paulo: Almedina, 2016, p. 13).

171 "Há elementos que evidenciam a importância da boa-fé dentro da perspectiva relacional, notadamente o fato de que, em primeiro lugar, ela lembra a incompletude dos contratos, os limites da capacidade de previsão humana, os custos e ameaças à solidariedade, as barreiras insuperáveis para a comunicação perfeita e sem ruídos. Em segundo lugar, ela evidencia a natureza participatória do contrato, que envolve comunidades de significados e práticas sociais, linguagem, normas sociais e elementos de vinculação não promissórios (não-contratuais). Assim, a boa-fé realça o elemento moral das relações contratuais. Por fim, a boa-fé contratual envolve uma concepção moral de fazer algo corretamente e, neste sentido, reportar-se a uma concepção de Justiça Social, a Justiça enquanto normalidade, desenvolvidas nos capítulos iniciais deste trabalho" (MACEDO JÚNIOR, Ronaldo Porto. *Contratos relacionais e defesa do consumidor*. 2. ed. São Paulo: Revista dos Tribunais, 2007, p. 185).

172 "Ora, os contratos relacionais, à medida que questionam os pressupostos microeconômicos neoclássicos do *Homo economicus*, apontam para uma dimensão não-acessória, mas sim

raros os casos de contratos de parcerias comerciais para determinada finalidade econômica (exploração de novo mercado ou produto, por meio de sinergias entre as partes), com cláusulas abertas e com um modelo de gestão contratual delegado a um comitê ou órgão deliberativo que, após a celebração do pacto, vai definir as regras do dia a dia da execução do contratado. Nesse tipo de programa contratual (*joint ventures* não societárias) a colaboração se torna imperiosa, e na ausência de entendimento entre as partes, impossível executar o planejado.

Desse modo, tratando-se de obrigação principal do contrato, a quebra do dever de colaboração por uma das partes justifica, sem grandes dificuldades teóricas, o inadimplemento contratual. O difícil, portanto, está na configuração da quebra desse dever em seu nível máximo, de modo a caracterizar o inadimplemento absoluto, quando se sabe que, em muitos casos, não existe uma previsão contratual tão clara a esse respeito.[173] Uma simples disposição que imponha a colaboração como uma obrigação entre as partes não resolve o problema em caso de inadimplemento, dada a ausência de parâmetros específicos do que seria a realização dessa colaboração na prática e na execução do contrato.

---

central, do princípio jurídico da cooperação. Conforme visto, a estratégia de cooperação em muitos casos de contratação relacional constitui-se na obrigação principal, porquanto os elementos de preço, quantidade, prazo de entrega, etc., deixam de ser perfeitamente definíveis *a priori*. Isto torna-se mais evidente nos contratos relacionais de cooperação *stricto senso*, mas também é perceptível em outros tipos de contratos relacionais, à medida que os contratos típicos passam a adquirir contornos mais relacionais. Em síntese, o caráter acessório dos deveres de cooperação se transfigura, pois, em três maneiras. Em primeiro lugar, a cooperação assume um caráter central no contrato. Em segunda lugar, o dever acessório de cooperação deixa de ser um princípio subsidiário na interpretação dos contratos, que deve ser invocado apenas para preencher lacunas, quando os demais princípios básicos (autonomia da vontade, vinculatividade da obrigação, liberdade contratual, etc.) não bastem para resolver o problema, e passa a ser um princípio básico de todos os contratos relacionais, ainda que sua importância varie conforme as circunstâncias particulares de cada caso. Por fim, o dever de solidariedade impõe a obrigação moral e legal de agir em conformidade com determinados valores comunitários, e não apenas segundo uma lógica individualista de maximização de interesses de caráter econômico" (MACEDO JÚNIOR, Ronaldo Porto. *Contratos relacionais e defesa do consumidor*. São Paulo: Max Limonad, 1998, p. 189).

173 "Sendo o incumprimento o desajuste entre a conduta devida e o comportamento do obrigado, a violação fundamental será aferida em vista da ação e não propriamente frente a cada uma das cláusulas, a sua natureza e a sua importância. O normal é que o incumprimento total decorra da falta de prestação principal, mas não é impossível que esse mesmo incumprimento se obtenha pela simples desatenção a um dever de conduta, que se mostrou indispensável e substancial para a economia do contrato" (AGUIAR JÚNIOR, Ruy Rosado de. *Extinção dos contratos por incumprimento do devedor: resolução*. Rio de Janeiro: Aide, 1991, p. 138).

3.11 A cooperação como integrante do adimplemento contratual

Na visão clássica do adimplemento contratual, ele pode ser definido como a realização da prestação pelo devedor,[174] de forma voluntária ou não.

Numa visão mais moderna do fenômeno contratual, o adimplemento aparece no contexto da funcionalidade do programa desenhado pelas partes. A *funcionalização* do adimplemento ganha relevância quando se compreende que a prestação só tem sentido quando voltada à satisfação do interesse do credor. Ou seja, a prestação passa a ser vista como atividade do devedor voltada à satisfação do interesse do credor.[175] A rigor, num plano estático do mundo dos negócios jurídicos, as obrigações contratuais, uma vez cumpridas, atenderiam ao interesse do credor, que seria integralmente satisfeito. No mundo real o interesse pode mudar ao longo da relação e se manter atinente à função econômica do contrato.

Nos contratos relacionais, a cooperação[176] se apresenta como fundamental para o atingimento do fim contratual e do atendimento ao interesse do credor.[177] A colaboração entre as partes é o que permite concretizar o interesse contratual. Apenas quando as partes atuam em direção a esse fim comum é que existe adimplemento.[178]

---

[174] O adimplemento constitui "a atuação da relação obrigacional, no que respeita ao dever de prestar" (VARELA, João de Matos Antunes. *Das obrigações em geral*. 7. ed. Coimbra: Almedina, 2017).

[175] MARTINS-COSTA, Judith; COSTA E SILVA, Paula. *Crises e perturbações no cumprimento da prestação*. São Paulo: Quartier Latin 2020, p. 57-59.

[176] "O dever de cooperação resulta em questionamento da estrutura da obrigação, uma vez que, sem alterar a relação de crédito e débito, impõe prestações ao credor enquanto tal. Assim, há dever de cooperação tanto do credor quanto do devedor, para o fim comum. Há prestações positivas, no sentido de agirem os participantes de modo solidário para a consecução do fim obrigacional, e há prestações negativas, de abstenção de atos que dificultem ou impeçam esse fim" (ROMERO, Anna Paula Berhnes. *A tutela da confiança nos contratos empresariais*. 2013. 209 f. Tese (Doutorado em Direito Comercial) – Faculdade de Direito, USP, São Paulo, 2013. Orientador: Mauro Rodrigues Penteado, p. 125).

[177] "Muita atenção há de ser dada à noção da relação obrigacional como 'relação de cooperação', inconfundível com construções ideológicas que utilizam o mesmo termo 'cooperação' em sentido diverso. O que aqui se registra nada tem a ver com a ideia de uma 'solidariedade contratual' ou com um suposto dever que seria imposto aos contratantes de *cuidar* do interesse alheio. O que se afirma é que, para o adimplemento — fim da relação obrigacional — operar-se com a satisfação dos interesses do credor, é preciso que ambas as partes colaborem (em medidas diversas de intensidade, conforme o tipo de contrato e a natureza da relação) para que o contrato seja cumprido" (MACEDO JÚNIOR, Ronaldo Porto. *Contratos relacionais e defesa do consumidor*. São Paulo: Max Limonad, 1998, p. 234).

[178] "A colaboração *possibilita* o adimplemento porque para que este seja eficazmente atingido, é necessário que as partes atuem ambas, em vista do *interesse* contratual cuja realização o

Ganha relevância, assim, o comportamento do devedor na consecução do resultado final programado. Sob a ótica do credor, esse tem o direito de exigir a cooperação do devedor, necessária para o adimplemento contratual, ou, dito de outro modo, à satisfação dos seus interesses.[179] Não se trata, de outro lado, de uma mera sujeição do devedor à vontade do credor,[180] mas sim do cumprimento do próprio contrato e numa relação em que a satisfação do credor significa o recebimento da devida contraprestação, em favor do devedor, que passa a poder exigir-lhe, de igual modo, o cumprimento.[181]

O adimplemento apresenta-se, nesse contexto, como um processo contínuo e unitário[182] voltado à obtenção do resultado útil programado pelas partes, com o atendimento à causa do contrato, entendida esta como a sua função econômica.[183]

---

concretizará. As partes, de uma relação obrigacional não são entidades isoladas, atomisticamente consideradas. Pelo contrário, entraram em contato e estão adstritas por força da auto-vinculação. Para implementá-lo há necessidade de colaboração intersubjetiva que constitui, portanto, como afirmou Menezes de Cordeiro, 'princípio geral da disciplina obrigacional'" (MACEDO JÚNIOR, Ronaldo Porto. *Contratos relacionais e defesa do consumidor*. São Paulo: Max Limonad, 1998, p. 236).

179 A ideia de prestação-comportamento aparece em: KONDER, Carlos Nelson; RENTERÍA, Pablo. A funcionalização das relações obrigacionais: interesse do credor e patrimonialidade da prestação. *In:* TEPEDINO, Gustavo; FACHIN, Luiz Edson. (org.). *Diálogos sobre Direito Civil*. Rio de Janeiro: Renovar, 2008, p. 274-275.

180 "Ainda hoje vige significativa controvérsia doutrinária em torno da profundidade da cooperação imposta ao credor. Conquanto delicado, é possível adiantar, no entanto, que prepondera entre os italianos [Giovanni Cattaneo, Geremia Romano e Umberto Salvestroni] a perspectiva da cooperação como ônus, sem o surgimento de um contraposto direito a adimplir, ao passo que para os portugueses [António Manuel da Rocha e Menezes e Carlos Alberto da Mota Pinto], os quais trabalharam com maior acuidade o tema da boa-fé objetiva ao longo dos anos, vigora a ideia de cooperação como dever lateral ou de conduta. Infelizmente, a doutrina e jurisprudência brasileira são incipientes sobre o tema, embora existam ensaios e trabalhos altamente técnicos, profundos e específicos" (SOMBRA, Thiago Luis Santos. *O adimplemento e a cooperação do credor*: o redimensionamento dos interesses do devedor sob a ótica da obrigação como processo. 2010. Dissertação (Mestrado em Direito Civil) – PUC-SP, São Paulo, 2010, p. 122).

181 "A menção aos efeitos do contrato leva a registrar, por fim, o elemento que, não sendo constitutivo do conceito, a ele está ligado substancialmente em razão do caráter finalista do negócio jurídico que antes foi acentuado. Os contratos provocam uma específica *eficácia* geradora de vinculabilidade jurídica obrigacional às partes contratantes, ligadas por uma *expectativa de confiança* para manter o que pactuaram e tal qual pactuaram, se a pactuação foi conforme o Ordenamento e se essa conformidade permanecer durante o tempo de vigência do contrato. Podem, ainda, provocar eficácia aos seus destinatários que não sejam "partes" e, até mesmo, de modo mais restrito, a terceiros que não são seus destinatários" (MARTINS-COSTA, Judith. *In*: LOTUFO, Renan; NANNI, Giovanni Ettore (coords.). *Teoria Geral dos Contratos*. São Paulo: Atlas, 2011, (Coleção IDP) p. 55).

182 CORDEIRO, António Manuel da Rocha Menezes de. *Tratado de Direito Civil*. 3. ed. Coimbra: Almedina, 2017, p. 164-165.

183 TEPEDINO, Gustavo. Notas sobre a cláusula penal compensatória. *In*: *Temas de Direito Civil*. Rio de Janeiro: Renovar. 2006. t. 2, p. 56.

A cooperação entre as partes contratantes mostra-se necessária para a realização desse fim contratual. Segundo Judith Martins-Costa, o adimplemento passa por dois momentos distintos, sequenciais e que apenas conjugados levam ao adimplemento efetivo: (a) momento subjetivo, no qual o devedor deve realizar a conduta dele esperada para a satisfação da prestação; e (b) o momento objetivo, no qual se verifica a utilidade da prestação ao credor, conforme o programa contratual imaginado, ou seja, de acordo com a função ou causa do negócio.[184]

A ideia de cooperação passa, assim, a integrar o núcleo do adimplemento. O importante, aqui, é a compreensão de que o adimplemento contratual representa o atendimento à função econômica do contrato, sem que isso se confunda com a satisfação do credor do ponto de vista psicológico ou arbitrário.[185] Desde que a satisfação do credor seja sinônimo do alcance dos efeitos essenciais pretendidos pelos contratantes, e desde que a finalidade jurídica do negócio se apresente em consonância com o ordenamento jurídico, pode-se entender como satisfeita a prestação.[186]

Em contratos ditos de colaboração, não haverá dúvidas de que essa obrigação, decorrente da alta carga de confiança empregada, integra o núcleo essencial do contrato e, portanto, a sua violação, a depender da gravidade, poderá ocasionar a resolução contratual.[187] Isso porque nessa categoria de negócios o elemento fiduciário ganha relevância, sendo que as qualidades pessoais dos contratantes também importam sobremaneira.

3.12 Resolução contratual pela ausência de colaboração

> Sabe-se hoje que, em contratos de longa duração, que exigem forte carga de colaboração das empresas envolvidas, mostra-se altamente ineficiente forçá-las a permanecer no negócio contra a vontade de uma delas. A associação simplesmente deixa de progredir, emperrando a cada nova situação que se apresenta. Sem congruência de vontades, impera a

---

184 MARTINS-COSTA, Judith. *A boa-fé no Direito privado*. São Paulo: Marcial Pons, 2015, p. 235.

185 SANTOS, Débora Pereira Pinto dos, *op. cit.*, p. 39.

186 SCHREIBER, Anderson. Tríplice transformação do adimplemento. *In: Direito Civil e Constituição*. São Paulo: Atlas, 2013, p. 107-108.

187 YAMASHITA, Hugo Tubone. *Cooperação empresarial*: contratos híbridos e redes empresariais. São Paulo: Almedina, 2022, p. 306.

desconfiança e esvai-se a disposição de empreender conjuntamente. Os acordos congelam sua capacidade de adaptação, tendendo ao desgaste e à ineficiência.[188]

Interessa-nos, neste item, a possibilidade de dissolução do vínculo contratual por ausência de colaboração, quando esta integra o núcleo contratual e não apenas enquanto representativa de um dos deveres anexos de boa-fé.

Antes de qualquer coisa, importante distinguir a colaboração ou cooperação, enquanto dever/obrigação das partes, da mera confiança, presente e necessária para que qualquer operação contratual se estabeleça.[189] Sem o mínimo de confiança não é possível realizar nenhuma troca.

A confiança, como derivada do princípio da lealdade, pode ser traduzida como o respeito aos compromissos assumidos. Diferente da

---

[188] FORGIONI, Paula A. *Contratos empresariais*: teoria geral e aplicação. 4. ed. São Paulo: Revista dos Tribunais, 2019, p. 296.

[189] Menezes de Cordeiro aborda a questão da confiança de maneira interessante por propor uma análise disciplinar a partir da proposta de Luhmann para defender a necessidade de afastar as abstrações da construção sobre a confiança nos contratos: "Neste condicionalismo, a proposta de Niklas Luhmann de uma leitura sociológica da confiança, assume um papel de relevo no transcender de abstraccionismos. Observa esse autor que as eventualidades susceptíveis de, na sociedade, interferirem nas decisões que desencadeiam comportamentos humanos, são inúmeras; a confiança permitiria, nesse cenário, excluir algumas possibilidades de desenvolvimento, afastando perigos cuja concretização comprometeria a actuação; a confiança permite, pois, reduzir a complexidade social. Outros aspectos merecem enfoque. A confiança constitui, para o ser, a base de um comportamento; quando não, haverá mera esperança. Por outro lado, ela actua numa alternativa em que os danos advenientes da quebra da confiança podem superar os benefícios aguardados da sua manutenção. O confeccionar da situação de confiança em si não pode ser imputado à dedução ou à indução; compreende sempre uma multiplicidade de dados, onde saber e não- -saber se mesclam; no entanto, não é de considerar como irracional: perante a sua função de elevar o potencial do sistema para enfrentar a complexidade, ela racionaliza-se, pois, na sua ausência, apenas seriam possíveis fórmulas muito simples de cooperação humana.
A importância sociológica assumida pela confiança não deve levar, no seu alcance como na sua construção, a uma transposição mecânica para o Direito. Em termos de relacionamento social, o Direito, como sistema, é um factor poderoso de redução da complexidade social, surgindo como fonte primordial de confiança: o conhecimento dos esquemas dogmáticos permite, por excelência, simplificar e ordenar os factores condicionantes de decisão. Numa sociedade dominada pela impessoalidade, como é de norma na sequência das revoluções industriais, as reduções permitidas pela confiança num contrato celebrado não advêm tanto de expectativas de comportamento regular da outra parte, como da segurança inculcada pela inserção do pacto em canais jurídicos, cujo percurso se encontra pré-determinado. Tanto basta para deixar claro não corresponder, a confiança sociológica, à dimensão que, da noção, se espera no Direito. Os esclarecimentos propiciados por N. Luhmann são, contudo, importantes" (CORDEIRO, António Manuel da Rocha Menezes de. *Da boa-fé no Direito Civil*. Coimbra: Almedina, 2015, p. 1242-1243).

cooperação, consistente na necessária colaboração das partes no sentido de cumprir o avençado.[190]

Modesto Carvalhosa, ao tratar da cooperação entre os sócios, por exemplo, apresenta esse dever como parte do "postulado de lealdade contratual", considerado quando da aplicação da boa-fé.[191]

Em relação à definição do que seria a confiança no Direito privado, Carneiro da Frada apresenta uma concepção a partir da relação desse conceito com o de boa-fé. Para o autor, a confiança não justifica por si só os deveres que decorrem da boa-fé, mas, na realidade, essa é dispensável em alguns casos para justificar aqueles.[192]

---

190 "O dever de cooperação no contrato determina que as partes devem agir de forma a obterem um objetivo comum que é o desenvolvimento justo e equilibrado do negócio. Diante disso, uma vez inexistindo a cooperação mútua, pode surgir desequilíbrio negocial e até mesmo inadimplemento contratual.
Que a revisão muitas vezes acaba sendo indispensável a preservação de uma cooperação negocial, não há que se duvidar, mas a análise do conteúdo, classificação e características do contrato a ser revisado também se mostra inevitável" (BORGES, Gustavo Silveira; PASQUAL, Cristina Stringari. O dever de cooperação nas relações contratuais. *Revista dos Tribunais*, v. 971, p. 145-166, set. 2016).

191 "A doutrina tem acentuado que da aplicação do princípio da boa-fé ao direito obrigacional decorre o postulado essencial da lealdade contratual, que significa basicamente que existe, para as partes, um dever jurídico de cooperação e de lealdade, visando sempre atingir as finalidades do contrato.
Executar um contrato lealmente significa o mesmo que executá-lo utilmente, ou seja, agir de forma que as suas finalidades sejam alcançadas. Nesse contexto, devem ser interpretados os arts. 113 e 422 do CC.
Por meio dos princípios da boa-fé e da cooperação, que não se confundem, o julgador reforça sua função de fiscalização da conduta dos contratantes, levando em conta as circunstâncias particulares de cada caso, para estender os deveres e obrigações das partes e controlar suas aplicações. Em particular, ele deve entender a intenção comum, completar os termos contratuais, incluindo no contrato todas as consequências naturais da vontade das convenentes. Em outras palavras, além das obrigações específicas impostas por lei, ele informa as partes de todas as exigências para que suas obrigações possam exercer plenamente seus efeitos, sem violar o texto do contrato" (MODESTO, Carvalhosa. O direito obrigacional e a cooperação dos sócios. *Revista de Direito Civil Contemporâneo*, v. 1, p. 67-74, 2016).

192 "Na doutrina aponta-se por como justificação dos ditames impostos pela boa fé a existência de uma relação de confiança os sujeitos. Esta conexão merece ser passada em revista, não é evidente à luz da destrinça que se traçou entre regra da conduta de boa fé e responsabilidade pela confiança.
Sintetizemos o nosso pensamento. A relação de confiança, se se apresentar indiscriminadamente presumida em certas situações, é na realidade dispensável para alicerçar a regra da boa fé. Importa antes indagar directamente os argumentos materiais que a suportam. Mas também onde, diversamente, se queira efectivamente referir com a relação de confiança uma realidade concreta e demonstrada, a confiança não justifica directamente o conjunto de deveres decorrentes da boa-fé. Estes se fundamentam ainda então, como já se observou, nas exigências de correcção e lisura que a boa-fé exprime; a confiança depositada constitui tão-só um argumento que mediatamente justifica o comportamento requerido.

Um dos maiores estudiosos do tema da confiança, Diego Gambetta, esclarece que a confiança não é uma premissa para que se estabeleça a cooperação, mas sim é o próprio resultado dela, pois é com base na experiência de relações de cooperação bem- sucedidas que as partes se permitem confiar umas nas outras.[193] A confiança, assim, se desenvolve dentro de uma racionalidade apreendida da conduta reiterada das partes, no sentido de se comprometerem com a execução

---

Explicitando: o termo relação de confiança (*Vertrauensbeziehung, fiduciary relationship*) exprime no fundo a experiência comum de que situações de interacção que têm como condição de surgimento ou de desenvolvimento uma especial atitude de confiança dos sujeitos uns nos outros. Mas nem todas as interacções sociais postulam uma particular confiança. Caso contrário, a qualificação de uma relação como de confiança seria redundante.

Ora, a coligação de especiais deveres à existência de relações deste tipo radica essencialmente em que, na medida em que confiam, os sujeitos abdicam de alguma forma daquela prudência e diligência com que, noutras circunstâncias, actuando sozinhos, averiguariam, acautelariam ou prosseguiriam os seus interesses. Ao despirem-se nesse sentido de certas precauções que de outro modo tomariam tornam-se particularmente expostos aos perigos decorrentes da frustração das suas expectativas em virtude de uma conduta de outrem. Esta singular debilidade da sua posição equilibra-se precisamente pelo apertar das malhas das adstrições de comportamento responsabilidade que incidem sobre quem fica em com a sua conduta causar danos.

Verifica-se, entretanto, que a relação de confiança parece pôr no domínio contratual ou pré-contratual. Não se quer individualizar nenhuma confiança concreta e realmente depositada pelos sujeitos. É, todavia, fácil pôr a nu as razões pelas quais este entendimento não logra de modo algum alicerçar a vinculação daqueles à regra da boa-fé. Se o regime da relação se não deixa de aplicar, mesmo demonstrando-se a ausência de confiança ou uma atitude positiva de desconfiança, a relação de confiança apresenta-se na realidade como ficta. Dogmaticamente torna-se completamente inservível.

Admitir, sem mais especificações, que a 'entrada' numa relação pré-contratual ou a relação contratual constitui ipso facto uma relação de confiança apenas pode querer dizer que se espera que o outro sujeito da relação cumpra os deveres que a ordem jurídica lhe assinala, aí incluídos naturalmente os decorrentes da boa fé. Contudo, uma convicção genérica de que a outra parte na relação acatará as exigências de correcção, lisura ou razoabilidade não releva enquanto autónomo fundamento de responsabilidade" (FRADA, Manuel António de Castro Portugal Carneiro da. *Teoria da confiança e responsabilidade civil*. Coimbra: Almedina, 2018, p. 472-474).

193 "The existence of cooperation among animals seems to suggest that coperation may envolve without necessarily postulating trust, a belif which animals are unlikely to entertain. As Bateson argues, the emegernt behaiviour of social groups may contribute to their sucess: some of the features which make individuals sucessful in Evolution may do sob y the same group. Whether or not a group survives, in ohter words, depends on the emission and reception of signals wich foster cooperation, in so far as cooperation improves the adaptive freatures of a particular goup.

When transfered to the human world, the evolutionary approach might *a fortiori* suggest that trust would be better understood as a result rather than a precondition of cooperation" (GAMBETTA, Diego. *Trust*: Making and Breakink Cooperative Relations. Cidade: Brasil Blackwell, 1988, p. 225).

do contrato, ou seja, mesmo mudando determinadas circunstâncias, as partes confiam em que continuarão a agir de modo cooperativo e não egoisticamente.[194]

Carlos Nelson Konder relaciona a tutela da confiança não apenas como um imperativo ético (como se extrai das conceituações que associam estritamente à boa-fé, por exemplo), mas também como um meio de reduzir os custos da operação.[195]

Preliminarmente, ressalta-se que a pesquisa se voltou para a *resolução* contratual pela ausência de colaboração, mas, nessa investigação, importante considerar que a quebra da confiança, de igual modo, pode ensejar o inadimplemento[196] — seja por violação de obrigação, ensejando a resolução contratual[197] enquanto instituto independente, seja pela violação dos deveres oriundos da boa-fé.[198]

---

[194] "Avoir confiance en son partenaire, c'est croire qu'en cas de changements dans les circonstances situationnelles, il continuera à agir de manière coopérative. Il ne succombera pas aux tentations de rupture rencontrées, ni par opportunisme stratégique, ni par opportunisme myope.
La confiance se développe donc lorsque les considérations relationnelles constituent au moins l'objectif principal de l'arrière-plan au cadrage, et que ce cadrage est stable. Cette confiance est renforcée par les signaux relationnels positifs que peut envoyer le partenaire àtravers ses comportements et communications. Ainsi, la confiance n'est pas une notion opposée à celle d'intérêt individuel. Elle sous-tend les relations contractuelles engagées dans un cadrage en termes d'égoısme éclairé" (CHASERANT, Camille. La Coopération se réduit-elle a un contrat? Une approche procédurale des relations contractuelles. *Recherches* Économiques *De Louvain, Louvain Economic Review*, v. 68, n. 4, 2002, p. 495-496).

[195] "A complexidade trazida por esses esquemas plurinegociais enfatiza a importância da tutela da confiança: quanto mais complexo for o cenário negocial, mais custosa se revela a verificação de todas as variáveis envolvidas e a demanda tradicional por diligência máxima inviabilizaria economicamente a própria operação. Torna-se necessário, portanto, tutelar a confiança — e, consequentemente, resguardar aqueles que confiam — sob pena de tornar cada vez mais difíceis as relações econômicas e sociais, impondo custos e riscos que, ao final, inviabilizariam a própria atividade de empresa. Com efeito, a tutela da confiança não atende apenas a imperativos éticos, mas a exigências econômicas, já que a sua frustração, ou mesmo a mera desconfiança, aumenta custos, dificulta trâmites contratuais e desacelera a atividade comercial, o que impediria a complexidade demandada pelos novos arranjos de interesses" (KONDER, Carlos Nelson. O alcance da cláusula compromissória em contratos coligados: leitura a partir da tutela da confiança. *Revista de Arbitragem e Mediação*, v. 63, p. 295-331, out./dez. 2019, p. 4, versão eletrônica).

[196] "A ausência de confiança, ao contrário, torna temerária a relação contratual. Com efeito, partes que não têm confiança e lealdade recíprocas investirão em medidas para se precaver de manobras danosas da parte contrária. Haverá constantemente o temor do inadimplemento, do comportamento lesivo, da violação ao patrimônio" (MARTINS, José Eduardo Figueiredo de Andrade. *Inadimplemento eficiente do contrato*: quando o descumprimento do contrato é mais vantajoso para uma das partes. Curitiba: Juruá, 2020, p. 208).

[197] Tavares Guerreiro, em parecer sobre o tema dos contratos de parceria e possibilidade da sua resolução pela quebra da confiança, faz interessante analogia com os contratos

Embora se possa vincular a tutela da confiança à boa-fé objetiva, Rodrigo Cavalcante Moreira defende a tese de que a *resolução do contrato pela quebra da confiança* é instituto independente,[199] que não se confunde com a violação à boa-fé. A principal consequência da distinção consiste no fato de que, enquanto a resolução pela quebra da confiança possui como principal finalidade a liberação do contratante do vínculo contratual,[200] a violação da boa-fé objetiva, que geralmente

---

de prestação de serviços, mandato, agência ou comissão, destacando que em todos os "contratos que se dirigem a uma atividade em proveito de terceiro e em que há um dever de levar em conta o interesse do terceiro são marcados pela confiança, e pelo fato de que os interesses do prestador são subordinados aos do tomador. Tais contratos, ainda que celebrados por prazo determinado, sempre pressupõem a continuidade de uma relação de confiança entre as partes. Assim, ainda que tenham sido celebrados por prazo determinado, sempre podem ser resilidos unilateralmente, hipótese em que, acaso se avalie inexistente justa causa autorizadora da resilição, será devido pagamento de indenização pertinente" (parecer em caso de distribuição Heineken x Coca-Cola, de set. 2021, São Paulo).

198 Judith Martins-Costa ressalta que a quebra da confiança pode, inclusive, gerar direito de resolução do contratual, desde que se atente ao fato de que não é toda expectativa que surte esse efeito no plano contratual, devendo ser verdadeiramente legítima para ocasionar tais efeitos: "Confiança e boa-fé também se superpõem no que diz com a função de proteger especiais 'situações de confiança', gerando deveres de proteção, correlativos a interesses de proteção que, uma vez violados, podem levar à eficácia indenizatória da figura da violação positiva do crédito e até mesmo o advento do direito de resolução por meio lato sensu (englobando resolução stricto sensu e resilição) ou justa causa ao exercício do direito de denúncia. Nesses casos, se está a dizer rigorosamente o mesmo, quer se mencione ter havido afronta ao 'princípio da boa-fé', quer se afirme haver afetação ao 'princípio da confiança'. Porém, é preciso atenção: a confiança ora referida é uma fides adjetivada, dita 'legítima' porque legitimada por uma 'situação de confiança' (derivada da lei, do negócio, dos usos ou do comportamento alheio). Essa 'situação de confiança' deve ter força suficiente para suscitar um 'investimento de confiança' e deve ser racionalmente apreensível, não restando encapsulada no que a mente humana pode produzir ou desejar. O que a boa-fé tutela, portanto, não é qualquer expectativa — já que seria absurdo pensar que 'o simples acalentar de uma expectativa" fosse bastante para fundar "uma vinculação à sua realização'. Tutela apenas a confiança investida em virtude de razões que, racionalmente controláveis (ou comprováveis, ou adequadas ao *id quod plerumque accidit*), foram objeto de 'investimento de confiança' pelo destinatário do ato ou comportamento ou omissão aptos a gerar essa confiança qualificada. Nesses casos, por força da boa-fé objetiva em sua conexão com as situações de confiança, há o nascimento de deveres tendentes a evitar nos parceiros negociais representações injustificadas bem como a prevenir danos ocasionáveis pela especial aproximação que os interessados mantiveram. A zona residual de distinção entre boa-fé e confiança é de índole eminentemente funcional: assegurar expectativas e direcionar condutas, disse Niklas Luhmann, são as duas funções primárias do Direito" (MARTINS-COSTA, Judith. *A boa-fé no Direito privado*. São Paulo: Marcial Pons, 2015, p. 255-256).

199 Carneiro da Frada compreende a responsabilidade pela confiança como instituto distinto da boa-fé, embora sua tese e a de Moreira contenham algumas distinções.

200 "O mundo muda, as partes mudam, mas nem sempre o instrumento contratual acompanha essas mudanças. Nestes casos, diante da ruptura da confiança, o mais importante é garantir a liberação do vínculo. Mais que qualquer pretensão indenizatória, por vezes, o importante é encerrar a relação" (MOREIRA, Rodrigo Cavalcante. *A resolução do contrato de longa duração pela quebra da confiança*. São Paulo: Almedina, 2021, p. 164-165).

se funda no descumprimento dos deveres anexos (violação positiva do contrato) tem função indenizatória. No mais, ambos os fundamentos são independentes, de modo que, para Moreira, não é imprescindível que haja inadimplemento por descumprimento de dever anexo para que se configure a possibilidade de resolução pela quebra da confiança.[201] Dito de outro modo, é possível que haja quebra da confiança sem que ocorra violação de deveres anexos e vice-versa.

A ruptura da confiança pode decorrer de um comportamento contraditório, assim como de sucessivas violações aos deveres anexos, mas existem casos em que em razão dos fatores tempo e incompletude nos contratos de duração, a imprevisibilidade do que pode acontecer não permite descartar a hipótese de que o contrato se torne algo tão diferente do que inicialmente imaginaram as partes, ou de tal modo inútil ao próprio credor ou insuportável ao devedor, que apenas a sua resolução precoce poderia ser a medida mais adequada.

Nesse contexto, nos casos dos contratos relacionais, de longa duração, em que haja uma frustração da cooperação entre partes, a liberação do vínculo se apresenta como um valor maior do que a própria indenização.[202]

Essa ideia toma por premissa a chamada "confiança relacional", uma confiança em sentido estrito, aplicável aos contratos de duração e distinta da confiança ligada à boa-fé objetiva.[203] É na manutenção ou não do vínculo, na carga dada a esse componente do contrato que se distingue a "confiança relacional", verificada no atrito entre o desejo de permanecer unido *vis* à *vis* à inexigibilidade de se manter vinculado.

---

201 Observe que o livro consiste na publicação da dissertação de mestrado do autor. Ou seja: Moreira propõe que o legislador tutele no ordenamento jurídico brasileiro a resolução dos contratos pela quebra da confiança, porém o autor elabora sua fundamentação com a aceitação do instituto no direito lusitano e no direito germânico, além dos trabalhos pela UNIDROIT para a inclusão de artigo no mesmo sentido nos Princípios Unidroit (o que acabou não ocorrendo).

202 Nestes casos, diante da ruptura da confiança, o mais importante é garantir a liberação do vínculo. Mais que qualquer pretensão indenizatória, por vezes, o importante é encerrar a relação. Este é o traço distintivo da confiança no contrato de longa duração: o desejo de manter o vínculo e de se libertar dele diante ruptura absoluta da confiança — e nenhum dos elementos tradicionais da confiança ligada à boa-fé objetiva atende a este fim, senão por via reflexa" (MOREIRA, Rodrigo Cavalcante. *A resolução do contrato de longa duração pela quebra da confiança*. São Paulo: Almedina, 2021, p. 164-165).

203 MOREIRA, Rodrigo Cavalcante. *A resolução do contrato de longa duração pela quebra da confiança*. São Paulo: Almedina, 2021, p. 174.

Nos contratos relacionais, a ruptura dessa confiança — necessária para a própria manutenção do vínculo — legitimaria a resolução dos contratos.[204] Resta saber se por inadimplemento ou se por justa causa.[205]

Há parecer de autoria de Arruda Alvim, publicado em coletânea de 2021, em que a solução para o caso se dava na possibilidade de resolução de contrato de fornecimento por violação aos deveres de cooperação e lealdade. A consulente, empresa do ramo automotivo que figurava como parte em contrato de fornecimento de longa duração,[206] buscou o parecer para fundamentar seu pleito de resolução contratual por inadimplemento, face ao descumprimento contratual da fornecedora, que paralisara o fornecimento, o que forçou a consulente a interromper sua linha de fabricação, sofrendo graves prejuízos. Assim foi ementado o parecer:

> Contrato de montagem e fornecimento de motores. Conduta da fornecedora que viola os deveres de cooperação e lealdade. Paralisação no fornecimento, que provocou a paralisação na linha de montagem da Consulente. Possibilidade de resilição por conveniência. Interpretação dos instrumentos contratuais e aplicação do art. 473 do CC/2002. Não

---

204 "Além disso, o estudo das características destes contratos permite chegar ao âmago da questão. Sendo certo que a confiança, ou seja, a 'solidariedade orgânica' é o verdadeiro vínculo que mantém o contrato relacional, não resta dúvida de que quando este se perde, a relação contratual não tem mais razão de ser.
Cabe ao direito, portanto, dar a adequada solução e, na ausência de disposição legal, inspirar-se no legislador alemão para alcançar o mesmo resultado e admitir que a Resolução por justa causa seja um princípio geral que deva ser aplicado a todos os contratos de longa duração" (MOREIRA, Rodrigo Cavalcante. *A resolução do contrato de longa duração pela quebra da confiança*. São Paulo: Almedina, 2021, p. 125).

205 Distinguindo a resolução por quebra da confiança da frustração do fim do contrato, Moreira afirma o seguinte:
"O que distingue o instituto da resolução pela quebra da confiança é que, mais uma vez, o que importa não é o interesse ou viabilidade de alcançar o fim pretendido. O evento superveniente pode até afetar o fim pretendido do contrato, mas não é isso que os distingue.
A diferença, novamente, reside no fato de que a Resolução pela quebra da confiança é causada pela ocorrência de um ato ou um evento que cause a ruptura da confiança entre as Partes. Fazendo uma analogia com os *coronation cases*, suponha que se trate de um contrato de prestação de serviços de uma série de eventos importantes. Ainda que estes estejam confirmados, a existência de uma justa causa pode causar a ruptura absoluta da confiança e tornar inexigível a continuidade do contrato.
É bem verdade que a frustração do fim do contrato pode contribuir para a quebra da confiança, mas tratar-se-ia de fundamento incidental. O elemento determinante é, como reiterado, a quebra absoluta da confiança" (MOREIRA, Rodrigo Cavalcante. *A resolução do contrato de longa duração pela quebra da confiança*. São Paulo: Almedina, 2021, p. 174-175.)

206 A maior parte dos autores trata de contratos de colaboração que também são contratos de longa duração.

> se pode obrigar um contratante a permanecer atrelada a outro, quando este último tenha quebrado a cooperação e a confiança contratuais. Violação à função social do contrato. Ofensa à boa-fé objetiva que também pode ser considerada violação positiva do contrato. Resolução por inadimplemento aplicável à espécie.[207]

Um dos quesitos da consulta foi assim formulado: "Apesar de o contrato ter sido elaborado para vigorar por prazo determinado, há possibilidade de resilição por conveniência, com base em cláusula existente nos '*Terms and Conditions*' anexo ao contrato?" Após concluir que a referida cláusula permitia a resilição unilateral, Arruda Alvim aduz que, mesmo face à ausência de tal cláusula, a resilição seria possível, com fundamento no art. 473 do CC/02. Justifica ainda sua posição na função social do contrato,[208] para concluir que, havendo quebra da relação de confiança, com a ameaça de descumprimento por uma das partes, estaria caracterizado verdadeiro inadimplemento contratual, apto a ensejar a resilição do contrato.[209]

---

[207] ARRUDA ALVIM. Quebra da confiança e da cooperação como fundamentos para a resolução contratual. *In*: *Opiniões Doutrinárias*: Pareceres — Direito Privado, Civil e Empresarial (v. II). São Paulo: Revista dos Tribunais, 2021, p. 249.

[208] STJ, REsp nº 1.250.596/SP, 3ª T., rel. Min. Nancy Andrighi, j. 03.11.2011, DJe 16.11.2011.

[209] "4- Por outro lado, havendo quebra da relação de confiança em decorrência da ameaça de uma das partes em deixar de cumprir suas obrigações, estaria caracterizado o inadimplemento contratual a justificar a rescisão do mesmo por esse fundamento?

Conforme dissemos no quesito n.º 1, o contrato celebrado entre as partes constitui daqueles em que a confiança configura-se elemento imprescindível a sua formação. Deveras, na medida em que o contrato envolve justamente a cooperação mútua para se alcançar determinada finalidade, tem-se que a quebra da relação de confiança em decorrência da ameaça de uma das partes em deixar de cumprir suas obrigações configura inadimplemento contratual, apto, portanto, a ensejar a sua resolução.

O que se tem, na verdade, é o chamado fenômeno da violação positiva do contrato, também conhecido como cumprimento defeituoso do contrato, criado no início do século XX, a partir da análise do que a codificação alemã de 1900 preceituava sobre a boa-fé. Trata-se, em verdade, de descumprimento de deveres acessórios do contrato, como aqueles decorrentes da boa-fé objetiva (deveres de cooperação, confiança, lealdade, segurança, informação etc.). A boa-fé existe antes do contrato, nas tratativas, durante o desenvolvimento do contrato, e, mesmo depois, se for o caso, como observar o dever de sigilo. (...)

Na medida em que no contrato celebrado entre a 'AUTOMOTIVA' e a CONSULENTE aquela primeira veio a quebrar o dever de confiança, anexo, portanto, à boa-fé objetiva, consagrada em nosso direito (art. 422 do CC/2002), pode-se falar também na existência de violação positiva do contrato ou cumprimento defeituoso, permitindo-se, portanto, sua resolução por inadimplemento. (...)

A patente quebra de confiança, conforme dito, pode ser vislumbrada a partir da não entrega dos motores pela 'AUTOMOTIVA' com a consequente paralização da linha de montagem da CONSULENTE e, mais ainda, pela não entrega dos pedidos de reajuste de preços por intermédio do formulário 'K', conforme sustentamos em outros tópicos deste Parecer.

Mesmo reconhecendo-se a escassa doutrina sobre a possibilidade de resolução contratual por inadimplemento na hipótese de violação ao dever de colaboração, como obrigação inerente ao contrato, e não apenas como dever anexo, à semelhança da confiança decorrente da boa-fé, a investigação proposta por esse trabalho busca responder a essa indagação central: em contrato de duração, relacional por essência, quando a colaboração está atrelada ao núcleo do contrato e, a despeito da dificuldade da prova da inviabilidade da relação, caberia a manutenção forçada do contrato quando o credor demonstrar a perda de interesse, de modo justificado e legítimo (atrelado à perda da função econômica = programa contratual), no cumprimento da prestação pelo devedor?

António Pinto Monteiro, ao discorrer sobre os fundamentos para a resolução dos contratos de distribuição, destaca a necessidade de relevância do inadimplemento e ressalta que a lei exige que o descumprimento seja grave, sendo essa gravidade verificada pela própria natureza da infração na sua importância ou da perda da confiança pela contraparte:

> III - O primeiro desses fundamentos [para resolução] consiste no não cumprimento, por qualquer das partes, das respectivas obrigações,

5- Nessa hipótese e em face dos litígios judiciais entre a 'CONSULENTE BRASIL' e a 'AUTOMOTIVA' desde 2013, haveria fundamento jurídico para se requerer a rescisão contratual visando minimizar os prejuízos econômicos de ambas as partes decorrentes de uma relação desgastada e sem credibilidade?
Vimos nos itens precedentes que o caso em apreço permite tanto o pedido de resilição unilateral pela CONSULENTE quanto o pedido de resolução contratual por inadimplemento, esclarecendo os respectivos fundamentos jurídicos para aludidos pedidos.
A despeito disso, visando minimizar os prejuízos econômicos de ambas as partes decorrentes da relação desgastada e sem credibilidade que estão envolvidas, temos que a melhor solução apresentada veio a ser aquela que consta da carta enviada pela CONSULENTE à 'AUTOMOTIVA' de modo a encerrar a relação contratual de modo organizado e amigável. (...)
Deveras, tratou a carta de reunião para que fossem ajustados, de forma amigável, os termos da extinção contratual, que se daria de forma gradual. Essa foi a forma encontrada pela CONSULENTE que traria menores consequências prejudiciais tanto a ela quanto á 'AUTOMOTIVA'. Na medida em que há fortes fundamentos para que a CONSULENTE busque a resilição unilateral, bem como a resolução contratual por inadimplemento, que se daria de forma abrupta e imediata, é inegável que a extinção contratual de forma organizada, gradual e amigável é sem dúvida alguma aquela que traz maiores benefícios às partes, eis que se lhes permite também se organizarem para que os impactos sofridos com o término do contrato sejam reduzidos, minimizados, ou até mesmo inexistentes" (ARRUDA ALVIM. Quebra da confiança e da cooperação como fundamentos para a resolução contratual. *In*: *Opiniões Doutrinárias*: Pareceres — Direito Privado, Civil e Empresarial (v. II). São Paulo: Revista dos Tribunais, 2021, p. 250-251).

> quando, pela sua gravidade ou reiteração, não seja exigível a subsistência do vínculo contratual.
>
> Decorre do exposto que não é qualquer incumprimento, *tout court*, de uma ou mais obrigações, que legitima a outra parte, ipso facto, a resolver o contrato. A lei exige que a falta de cumprimento assuma especial importância, quer pela sua gravidade (em função da própria natureza da infracção, das circunstâncias de que se rodeia ou da perda de confiança que justificadamente cria na contraparte, por exemplo), quer pelo seu carácter reiterado, sendo essencial que, por via disso, não seja de exigir à outra parte a subsistência do vínculo contratual.
>
> Mas é claro que uma situação de inadimplemento que não revista estes requisitos, apesar de não permitir a resolução do contrato, não preclude o direito à indemnização por eventuais danos causados (art. 32º, nº 1).[210]

Rodrigo Moreira, por sua vez, ao explicar a distinção entre o instituto da resolução pela quebra da confiança (ainda inexistente no Direito positivado brasileiro), destaca que ele prescinde da demonstração da inviabilidade do escopo contratual, bastando a ruptura da confiança entre as partes, aproximando-o à ruptura pela justa causa:

> O que distingue o instituto da resolução pela quebra da confiança é que, mais uma vez, o que importa não é o interesse ou viabilidade de alcançar o fim pretendido. O evento superveniente pode até afetar o fim pretendido do contrato, mas não é isso que os distingue.
>
> A diferença, novamente, reside no fato de que a Resolução pela quebra da confiança é causada pela ocorrência de um ato ou um evento que cause a ruptura da confiança entre as Partes. Fazendo uma analogia com os *coronation cases*, suponha que se trate de um contrato de prestação de serviços de uma série de eventos importantes. Ainda que estes estejam confirmados, a existência de uma justa causa pode causar a ruptura absoluta da confiança e tornar inexigível a continuidade do contrato.
>
> É bem verdade que a frustração do fim do contrato pode contribuir para a quebra da confiança, mas tratar-se-ia de fundamento incidental. O elemento determinante é, como reiterado, a quebra absoluta da confiança.[211]

---

210 MONTEIRO, António Pinto. *Contratos de distribuição comercial*: relatório. 3. reimp. Coimbra: Almedina, 2009, p. 145-146.

211 MOREIRA, Rodrigo Cavalcante. *A resolução do contrato de longa duração pela quebra da confiança*. São Paulo: Almedina, 2021, p. 207.

No caso dos contratos que exigem maior integração das partes, com interdependência e uma alta carga de confiança, o descumprimento de um dever de cooperação pode, nas palavras de Giuliana Schunck, "representar uma trinca insuperável no relacionamento", sendo, ainda, "razoável entender-se pela resolução logo na primeira infração", porque o contrato, "em razão da perda da confiança, tende a tornar-se inútil ao credor, assemelhando-se assim ao inadimplemento absoluto, mas sem que haja propriamente a aplicação do conceito de inadimplemento, em razão das peculiaridades da violação."[212]

A premissa, portanto, é que existe uma relação de confiança — conceito plenamente aplicável ao Direito Civil e Empresarial, porquanto forma a base de toda uma categoria de contratos, como os contratos de colaboração empresarial, os contratos de longa duração e os contratos relacionais.[213]

Nesse tipo de contrato, em que a confiança exerce papel estrutural, a sua perda gera o direito à resolução. Não é possível manter um contrato, altamente dependente de colaboração, quando esse elemento essencial do negócio já não se faz presente:

> O critério subjetivo afere a perda de interesse na execução da prestação pelo devedor. Sob tal critério, há ao menos três grupos de casos a serem considerados, assim discriminados: a recusa do devedor, a perda de confiança no devedor e a ameaça de dano iminente e significativo aos bens do credor. Embora, em abstrato, a prestação ainda possa aproveitar ao credor, em concreto, não mais lhe interessa, seja porque o inadimplemento se fez acompanhar de comportamento que põe em xeque os valores de lealdade e confiança, seja porque a consideração dos interesses em jogo reclama sua pronta obtenção junto a terceiro, para evitar o agravamento dos danos decorrentes do incumprimento.[214]

---

212 SCHUNCK, Giovana Bonano. *Contratos de longo prazo e dever de cooperação*. São Paulo: Almedina, 2016, p. 230-231.

213 Como registra a doutrina, "hoje em dia as obrigações duradouras habitualmente se apresentam mediante 'redes contratuais', ou 'contratos relacionais', na quais há, comumente, um 'contrato de base', com textura aberta, o qual serve como meio para alcançar fins a serem concretizados outros vários contratos. Os múltiplos vínculos contratuais aí estão assentados fundamentalmente na colaboração e na confiança entre os diversos agentes, 'para alcançar uma metodologia de produção flexível, que é o que exige a economia atual'" (MARTINS-COSTA, Judith. Comentários ao Novo Código Civil: do inadimplemento das obrigações. v. 5, t. 2. *In*: TEIXEIRA, Sálvio de Figueiredo (coord.). *Comentários ao Novo Código Civil*. Rio de Janeiro: Forense, 2003, p. 57).

214 ZANETTI, Cristiano de Sousa. A perda do interesse do credor. In: BENETTI, Giovana; CORRÊA, André Rodrigues; FERNANDES, Márcia Santana; NITSCHKE, Guilherme

Exigir que os acordos prossigam sem a confiança seria como exigir uma compra e venda sem preço — faltar-lhe-ia um elemento essencial, que desnatura todo o acordo de vontade entre as partes. Não se trata de exigir amizade ou afeto subjetivo, mas, sim, o especial vínculo que dá vida aos acordos, e sem os quais eles ficam impossibilitados de cumprir sua função econômica.

Em artigo sobre o tema, Renata Steiner procura sistematizar as possíveis consequências a partir da constatação de quebra da confiança. Nesse sentido, ela destaca que seria aplicável às quebras de deveres conexos à boa-fé: (i) o cumprimento específico; (ii) o cumprimento pelo equivalente e (iii) a resolução do contrato.[215]

De modo mais intenso, nos contratos relacionais, a colaboração, que leva à maximização do lucro para ambos os contratantes impõe que, sempre que um estiver ganhando mais do que o outro e se constate que a função do contrato foi desvirtuada, a solução legal deveria servir para expurgar esses abusos.[216] Não se trata de pensar em cláusulas de *hardship*, que pressupõem alguma modificação posterior das circunstâncias, mas da própria disfuncionalidade do contrato pela falta de colaboração de uma das partes.

Nesses casos, a rescisão se apresentaria como motivada, sendo o motivo não o inadimplemento de obrigação específica, mas do próprio dever de colaboração ou quando o contrato não cumprir adequadamente a sua função econômica.

Carneiro Monteiro; PARGENDLER, Mariana; VARELA, Laura Beck (orgs.). *Direito, cultura, método*: leituras da obra de Judith Martins-Costa. Rio de Janeiro: GZ, 2019, p. 786-787. No mesmo sentido, "[a] essencialidade da confiança na subsistência de tais relações tem ainda como principal efeito a autonimização da respectiva quebra como fundamento para a resolução do contrato, '(...) com independência até de este [o deceptus] ter sofrido um prejuízo, certo e actual, em consequência da conduta do outro contratante que defraudou a sua confiança'. O pensamento da confiança surge como fundamento autónomo de desvinculação contratual. A ideia é a de que o desaparecimento de um elemento essencial na relação, por causa imputável a uma das partes, pode tornar para a outra inexigível a manutenção do contrato, razão pela qual se permite a esta que resolva o contrato" (FARRAJOTA, Joana. *A resolução do contrato sem fundamento*. Coimbra: Almedina, 2020, p. 36).

215 STEINER, Renata C. Descumprimento contratual: remédios à disposição do credor lesado. *In:* TERRA, Aline de Almeida Valverde; GUEDES, Gisela Sampaio da Cruz (coords.). *Inexecução das obrigações*: pressupostos, evolução e remédios. Rio de Janeiro: Processo, 2020. v. II, p. 318-319.

216 AGUIAR JÚNIOR, Ruy Rosado de. Contratos relacionais, existenciais e de lucro. *Revista Trimestral de Direito Civil – RTDC*, Rio de Janeiro, ano 12, v. 45, p. 91-110, jan./mar. 2011.

Se admitida a resolução do pacto nessas circunstâncias, resta ainda investigar se seria possível, em oposição, a sua manutenção forçada, a qual não parece ser a melhor solução dentro do sistema.[217]

[217] "A esse respeito, Ferreira Pinto dá um passo além. Segundo ele, à vista das características de tais contratos, em que há a necessidade de uma ativa colaboração entre as partes, seria inviável, em uma hipótese em que os contratantes disputam a validade até mesmo da denúncia, exigir-se a manutenção do pacto e a execução forçadas das obrigações pactuadas. Afinal, como já salientado, anteriormente, por se tratar de um *facere* de cunho pessoal, em que a satisfação dos interesses se dá tão somente com determinações próprias das partes tendentes à cooperação, o ato visando à extinção do vínculo tem como efeito a ruptura da relação contratual, com a desvinculação das partes, restando ao lesado tão somente o direito ao ressarcimento indenizatório" (YAMASHITA, Hugo Tubone. *Cooperação empresarial*: contratos híbridos e redes empresariais. São Paulo: Almedina, 2022, p. 308).

4

ANÁLISE DAS DISPOSIÇÕES DO CÓDIGO CIVIL E COMPATIBILIZAÇÃO COM A EXTINÇÃO DOS CONTRATOS RELACIONAIS POR AUSÊNCIA DE COLABORAÇÃO ENTRE AS PARTES

4.1 Visão geral do capítulo

Na ausência de disposições legais próprias para os contratos empresariais, que permitam a análise da sua resolução diante da ausência de possibilidade de cumprimento do programa contratual e, em especial, diante da existência de tratamento próprio aos contratos de colaboração, resta investigar as disposições dos artigos 473 e 475 do Código Civil, de modo a considerar a extinção dos contratos de parceria empresarial diante da ausência de colaboração nuclear desses pactos.

Importa discorrer, ainda, sobre o cenário de impossibilidade superveniente inimputável, cuja consequência seria a resolução do negócio, sem pretensão indenizatória de parte a parte, conforme o art. 248 do Código Civil.

Esses temas serão abordados para que se possa confirmar ou não a premissa de que é possível a extinção dos contratos de colaboração empresarial por ausência da cooperação, como justa causa, afastada a possibilidade de execução específica, servindo o prazo contratual como um possível balizador do valor da indenização, quando aplicável.

O artigo 475 do Código Civil[218] trata da possibilidade de resolução do contrato pela parte lesada, no caso de inadimplemento da

[218] "Art. 475. A parte lesada pelo inadimplemento pode pedir a resolução do contrato, se não preferir exigir-lhe o cumprimento, cabendo, em qualquer dos casos, indenização por perdas e danos".

contraparte, se não preferir exigir o cumprimento, assegurado, em qualquer caso a indenização por perdas e danos. Esse dispositivo deixa a critério do credor a opção pela resolução ou pela execução específica da obrigação, sem qualquer ordem de relevância. A aplicação desse artigo não faz, por óbvio, qualquer distinção entre a espécie contratual ou o prazo do contrato. Em caso de inadimplemento, não poderia haver outra solução jurídica que não fosse a possibilidade de desvinculação do contrato ou a exigência da prestação em espécie, se ainda interessar ao credor.

Diante de um inadimplemento, consubstanciado na ausência de colaboração pelo devedor poderá, assim, o credor, optar pela resolução, diante da violação positiva do contrato.

A questão se problematiza se pensarmos que, em matéria de contratos de colaboração, nem sempre resta evidente a violação positiva do contrato pelo inadimplemento do dever de colaboração (seja como obrigação principal ou dever anexo). A justa causa poderia resolver o problema, mas não podemos esquecer que a resilição unilateral também é uma das formas de extinção do contrato que se opera por simples manifestação de vontade de uma das partes. Assim, vale a investigação mais aprofundada do instituto da resilição, para sabermos em que medida ela poderia permitir a extinção de um contrato de colaboração, quando sob a ótica do interesse do credor a confiança foi quebrada, de modo irremediável. Se se admitir, nesses contratos, inseridos dentro da categoria dos contratos fiduciários — ainda que firmados por prazo determinado, a possibilidade de resilição, a questão quanto à prova da gravidade da conduta do devedor — de inegável dificuldade, dado o aspecto subjetivo da avaliação do credor —, passa a ser identificada dentro desse contexto.

Na interpretação de contratos atípicos de colaboração empresarial nada impede que se considerem as regras dos demais contratos fiduciários típicos, no que diz respeito à admissibilidade de resilição unilateral (CC, art. 473, *caput*), como se dá nos casos do regime autorizativo da demissão sem justa causa, previstos no regime dos contratos de prestação de serviço (CC, art. 603) mandato (CC, art. 682, I c/c art. 684, *a contrario senso*), agência (CC, art. 718) e de comissão (CC, art. 705), que preveem a possibilidade de resilição unilateral (com a devida indenização), mesmo que tenham sido celebrados por prazo determinado.

Os contratos típicos de carga fiduciária — de prestação de serviços, agência, representação comercial, por exemplo — são, normalmente, de longa duração e, sobretudo, trazem o elemento confiança com relevância para o núcleo da prestação obrigacional. Tais contratos, ainda que celebrados por prazo determinado, sempre pressupõem a continuidade de uma relação de confiança entre as partes. Assim, ainda que tenham sido celebrados por prazo determinado, podem ser resilidos unilateralmente, hipótese em que, acaso se avalie inexistente justa causa autorizadora da resilição, será devido pagamento de indenização pertinente.

Nesse contexto, a investigação proposta por esse trabalho assume que a mesma premissa pode ser ampliada para os contratos atípicos, quando se analisa sob a permissão da autorização legal implícita, mencionada pelo artigo 473 do CC.

A ideia de que o direito potestativo de extinguir um contrato se contrapõe à força vinculante dos pactos, não parece ser suficiente para que se reconheça que o contrato bilateral é pensado para ser cumprido, em função do cumprimento de uma obrigação.

Quando se trata de extinção dos contratos, podemos analisar a resolução que exige uma causa para operar não restrita à execução,[219] e a resilição que resulta da manifestação de vontade de um ou dos dois contratantes.

O artigo 473 do Código Civil trata, justamente, de hipótese de resilição unilateral.[220] Conquanto a resilição seja instituto afeito aos

---

219 "O direito à resolução, diz-se, é um direito potestativo extintivo dependente de um fundamento". (BAPTISTA MACHADO, João. Pressupostos da resolução por inadimplemento. *In*: VASCONCELOS, Pedro Bacelar de (org.). *João Baptista Machado*: obra dispersa. 1. ed. Braga: Scientia Ivridica, 1991, p. 130); "Tal como a denúncia, a resolução traduz-se num negócio jurídico unilateral, receptício ou recipiendo, procedente do exercício de um direito potestativo, que é geralmente irrevogável e incondicionável e que condiz à dissolução do vínculo contratual. Além disso, trata-se, em ambos os casos, de expedientes jurídicos que são caraterísticos das relações duradouras e que não carecem, por isso, de expressa previsão legal ou convencional. As duas figuras diferenciam-se, porém, quer na perspectiva dos seus pressupostos, quer na respectiva eficácia. Na verdade, enquanto a denúncia exprime um 'puro querer do declarante no sentido da cessão dos efeitos do contrato, a resolução traduz antes um 'querer vinculado à verificação de um fundamento, legal ou convencional (art. 432/1 do Código Civil). Constitui, assim, requisito essencial da resolução a existência de um motivo que, aos olhos da lei ou do negócio em curso, seja considerado razão suficiente para justificar a atribuição de um poder exoneratório a quem a profere. Por outro lado, diferentemente da denúncia — que, em princípio, tem uma função meramente liberatória dos compromissos contratuais, valendo, por isso, apenas para o futuro — a resolução tem, como regra, pretensões de retroactividade, visando a destruição do vínculo contratual e a reposição do status quo anterior à celebração do contrato (finalidade simultaneamente liberatória e recuperatória)" (PINTO, Fernando A. Ferreira. *Contratos de distribuição*: da tutela do distribuidor integrado em face da cessão do vínculo. Lisboa: Universidade Católica Editora, 2013, p. 393-394).

220 "Art. 473. A resilição unilateral, nos casos em que a lei expressa ou implicitamente o permita, opera mediante denúncia notificada à outra parte. Parágrafo único. Se, porém,

contratos por prazo indeterminado, já que não se pode obrigar ninguém a permanecer vinculado infinitamente, a simples leitura do *caput* desse artigo, de modo isolado, não permite afastar a hipótese de resilição nos contratos por prazo determinado, caso em que a contrapartida poderia ser o pagamento de indenização pelo credor, considerando as perdas e danos suportados pelo devedor ou os investimentos realizados no pressuposto do prazo determinado.

O óbice ao entendimento de se permitir a resilição de contratos por prazo determinado é a força obrigatória dos pactos. O próprio parágrafo único do artigo 473 do Código Civil, ao tratar da hipótese de prorrogação compulsória do contrato, no caso de ser necessária a recuperação de investimentos pelo devedor, leva à conclusão de que ele teria sido formulado para os contratos com prazo indeterminado.

No entanto, a ideia de que o direito potestativo de extinguir um contrato, ainda que fiduciário, se contrapõe à força vinculante dos pactos, não parece ser suficiente para que se reconheça que o contrato bilateral é pensado para ser cumprido, em função do adimplemento de uma obrigação. Se o credor de determinada obrigação verifica a perda do interesse, de modo justificado, no cumprimento, ou se, de outro lado, pela própria natureza da prestação, quando uma obrigação de fazer, ou desenhada como de melhores esforços, o cumprimento não se mostre mais o caminho adequado, não se podem afastar, dentre as consequências jurídicas possíveis (para além do direito à execução específica e a própria indenização), a resilição do contrato.[221] A resilição, nesses casos, tem por origem, inclusive, o afastamento do desequilíbrio entre as posições jurídicas, evitando a desproporcionalidade entre a vantagem

---

dada a natureza do contrato, uma das partes houver feito investimentos consideráveis para a sua execução, a denúncia unilateral só produzirá efeito depois de transcorrido prazo compatível com a natureza e o vulto dos investimentos".

221 Na doutrina portuguesa, de grande proveito para a brasileira, o conceito de justa causa pode se referir a uma situação diante da qual não é exigível que se leve o contrato até seu termo, mesmo que esse fato não caracterize um inadimplemento ou ilícito contratual: "Será uma 'justa causa' ou um 'fundamento importante' qualquer circunstância, facto ou situação em face da qual, e segundo a boa-fé, não seja exigível a uma das artes a continuação da relação contratual; todo o facto capaz de fazer perigar o fim do contrato ou de dificultar a obtenção desse fim, qualquer conduta que possa fazer desaparecer os pressupostos, pessoais ou reais, essenciais ao desenvolvimento da relação. (...) Em certos casos, porém, a 'justa causa' não consiste numa violação do contrato pelo sujeito contra o qual é exercício o direito de resolução, mas num facto que se liga à vida ou à esfera de controle daquela das partes a que a lei confere o direito de resolução" (AGUIAR JÚNIOR, Ruy Rosado de. *Extinção dos contratos por incumprimento do devedor*: resolução. Rio de Janeiro: Aide, 1991, 143-144).

auferida pelo titular de determinada posição (no caso, o devedor que não colabora) e o sacrifício imposto à contraparte (no caso, o credor que se vê obrigado a permanecer num contrato que não é mais capaz de atender a seus interesses legítimos).

Ruy Rosado já defendeu, no seu trabalho sobre extinção dos contratos por incumprimento do devedor, que a análise da resolução legal não deveria, nos estudos jurídicos brasileiros, se restringir à redação do atual artigo 475 do Código Civil:

> No Brasil, o instituto da resolução legal mereceu um parágrafo, no qual apenas foi prevista a resolução como consequência do inadimplemento nos contratos bilaterais, ato que denomina de rescisão, a ser alcançado mediante processo judicial, com direito a perdas e danos. Assim delineado o instituto, devemos encontrar em outros pontos do ordenamento as regras orientadoras para a qualificação desse inadimplemento. Estes paradigmas estão clara e suficientemente expostos nos arts. 955 e 956, parágrafo único, e 1.056 do Código Civil.[222]

De outro lado, ele critica o fato do sistema, no atual artigo 473 do Código Civil, prever a possibilidade de resilição sem culpa do devedor, vez que subverte a lógica da culpa como elemento da mora e pressuposto da indenização por perdas e danos: "em ordenamento jurídico onde a culpa é elemento da mora e pressuposto da indenização por perdas e danos, sendo esta consectária da resolução legal do art. 1.092, parágrafo único, pode parecer estranho que se propugne pela resolução independentemente de culpa do devedor." A seu ver, a única forma de compatibilizar essa aparente contradição seria reconhecer a possibilidade de resolução não como uma sanção, mas como uma opção ao credor, a despeito da culpa do devedor:

> É que se deve ajustar a teoria que vê a resolução como uma sanção, com os dispositivos do Código Civil que expressamente admitem a resolução, apesar da ausência de culpa do devedor (arts. 866 e 1.190), a evidenciar que o próprio sistema codificado convive com as duas soluções: resolução com culpa, como regra geral, dando direito à indenização; resolução sem culpa, sem indenização.[223]

---

[222] AGUIAR JÚNIOR, Ruy Rosado de. *Extinção dos contratos por incumprimento do devedor*: resolução. Rio de Janeiro: Aide, 1991, p. 131. Obs: artigos citados ainda na vigência do antigo Código Civil de 1916.

[223] *Ibid.*, p. 116. Obs: artigos ainda sob a vigência do Código Civil de 1916, atuais.

Sobre esse conceito mais amplo de mora, Ruy Rosado também nos auxilia:

> A mora se caracteriza quando o cumprimento é feito em desatenção ao tempo, ao lugar e forma convencionados (art. 955 do Código Civil), aí reunidos não apenas os casos de demora, mas também os demais cumprimentos com defeito quanto ao modo e ao tempo, ocorre que a mora somente se constitui, no nosso sistema, quando há fato imputável ao devedor, enquanto que a resolução por cumprimento imperfeito pode decorrer de ato inimputável.[224]

O que Ruy Rosado faz aqui é considerar a mora em sentido mais amplo, para abarcar todas as formas de incumprimento imperfeito, que pode ser sem culpa e ensejar a resolução. Ou seja, mora passa a ser igual à mora em sentido estrito mais o cumprimento imperfeito, o que inclui não apena a impossibilidade parcial e temporária, mas também infrações contratuais positivas, a quebra antecipada do contrato e até a análise dos critérios para se configurar a perda de interesse do credor que justifique a resolução. A questão no cumprimento imperfeito (i. e. quando as prestações principais e acessórias não forem plenamente satisfeitas, quanto ao modo, lugar e duração acertados), é aferir os critérios para se qualificar a perda do interesse do credor a ensejar a resolução por violação substancial do contrato.

No caso da perda do interesse do credor pela ausência de confiança, caberia admitirmos uma terceira via: resolução sem culpa, mas com direito à indenização ao devedor? Essa hipótese pode ser extraída da locução do próprio art. 473 que dispõe sobre os casos em que a lei expressa ou implicitamente autorize?[225] Seria possível,

---

[224] *Ibid.*, p. 117. Obs: artigos ainda sob a vigência do Código Civil de 1916, atuais.

[225] "O CC manifesta sua preferência pela execução específica das obrigações, que haverá de ser prioritária (SCHREIBER, 2007, p. 144).
Contudo, nem sempre excluída a solução ditada pela substituição da tutela específica — compelir o contratante denunciante a prorrogar o contrato — pelas perdas e danos.
Há algumas situações em que não será possível admitir a prorrogação, mas, nem por isso, não serão devidas as perdas e danos (LUREIRO, 2011, p. 620).
Basta que se esteja diante de um contrato fundado essencialmente na confiança para que se conclua que a aplicação do art. 473, parágrafo único do CC deve ser feita mediante pagamento de indenização (*ibidem*, p. 620).
Assim, se a hipótese é de um contrato assentado na confiança, como o de mandato, depósito ou determinados tipos de prestação de serviços (advocacia, por exemplo), não há como admitir que o investimento feito pelo mandatário, depositário ou prestador possa implicar em prorrogação do ajuste.

assim, compreender, nos casos de contratos de colaboração, a quebra da confiança como causa, implicitamente autorizadora da resolução, mesmo nos contratos por prazo determinado, assemelhando-se aos contratos de fidúcia, tais como o mandato, agência, etc., para os quais, a lei expressamente permite a resilição?[226]

Dito de outro modo, a ideia é compreender adequadamente o conceito de fidúcia, não apenas nos contratos típicos, mas como inerente aos contratos de colaboração, de modo a ser impossível a manutenção do pactuado quando há a quebra da confiança, seja porque se entende que ela está contida no conceito mais amplo de mora, caso em que haverá a possibilidade de resolução, seja porque o credor se encontra implicitamente autorizado à resilição.

Sobre essas indagações, importante investigar, na seção seguinte, a sistemática específica do art. 473 do Código Civil.

4.2 Resilição unilateral como modalidade de extinção dos contratos: artigo 473 do Código Civil

O que interessa ao presente capítulo é investigar: se a denúncia é o negócio jurídico que encaminha a resilição como um meio de extinção

Seria inadmissível que em contratos dessa espécie fosse aquele que não confia no outro obrigado a continuar vinculado contratualmente.

Mas a falta de confiança não pode ser obstáculo à aplicação da regra. Ainda que não se possa admitir a prorrogação do contrato nesses casos, aquele que investiu para cumprir o contrato pode ser indenizado, se, registre-se, não motivou a perda da confiança" (BDINE JÚNIOR, Hamid Charaf. Resilição unilateral e o art. 473 do CC. *Revista dos Advogados*, 116, p. 98-104).

[226] "Esta categoria diz respeito aos contratos fiduciários. O art. 473, parágrafo único, do Código Civil, não incide nos contratos dessa natureza.

Como a confiança está no núcleo da relação, a parte que a perde não pode ser compelida a permanecer vinculada.

Porém, isso não significa uma legitimação de denúncia abrupta. Apenas não se tem execução específica. O contratante que sofrer prejuízos com a ruptura extemporânea poderá pleitear indenização com fulcro no art. 187 do Código Civil.

Exemplo interessante se encontra no art. 663 do Código Civil, relativo ao mandato. Conquanto verse sobre revogação, e não sobre denúncia, o dispositivo ilustra a força da resilição unilateral nos contratos fiduciários. A norma permite que as partes pactuem a irrevogabilidade do mandato. Contudo, elimina expressamente a possibilidade de execução específica, elegendo a solução das perdas e danos. (...)

Semelhante conceito de equilíbrio de interesses se vê no §314 do BGB, que cuida do direito extraordinário de terminar os contratos de execução continuada. A extinção pode ocorrer se, à luz das circunstâncias e da comparação dos interesses das partes, não for razoável esperar que uma das partes mantenha o contrato em vigor até o final do prazo" (FIGUEIREDO, Gabriel Seijo Leal de. *Denúncia motivada dos contratos civis e suspensão de sua eficácia*. 2016. Tese (Doutorado em Direito Civil) – PUC-SP, São Paulo, 2016, p. 159).

da relação jurídica, produzindo efeitos *ex tunc*, o exercício desse poder ocorre em relações jurídicas com e sem prazo determinado? O que a locução "quando a lei implicitamente o permita" quer dizer? Essa permissão implícita se aplica tão somente aos contratos com prazo indeterminado? Não seria mais fácil o legislador ter especificamente nominado os contratos de prazo indeterminado nessa exceção? Diante da proximidade do termo "implicitamente" com a de permissão explícita da lei, que trata dos negócios fiduciários, não seria mais adequado pensar que a exceção se relacionaria mais à própria caraterística da nota de confiança nos contratos do que apenas à questão do prazo, se determinado ou indeterminado, independentemente do teor do contrato ou da característica da relação estabelecida entre as partes?

Inicialmente, importante destacar que na doutrina brasileira há construções diferentes para as modalidades de extinção dos contratos, de modo que não é para todos os autores que "resilição" tem o mesmo significado. Além disso, há quem equipare "denúncia" a "resilição", e quem considere tal equiparação errônea.[227]

---

[227] "O negócio jurídico de denúncia operará internamente à relação jurídica, ou seja, funcionará no *plano da eficácia*. Conforme a categoria eficacial escolhida e aplicada ao negócio jurídico de denúncia, pode-se presenciar uma eficácia modificativa mais evidente (ao fixar prazo em uma relação jurídica duradoura em que esse inexistia) ou uma eficácia extintiva, ao diretamente interromper a relação jurídica duradoura.
Tudo ocorre, frise-se bem, no plano da eficácia. O contrato permanece existente, válido e os seus efeitos, até então produzidos, mantêm-se hígidos. Nada ocorre no plano da existência ou no plano da validade. ['Quem denuncia não desfaz; evita que se faça o que se poderia fazer' [PONTES DE MIRANDA, Francisco Cavalcanti. *Op. cit.*, t. XXV, p. 386]. (...)
A resilição seria substancialmente diversa.
O ato de resilição, em geral, supõe que o contrato tenha tempo determinado e, não obstante isso, pelo exercício desse poder, a relação jurídica seja interrompida antes de finalizado o tempo inicialmente previsto para o vínculo.
Daí uma primeira diferença essencial: a denúncia evita que se continue a relação, a resilição desfaz a eficácia a partir de determinado ponto.
Para explicar a diferença, Pontes de Miranda lança mão de uma metáfora lapidar: "O que iria continuar, e deixa de continuar, porque houve a *resilição*, foi atingido pelo corte que se fez. É como se uma frase estivesse feita e estivesse sendo lida, mas se interrompeu a leitura, para sempre. Não é o que se passa com a denúncia. A frase que estava lendo foi lida. O que se quer, de agora em diante, é não mais se escreva o que se ia escrevendo e escrito não fora" [PONTES DE MIRANDA, Francisco Cavalcanti. *Op. cit.*, t. XXV, p. 384.] (...)
Em síntese. Enquanto a denúncia alcança apenas a eficácia da relação jurídica contratual — modificando-a e, por vezes, extinguindo-a -, a resilição atinge e desconstitui, ainda que parcialmente, a relação jurídica e o contrato.
A resilição pode ter fundamento no direito positivo ou em cláusula prevista pelas partes. À luz do Código Civil de 1916 (art. 1092), encontrava-se implícita na regra resolutória [Registre-se que, para Pontes de Miranda, a resilição seria uma espécie de resolução. Sob o conceito de resolução, em sentido amplo, haveria a resolução em sentido estrito, com eficácia *ex tunc*, e a resilição, com eficácia *ex nunc*.]. Pode ser cheia ou vazia, na

O Código Civil de 1916[228] não trazia uma clara distinção entre as figuras de denúncia e resilição, o que fez florescer a doutrina pontiana,[229] com a explicação de que a denúncia evita que se continue a relação e a resilição supõe, em geral, que o contrato tenha prazo determinado, e

---

medida em que a titularidade do poder de resilir dependa ou não de uma determinada fundamentação.

Ao se comparar as figuras da denúncia e da resilição, pelo campo de aplicação, pela estrutura e pela função, percebe-se que a resilição contém um poder contratual muito mais rigoroso e extenso. (...)

Por todo o exposto, a distinção entre a denúncia e a resilição parece ser de grande importância, não apenas teórica como também prática. A indistinção, por sua vez, pode ser uma fonte de grandes injustiças. Parafraseando Pontes de Miranda, *há enorme diferença entre o poder de substituir as reticências de uma relação jurídica por um ponto final e o poder de antecipar um ponto final, modificando o contrato e a relação originalmente concebida*" (LEONARDO, Rodrigo Xavier. A denúncia e a resilição: críticas e propostas hermenêuticas ao art. 473 do CC/2002 brasileiro. *Revista de Direito Civil Contemporâneo*. v. 7, p. 95-117, abr./jun. 2016).

228 "O Código Civil brasileiro optou por alterar a nomenclatura e por diferençar *resolução* de resilição, enquanto que o Código Civil de 1916 só se referia à rescisão, vocábulo que conta com uma tradição de plasticidade semântica significativamente maior que resolução e resilição, mesmo consideradas as quase desesperadoras equivocidades terminológicas presentes com relação à matéria nos sistemas jurídicos similares ao nosso" (JORGE JÚNIOR, Alberto Gosson. Resolução, rescisão, resilição e denúncia do contrato: questões envolvendo terminologia, conceito e efeitos. *Revista dos Tribunais*, v. 882, 2009, p. 87).

229 "Dentre vários autores, selecionamos o exemplo de alguns, evidentemente influenciados pela construção teórica de Pontes de Miranda a respeito do tema. Alcides Tomasetti Júnior explica e desenvolve a teoria ponteana da denúncia e da resilição para aplicá-la à então recente lei de locações de imóveis urbanos" (TOMASETTI JÚNIOR, Alcides. A parte contratual. *In:* VON ADAMEK, Marcelo (coord.). *Temas de Direito Societário e Empresarial Contemporâneos*. São Paulo: Malheiros, 2011, p. 6 e ss.). Marcos Bernardes de Mello insere a resilição como espécie estrita da resolução, com eficácia *ex nunc*. Segundo o autor, na esteira do pensamento ponteano, na resilição o próprio negócio jurídico seria extinto e não poderia mais produzir efeitos, mantendo os efeitos que já produziu. Esclarece-se, ainda, que a denúncia não atinge o negócio jurídico no plano da existência, apenas no plano da eficácia, *ad futurum, ex nunc*. Portanto, pretensões anteriores se mantêm hígidas (BERNARDES DE MELLO. *Teoria do fato jurídico*: plano da eficácia. 7. ed. São Paulo: Saraiva, 2011. p. 69 e 83). Em Araken de Assis, a resolução é apresentada como o gênero que comporta a resolução, com eficácia *ex tunc*, e a resilição, com eficácia *ex nunc* e, seguindo Pontes de Miranda (ASSIS, Araken de. *Resolução do contrato por inadimplemento*. 6. ed. São Paulo: Thomson Reuters Brasil, 2019, p. 74-75). (...)

"Apenas como exemplo, em rápida pesquisa jurisprudencial nos Tribunais de São Paulo (o extinto Tribunal de Alçada e o Tribunal de Justiça), são inúmeros os acórdãos que buscam na teoria de Pontes de Miranda fundamentos para a decisão, adotando-a em maior ou menor medida. Nesse sentido: TJSP, Ap 992.08.068197-01, 25.ª Câm. Direito Privado, j. 19.10.2010, rel. Des. Sebastião Flávio- voto do juiz Amorin Cantuária (voto n. 13.665), alicerçado nas noções ponteanas de denúncia e resilição; TJSP, AgIn 102.682-4, 3.ª Câm. de Direito Privado, rel. Des. Alfredo Migliore; TJSP, AgIn 7.237.755-8, 22.ª Câm. de Direito Privado, j. 05.08.2008, rel. Des. Thiers Fernandes Lobo; 1.º TAciv-SP, Ap 813.161-9, 12.ª Câm., j. 26.09.2000, rel. Des. Paulo Razuk. No TJRS, destacamos TJRS, Ap. 7002318069, 6.ª Câm. Civ., j. 04.12.2007, rel. Odone Sanguiné" (LEONARDO, Rodrigo Xavier. A denúncia e a resilição: críticas e propostas hermenêuticas ao art. 473 do CC/2002 brasileiro. *Revista de Direito Civil Contemporâneo*. v. 7, p. 95-117, abr./jun. 2016, notas de rodapé 17 e 18).

seja interrompido antes dele. Pontes de Miranda, ao incluir a resilição como espécie do gênero resolução, fez a diferenciação entre ambas pelos efeitos, ao considerar que a resolução produz efeitos *ex tunc*, enquanto a resilição apresentaria efeitos *ex nunc*. Em contraposição ao pensamento pontiano, a escola de Orlando Gomes[230] e Caio Mário da Silva Pereira ganhou relevância, no sentido de considerar a denúncia como uma modalidade de resilição, com o foco na faculdade atribuída às partes (poder da vontade bilateral ou unilateral das partes em romper o vínculo contratual), quando considerado o princípio de que a ninguém é dado permanecer indefinidamente vinculado ao contrato, o que serviu de inspiração para o Código Civil de 2002.[231]

---

[230] "Sob o nome de *resilição*, usado pelos juristas franceses, designa-se o modo de extinção dos contratos por vontade de um ou dos dois contratantes. O vocábulo não é de uso corrente entre nós. Emprega-se de preferência, rescisão, e, com menor freqüência, ruptura. Todavia, o termo rescisão possui, em boa técnica, significado diverso, muito mais restrito, embora se use, às vezes, como sinônimo de resolução, e, até, no sentido amplo de dissolução. É do maior interesse, evitar, porém, equívocos terminológicos, até porque, como adverte De Page, a confusão de palavras acarreta sempre a confusão de coisas. Resilir, na linguagem comum, é o mesmo que rescindir, significando, também, dissolver ou cortar. Etimologicamente, do latim *resilire*, significa: voltar atrás. Resilir um contrato é, tecnicamente, cortar o vínculo por várias causas específicas, do mesmo modo que rescindilo é dissolvê-lo, mas por outras causas, assim como o é, resolvê-lo. Para distinguir-se pois, os diversos modos de dissolução, tanto nas causas como nos efeitos, convém designar cada qual por termo de sentido técnico preciso. Seguindo a terminologia francesa, reservase aqui o vocábulo resilição para a dissolução do contrato por simples declaração de vontade de uma ou das duas partes contratantes. Neste sentido é propriamente o acordo de vontades para por termo a um contrato, desfazimento, de comum acordo, do laço que prendia os contraentes. Sua forma pura e, assim, o distrato, mas também sucede pela vontade de um só dos contratantes. Há, portanto, resilição bilateral e unilateral" (GOMES, Orlando. *Contratos*. 4. ed. Rio de Janeiro: Forense, 1973, p. 203-204).

[231] "'Não obstante isso, verificou-se, nesse mesmo tema, uma grande acolhida de outras construções teóricas muito distantes daquelas anteriormente explicadas. Cite-se, em especial, a orientação adotada pelos juristas de *escol*, Orlando Gomes e Caio Mario da Silva Pereira.' (TOMASETTI JÚNIOR, Alcides. A parte contratual. *In:* VON ADAMEK, Marcelo (coord.). *Temas de Direito Societário e Empresarial Contemporâneos*. São Paulo: Malheiros, 2011, p. 72, nota de rodapé 9). Alcides Tomasetti Júnior registra o especial prestígio da teorização de Orlando Gomes e Caio Mario da Silva Pereira no Brasil para ao tratamento da denúncia como uma modalidade de resilição. Posteriormente ao escrito desse autor, adveio o Código Civil de 2002 que, conforme será exposto, confirmou a análise, o que justifica reproduzir esse percurso doutrinário na presente oportunidade.
No livro a respeito dos contratos, Orlando Gomes apresenta a resilição como uma figura integrante do distrato (em sentido amplo), sendo compreendida pelo efeito de dissolver o contrato por declaração dos contratantes. 'Sob o nome de resilição, (RA) termo de origem francesa e empregado no Código Civil (RA), designa-se o modo de extinção dos contratos por vontade de um ou dos dois contratantes' (...) 'Seguindo a terminologia francesa, (RA) adotada pelo legislador brasileiro de 2002 (RA), reserva-se aqui o vocábulo resilição para a dissolução do contrato por simples declaração de vontade de uma ou das duas partes contratantes' (GOMES, Orlando. *Contratos*. 26. ed. Rio de Janeiro: Forense, 2007. p. 221).

Quando se analisa o artigo 473 do Código Civil, percebe-se que ele integra, juntamente com o artigo 472, a seção do Distrato, inserida dentro do Capítulo da Extinção do Contrato, sob o Título V, dos Contratos em Geral. Nesse contexto, a resilição é tratada como uma espécie de distrato, vez que incluída dentre as demais figuras de extinção do contrato. Pelo texto do artigo 473 a denúncia unilateral seria o ato pelo qual se operaria o efeito da resilição,[232] como uma espécie de distrato. Mesmo tratadas como figuras distintas, é estabelecida uma relação de causa e efeito, entre a denúncia e a resilição.[233]

Nessa toada, Aguiar Júnior destaca, com base nos ensinamentos de Michele Klein, que há uma gama de espécies de resilição, sendo que a resilição pode depender ou não de motivação, depender ou não de aviso prévio, ser ordinária (vez que se apresenta como solução natural para que se evite perpetuidade da relação contratual por tempo

---

Essa declaração poderia ser unilateral (resilição unilateral) ou bilateral (resilição bilateral): 'Neste sentido é, propriamente, o acordo de vontades para pôr termo a um contrato, desfazimento, de comum acordo, do laço que prendia os contraentes. Sua forma pura é, assim, o distrato, mas também sucede pela vontade de um só dos contraentes. Há, portanto, resilição bilateral e unilateral' (*Idem*, p. 222). e poderia também ser denominada denúncia: 'O poder de resilir é exercido mediante declaração de vontade da parte a quem o contrato não mais interessa. Costuma designá-la pelo nome de denúncia (...)' (*Idem*, p. 224).

No mesmo sentido, Caio Mario da Silva Pereira compreendia, sob o gênero da resilição, as situações de desfazimento voluntário do vínculo, que poderiam ocorrer mediante acordo, na resilição bilateral, e excepcionalmente por ato isolado de uma parte, na resilição unilateral. 'Resilição bilateral ou distrato, é a declaração de vontade das partes contratantes, no sentido oposto ao que havia gerado o vínculo. É o *contrarius consensus* dos romanos, gerando o contrato liberatório (...) Resilição unilateral tem caráter de exceção. Um dos efeitos do princípio da obrigatoriedade do contrato é, precisamente, a alienação da liberdade dos contratantes, nenhum dos quais podendo romper o vínculo, em princípio, sem a anuência do outro (...). Em casos excepcionais, contudo, admite a lei que um contrato cesse pela manifestação volitiva unilateral (...). Compreende-se, na resilição voluntária a declaração unilateral de vontade, manifestada em consequência de cláusula ajustada em contrato bilateral, e que produz as consequências do distrato. A notificação é unilateral, mas a cessação do contrato é efeito da vontade bilateralmente manifestada' (PEREIRA, Caio Mário da Silva. *Instituições de direito civil*. 3. ed. Rio de Janeiro: Forense, 1993. v. III, p. 100-102)" (LEONARDO, Rodrigo Xavier. A denúncia e a resilição: críticas e propostas hermenêuticas ao art. 473 do CC/2002 brasileiro. *Revista de Direito Civil Contemporâneo*. v. 7, p. 95-117, abr./jun. 2016)

232 "Art. 473. A resilição unilateral, nos casos em que a lei expressa ou implicitamente o permita, opera mediante denúncia notificada à outra parte. Parágrafo único. Se, porém, dada a natureza do contrato, uma das partes houver feito investimentos consideráveis para a sua execução, a denúncia unilateral só produzirá efeito depois de transcorrido prazo compatível com a natureza e o vulto dos investimentos" (CC, 2002).

233 Nesse sentido, cf. AZEVEDO, Antônio Junqueira de. Considerações sobre a boa-fé objetiva em acordo de acionistas com cláusulas de preferência: excertos teóricos de dois pareceres. *In: Novos estudos e pareceres de Direito privado*. São Paulo: Saraiva, 2009, p. 151.

indeterminado), ou extraordinária, em que leva à extinção contratual antes do tempo normal, sendo situação anômala que, por isso, depende de justa causa.[234]

Sobre as hipóteses de resilição unilateral, deve-se ter em conta que o artigo 473 do CC indica que ela seria possível nos casos em que a lei expressa ou implicitamente o permita. Note-se que a locução alternativa se refere aos casos, que uma vez agrupados, encontram permissão legal explícita ou implícita para a resilição. O legislador parece, assim, ter se preocupado mais com a afinidade de situações que poderiam ser agrupadas, seja pelo objeto contratual, seja pela natureza das obrigações, do que, necessariamente, pela ideia de o prazo ser determinado ou não.

A resilição unilateral, nessa análise, se apresenta como uma exceção à regra de permanência dos pactos pelo prazo originalmente convencionado, como um sinônimo de desistência, e sem confundir-se com a resilição como consequência do inadimplemento de uma obrigação específica. Analisar esse dispositivo legal apenas sob a ótica de que a permissão legal implícita se restringiria ao conceito de que ninguém pode ficar vinculado perpetuamente, seria reduzir a investigação das permissões legais implícitas, sobretudo o corolário de que se não há vedação legal expressa não se pode presumir uma proibição legal.

Fato é que a resilição unilateral nas relações com prazo determinado é reservada para as situações excepcionais. A denúncia, sendo o negócio jurídico pelo qual a resilição se opera com efeitos *ex nunc*, seja possível quando a lei expressa ou implicitamente permita e se opera de modo independente se contratantes firmaram o contrato por prazo determinado ou indeterminado? A resposta imediata seria a de que não pode o prazo ser indiferente. Mas isso seria verdadeiro para todo

---

[234] "A mesma autora enumera as diversas classificações das modalidades de resilição: (a) a resilição ordinária, que ocorre nos casos dos contratos de duração, em que a resilição unilateral aparece como o modo normal de extinção, sem pressupor anomalia, mas meio de evitar a perpetuidade do vínculo. Distingue-se por dispensar a justa causa, mas exige pré-aviso. É o que acontece, entre nós, na locação não residencial por tempo indeterminado, na representação comercial autônoma etc. A resilição extraordinária é aquela que leva à extinção do contrato antes do tempo normal, dependente de uma justa causa, isto é, dependente do surgimento de um fato importante impeditivo da continuação do negócio; independe de pré-aviso e tem eficácia imediata, a exemplo da doação extinta por ingratidão do donatário (art. 557 do Código Civil); (b) a resilição sem o pressuposto de justa causa, isto é, ao nuto da parte; a resilição com justa causa; (c) a resilição independente de pré-aviso; a resilição dependente de notificação" (AGUIAR JÚNIOR, Ruy Rosado de (autor); TEIXEIRA, Sálvio de Figueiredo (coord.). *Comentários ao novo Código Civil*. Rio de Janeiro: Forense, 2011, v. VI, t. II: Extinção do contrato. versão eletrônica, p. 241).

e qualquer tipo de contrato? Ou poderíamos encontrar uma permissão implícita para o caso dos contratos em que a fidúcia integre o núcleo da relação, ainda que firmados os pactos por prazo determinado?

Sobre a autorização implícita da lei para a resilição dos contratos, não há maiores dúvidas na doutrina de que ela se aplica aos contratos por prazo indeterminado,[235] consistindo na verdadeira denúncia. Para os contratos por prazo determinado haveria de existir uma previsão legal ou contratual expressa, correspondendo à modalidade de resilição.

Outra investigação que decorre do mesmo problema trazido pela permissão legal implícita à resilição é a questão dos tipos contratuais, pois não se encontra norma que defina a tipicidade como condição imprescindível para se verificar uma autorização legal que permita o desfazimento do contrato antes do seu termo final. A ideia seria, então, verificar se a partir dos contratos típicos, com prazo determinado, para os quais exista a autorização à resilição unilateral, existe um liame comum que permita considerar um grupo de casos sob a mesma premissa, a despeito da sua tipicidade.

---

235 "Ao lado das hipóteses em que a lei explicitamente autoriza resilição unilateral, há hipóteses em que a lei a autoriza implicitamente, como ocorre no caso dos contratos por prazo indeterminado. Atende-se, nessa hipótese, à ideia segundo a qual ninguém pode permanecer obrigado para sempre, o que implicaria restrição excessiva a autonomia privada dos contratantes. Assim, celebrado um contrato por prazo indeterminado, qualquer dos contratantes estará livre para exercer a resilição unilateral, libertando-se do vínculo contratual por mera manifestação de vontade, há que se mencionar, ainda, que as próprias partes podem estabelecer o direito à resilição unilateral em seus contratos" (SCHREIBER, Anderson. Dos contratos em geral. *In*: SCHREIBER, Anderson; TARTUCE, Flávio; SIMÃO, José Fernando; BEZERRA, Marco Aurélio; DELGADO, Mário Luiz. *Código Civil comentado*: doutrina e jurisprudência. Rio de Janeiro: Forense, 2019, p. 276).
"O poder de resilir será exercido por declaração receptícia de vontade ou denúncia comunicada à outra parte, conforme estatui o art. 473. Nos contratos por tempo indeterminado, a denúncia é o meio próprio para dissolvê-los e desempenha função liberatória. No presente caso, o fundamento para o poder de resilir, que varia conforme modalidade de contrato em que se exerce, seria a vontade presumida das partes: 'presume a lei que as partes não quiseram se obrigar perpetuamente, e, portanto, que se reservaram a faculdade de, a todo tempo, resilir O contrato' (GOMES, Orlando. *Contratos*, p. 185). Sendo assim, a denúncia, pelo fato de ser um meio lícito para pôr fim a contratos desse tipo, em geral, não precisa ser justificada. Sabem as partes que os contratos por tempo indeterminado podem ser desfeitos, em qualquer momento, mediante simples declaração unilateral de vontade. Nesta linha, afirmava-se, ainda sob a égide do CC1916, que, embora certos contratos pudessem exigir que a resilição fosse motivada, a falta de justa causa não constituiria um óbice à resilição, apenas acarretaria para o contratante o ônus de indenizar a contraparte" (TEPEDINO, Gustavo; BARBOZA, Heloisa Helena; BODIN, Maria Celina. *Código Civil Interpretado conforme a Constituição da República*. Rio de Janeiro: Renovar, 2012, v. II, p. 116-117).

Ainda, pelo parágrafo único do próprio artigo 473 do CC, haveria uma proibição implícita ao desligamento dos contratos em que a duração é elemento necessário à satisfação dos interesses das partes, sendo que eventual cláusula que assegurasse a resilição seria nula. Vale observar que a suspensão da eficácia da denúncia ou resilição, é uma limitação temporal da posição jurídica, sob o corolário da boa-fé.[236]

---

[236] "O ato de exercer o poder (em sentido amplo) e o efeito de se desligar da relação jurídica (também em sentido amplo), independentemente da maior ou menor tecnicidade na terminologia adotada, são permeados pela válvula 'que a lei expressa ou implicitamente o permita'.

Partindo desse pressuposto, em primeiro lugar, é importante afastar de nossa análise, tal como alertado na introdução, a disciplina específica a determinados tipos contratuais. Nesses casos, a expressa previsão legal exige um tratamento particular que foge aos objetivos deste estudo.

Nas inúmeras situações em que genericamente não se encontra um tratamento particular para a denúncia e para a resilição, a interpretação dos lindes do art. 473 do CC/2002 — quanto à *implícita* permissão de desligamento e, também, para a *implícita vedação* —, pode ser reconhecida mediante a distinção de, pelo *menos*, três situações:

- um poder ordinário, tomado o termo no sentido de comum (ou seja, usual), de se desligar de relações jurídicas constituídas por um prazo indeterminado. Nesses casos, salvo legislação especial, haveria o poder comum de desligamento, por meio da denúncia, modificando a relação jurídica contratual ao lhe fixar um termo final. Aqui haveria a efetiva denúncia;
- um poder extraordinário de se desligar, antes do termo final, de relações jurídicas constituídas para se desenvolver em um prazo determinado (submetidas, portanto, a um termo final). Aqui, o poder de desligamento, de resilição, em princípio não seria implícito, fisiológico à relação contratual. Seria potencialmente patológico. Justamente por isso, necessariamente deveria ter fundamento em previsão legal ou em cláusula contratual que, para além apenas da expressa previsão, deve guardar conformidade ao ordenamento jurídico nacional (em especial tomado em conta a cláusula geral da boa-fé objetiva). Aqui, demanda-se especial cautela do intérprete e do Poder Judiciário. Esta situação corresponderia a uma modalidade de resilição;
- um poder de desligamento das relações em que determinada *duração* é indispensável para a satisfação dos interesses de uma ou de ambas as partes e, portanto, seria indispensável tal *duração* ao correto adimplemento. Nesses casos, seria implicitamente vedado tal poder de desligamento por contrariar frontalmente um dado essencial ao contrato. Eventual cláusula que garantisse a uma ou a ambas as partes o poder de resilição seria nula.

O poder jurídico de, unilateralmente, fixar um termo final onde antes havia o tempo indeterminado e o poder jurídico, igualmente unilateral, de antecipar a extinção de um contrato antes do termo consensualmente fixado pelas partes é *substancialmente* diferente. Isso se esclarece justamente pela diversidade estrutural, funcional e pelos diferentes campos de aplicação entre a denúncia e a resilição, tal como explicado no item II.

No primeiro caso, o poder contratual é funcionalizado à proteção da liberdade dos negociantes de não se vincularem eternamente. [STJ, REsp. 704.384/MG, 3.ª T., j. 18.12.2007, rel. Min. Ari Pargendler, DJe 01.04.2008. Nesse julgado, o poder de denúncia é sustentado na impossibilidade de vínculos contratuais eternizados, sem um mecanismo adequado para o desligamento. Sublinhe-se, também, STJ, REsp 645.408, 4.ª T., j. 09.02.2010, rel. Min. Fernando Gonçalves, DJe 14.09.2010. O voto condutor ressalta que é da natureza dos contratos por prazo indeterminado a possibilidade da denúncia, ressalvada a determinação de prazo razoável aos investimentos. Destaque-se, ainda, do voto do Min. João Otávio de Noronha: '(...) é preciso entender que a resilição unilateral é exercício de direito

No caso do art. 475 do CC, o termo resolução aparece em sentido amplo, abarcando as hipóteses de exercício ilícito tanto de denúncia quanto de resilição.[237] Aplica-se, assim, à própria validade e eficácia

---

potestativo (...) O exercício do direito potestativo dá-se na medida em que a resilição depende única e exclusivamente da vontade de uma das partes — o atuar de uma parte influencia a esfera jurídica de outrem'.] No segundo, o poder contratual é funcionalizado à prerrogativa de, unilateralmente, alterar o contrato e se desligar da relação, frustrando um tempo de relação jurídica que, anteriormente, havia sido convencionado entre as partes. No terceiro caso, o exercício do poder contratual é contraditório com a própria finalidade do contrato.

Se, em nome do valor da liberdade, o primeiro poder é genericamente atribuído aos contratantes, no segundo caso a mesma conclusão é necessária e, no terceiro caso, ela seria vedada.

Pode-se dizer que, nas relações jurídicas por tempo indeterminado, ordinariamente, o poder de desligamento é fisiológico. Nas relações contratuais constituídas para se desenrolar por um prazo, o desligamento antecipado usualmente é patológico.

Todo o desligamento unilateral em uma relação jurídica contratual — que surge de um fato jurídico que tem em seu núcleo o acordo entre as partes — merece uma avaliação cuidadosa.

Nas relações jurídicas em que o tempo e a duração ostentam especial importância esse cuidado deve ser maior. Conforme alerta Larenz, nesses casos se exige a observação de uma particular confiança recíproca, vez que o 'dever recíproco de fidelidade' passaria a ser o 'centro de gravidade' da relação jurídica.

Ainda que se verifique o direito subjetivo, sob a modalidade do direito potestativo, de denunciar (situação ordinária) ou, conforme o caso, de resilir (situação extraordinária) a relação jurídica contratual, não se pode perder de vista o *limite ao exercício*. Esse poder não comporta o exercido incompatível aos investimentos realizados pelo contratante sujeito ao desligamento" (LEONARDO, Rodrigo Xavier. A denúncia e a resilição: críticas e propostas hermenêuticas ao art. 473 do CC/2002 brasileiro. *Revista de Direito Civil Contemporâneo*. v. 7, p. 95-117, abr./jun. 2016).

237 Ruy Rosado de Aguiar Júnior considera que a resilição unilateral, quando feita em conformidade com os requisitos do art. 473, é a "resilição regular", que deve ser realizada com a notificação a outra contraente e a concessão de prazo adequado para a operação dos efeitos, e, se adequada ao caso concreto, a indenização dos investimentos, nos termos do parágrafo único do dispositivo. É interessante observar que o civilista distingue a "resilição abrupta" da "resilição abusiva". Enquanto a resilição abrupta é aquela que, ainda que realizada pelo contratante em seu direito, não notifica e nem oferece à contraparte prazo razoável, a resilição abusiva é aquela entabulada com infringência à cláusula geral de vedação ao abuso de direito e contrariamente aos ditames da boa-fé, o que não equivale à inexistência de justa causa, já que esta não é necessária para a legalidade da resilição unilateral:

"O ato extintivo da parte pode caracterizar: a) resilição regular, quando exercida nos casos autorizados em lei, com notificação à parte contrária (art. 473, *caput*), e, sempre que recomendável, com a concessão de prazo adequado para operar seus efeitos; b) *idem*, com a (obrigatória) concessão do prazo compatível com a natureza dos investimentos efetuados pela contraparte, no caso do parágrafo único do art. 473; c) resilição abrupta, nos casos das alíneas a) e b), mas sem a notificação exigida pelo *caput* do art. 473, ou sem a concessão de prazo compatível, exigido pelo parágrafo único do art. 473; d) resilição abusiva quando, embora expressa ou tacitamente permitida a resilição, feita a notificação e concedido o prazo, o próprio exercício do direito extintivo se apresenta como contrário ao seu fim social e econômico, à boa-fé e aos bons costumes (art. 187). (...)

Na resilição abusiva, o direito potestativo é exercido com ofensa aos princípios enumerados no art. 187, ordinariamente com desrespeito à boa-fé, praticado para escapar

do ato, que pode ser desconstituído, mediante a aplicação dos artigos 187 e 166, VII, sem incidência, portanto, do parágrafo único do art. 473.

Nesse contexto, resta saber se, para além das hipóteses expressamente permitidas em lei para a resilição unilateral, a permissão implícita alberga somente os casos de contratos por prazo indeterminado — quando parece que a hipótese legal poderia ter sido mais clara — ou também os casos, por exemplo, em que o não atendimento de uma obrigação de colaboração, como núcleo do contrato, ainda que não possa configurar hipótese clara de inadimplemento, possa ser equipada a uma justa causa.

4.3 Contratos fiduciários com possibilidade de resilição unilateral

Na lei, as previsões expressamente autorizativas da resilição unilateral dos contratos por prazo determinado encontram-se nas disciplinas dos seguintes tipos legais: (i) mandato (art. 682, I do CC/02); (ii) comodato (art. 581 do CC/02); (iii) depósito (art. 633 do CC/02); (iv) agência e representação comercial (art. 720 CC/02 e Lei Ferrari, art. 21) e (v) locação (Lei de Locações, nº 8.245/1991: art. 6º — locação por prazo indeterminado, art. 7º — extinção de usufruto ou de fideicomisso; art. 8º: alienação do imóvel; art. 46, parágrafo segundo — locação residencial; art. 5º, parágrafo único: locação para temporada e art. 57: locação não residencial).

---

de obrigações legais ou contratuais; com o objetivo de prejudicar a contraparte; dar vazão a propósitos ilícitos ou preconceitos proibidos, e para o autor se beneficiar das vantagens nascidas do contrato, que deveriam ser repartidas. Ou quando, sem causa aparente, o contratante rompe o contrato, provocando grande prejuízo ao contratado, sem que um legítimo ganho justifique a medida. Os princípios, em especial o da boa-fé objetiva, servem para a avaliação da conduta da parte, e nesse contexto deve também ser ponderado o comportamento (bom ou mau) do denunciado durante a execução do contrato duradouro. A resilição é um ato que deve ser praticado com a preocupação de causar o menor dano possível, e por isso exercido em condições razoáveis e no tempo oportuno.

Não se condena a resilição unilateral em si, mas o modo ilícito pelo qual o direito possa ser exercido; também não se considera que ela dependa de uma causa: quando cabível a resilição unilateral sem limitações de ordem legal, o seu titular pode exercê-la de acordo com a sua conveniência, respeitada a boa-fé.

Assim como nos países europeus a falta de regulação mais detalhada da resilição unilateral submeteu sua aplicação à luz dos princípios da ordem pública, da igualdade, da boa-fé e do abuso, assim também deve acontecer no Brasil, onde se verifica a mesma deficiência legislativa" (AGUIAR JÚNIOR, Ruy Rosado de (autor); TEIXEIRA, Sálvio de Figueiredo (coord.). *Comentários ao novo Código Civil*. Rio de Janeiro: Forense, 2011, v. VI, t. II: Extinção do contrato. versão eletrônica, p. 248-250).

Quando a lei define as hipóteses de incidência sobre contratos de prazo determinado, o faz com base na tutela da confiança e da boa-fé que devem reger a relação contratual.[238] Orlando Gomes, ao tratar da possibilidade de resilição dos contratos fiduciários, ressalta a sua diferença em contraposição aos contratos por prazo indeterminado — cuja resilição é pressuposto decorrente da sua vontade presumida de não permanecerem vinculados perpetuamente —, e a importância da existência da confiança como elemento fundamental da manutenção da relação, sustentando que é justo a lei autorizar a resilição quando esta se perdeu.[239]

Nos contratos estipulados no pressuposto da confiança, como o caso dos contratos de prestação de serviços, por exemplo, admite-se a resilição unilateral, de modo imotivado.[240] A jurisprudência releva

---

[238] "Os casos em que a lei explicitamente admite a resilição unilateral são aqueles em que os contratantes celebraram contratos que se baseiam em uma especial relação de confiança entre as partes, como ocorre no depósito, no mandato ou no comodato. Assim, por exemplo, art. 682, I, do Código Civil admite a extinção do mandato por resilição unilateral de uma das partes (a renúncia do mandato pelo mandatário ou a revogação do mandato pelo mandante)" (SCHREIBER, Anderson. Dos contratos em geral. *In*: SCHREIBER, Anderson; TARTUCE, Flávio; SIMÃO, José Fernando; BEZERRA, Marco Aurélio; DELGADO, Mário Luiz. *Código Civil comentado*: doutrina e jurisprudência. Rio de Janeiro: Forense, 2019, p. 275-276).

[239] "Pois que o contrato é negócio jurídico formado por acordo de vontades, não deveria admitir-se a resilição unilateral. Contudo, admite-se.
O fundamento da faculdade de resilir varia conforme a modalidade do contrato. Na resilição unilateral dos contratos por tempo indeterminado, presume a lei que as partes não quiseram se obrigar perpetuamente, e, portanto, que se reservaram a faculdade de, a todo tempo, resilir o contrato. O fundamento do poder de resilir seria assim a sua vontade presumida. Outras vezes, o contrato distingue-se pelo elemento fiduciário que encerra, de modo que só subsiste enquanto existe confiança de uma parte na outra. Justo que a lei autorize sua resilição pelo contratante que a perdeu. Por último, os próprios sujeitos reservam-se o direito de arrependimento, assegurando-se a faculdade de resilir o contrato, uma vez se sujeitem ao pagamento de multa prevista especialmente para esse fim. Em todas essas hipóteses, embora a ratio legis da autorização para resilir unilateralmente seja diferente, justifica-se o poder que a lei confere aos contratantes" (GOMES, Orlando. *Contratos*. 24. ed. Rio de Janeiro: Forense: 2001, p. 185-186).

[240] "O elemento fiduciário dessa modalidade contratual tem grande influência sobre a permanência ou não do vínculo, que só deve subsistir enquanto perdurar a confiança de uma parte na outra. Como bem observa Orlando Gomes, para essa modalidade de contrato é '*justo que a lei autorize sua resilição pelo contratante que a perdeu*'. É também Orlando Gomes quem assevera que: 'Os contratos estipulados no pressuposto da confiança recíproca entre as partes podem resilir-se ad nutum, mediante revogação.'
Neste particular, cumpre observar que não parece haver dúvidas ou mesmo controvérsias sobre ser a prestação de serviços advocatícios uma relação contratual pautada essencialmente pela confiança recíproca. Ao tomador de serviços advocatícios não pode ser imposta a obrigação de permanecer vinculado a advogado cuja confiança se perdeu. Assim, também, não é dado obrigar o advogado a continuar assistindo alguém contra a sua vontade.

alguns casos em que a ausência da confiança foi o elemento definitivo a justificar, independentemente do fato prazo, a possibilidade de resilição.[241] Além disso, a doutrina reconhece a possibilidade de

---

Significa dizer, portanto, que os contratos de prestação de serviços advocatícios são estipulados no pressuposto da confiança recíproca entre as partes. Destarte, contratos de prestação de serviços advocatícios podem ser resilidos unilateralmente pelo tomador dos serviços — assim como também pelo advogado –, exercendo direito cujo fundamento provém da lei.

Note-se bem que o direito do contratante de resilir unilateralmente contrato de prestação de serviços advocatícios não surge somente a partir da inserção no ajuste de multa penitencial no instrumento contratual. É, antes, decorrência legal e inerente a essa modalidade de contrato. (...)

Consequentemente, a inserção de multa penitencial em contrato cujo direito de arrependimento já lhe seja inerente, ao contrário de viabilizar seu exercício, representa-lhe, na verdade, um obstáculo. A multa penitencial nesse caso constituiria tentativa de contestar o exercício de direito potestativo, sendo, portanto, indevida.

É o que ocorre com o contrato de prestação de serviços advocatícios. Como acima expusemos, as características próprias dessa modalidade contratual, que pressupõe o elemento fiduciário, asseguram ao tomador dos serviços — assim como também ao advogado — o inerente direito potestativo de revogação do contrato a qualquer tempo. Nesse sentido, inserção de multa como condição para o exercício desse direito se imprópria e indevida, na medida em que busca obstaculizar a fruição de um direito potestativo" (NERY JÚNIOR, Nelson. Contrato pautado em confiança. Direito de resilição unilateral inerente à natureza jurídica do contrato. Abusividade da multa penitencial. *In*: NERY JÚNIOR, Nelson. *Soluções práticas de Direito*: contratos e obrigações, direitos reais e direito das sucessões. São Paulo: Revista dos Tribunais. 2014. Disponível em: https://www.jusbrasil.com.br/doutrina/solucoes-praticas-de-direito-contratos-e-obrigacoes-direitos-reais-e-direito-das sucessoes/1341521930. Acesso em: 9 maio 2024).

[241] "No que se refere ao outro questionamento acima anotado (b), creio que assiste razão à ré/reconvinte. Apesar da causa invocada para a rescisão unilateral não estar prevista nos contratos estabelecidos entre as partes (cláusula décima), a perda da confiança que deve haver entre as partes contratantes, a justifica.

Ora, não há como se reconhecer devam as partes se manter atreladas a um contrato quando já não mais subsiste entre elas a confiança, a boa-fé nas relações comerciais. No caso dos autos a quebra da confiança foi determinada pela indevida emissão de duplicatas por parte da autora sem que estivessem amparadas em efetivo fornecimento de produto, sendo colocadas em circulação, postas em cobrança e até apontadas em protesto, obrigando a pseudo devedora, a ré/reconvinte, a promover as ações necessárias à sua desconstituição.

A cobrança indevida de valores e o "protesto dos títulos ideologicamente falsos são capazes de gerar danos extrapatrimoniais àquele contra o qual são endereçados, mormente a uma entidade filantrópica que necessita de reconhecimento público e repasses de verbas públicas no exercício de sua atividade assistencial, como é o caso da ré/reconvinte. Assim, se as duplicatas frias somente foram emitidas em razão da relação contratual estabelecida entre as partes, para por cobro a este comportamento ilegal da autora IBC, nada mais preciso que a sua rescisão. Desta forma, se havia justa causa por parte da ré/reconvinte em denunciar o contrato, não se justifica venha a ser condenada ao pagamento da multa contratual compensatória, como pretende a autora IBC, nem o aluguel proporcional ao tempo restante do contrato, posto que foi o seu comportamento ilícito que ensejou a rescisão" (TJSP, 31ª CamDirPr., Ap. Civ. 9154209-61.2006.8.26.0000, Rel. Des. Paulo Ayrosa, j. 13/04/2010).

"Contrato bancário — Ação cominatória voltada à manutenção de contas-correntes bancárias e indenização por dano moral — Arguição de encerramento arbitrário — Autora notificada com antecedência por iniciativa do réu — Direito potestativo do réu igual ao da autora, de resilir os contratos de contas-correntes a qualquer tempo — Contratos por tempo indeterminado que não são para a eternidade — Resilição unilateral prevista no art. 473 do Código Civil, operada mediante denúncia — Denúncia notificada à autora, consoante a Resolução n. 2.025 do Banco Central do Brasil — Inviabilidade de coagir banco e correntista a vínculo eterno, se a um deles, por falta de confiança, não convém essa manutenção — Resilição que é o exercício regular de um direito — Dano moral não configurado — Manutenção da improcedência da pretensão — Ônus de sucumbência a cargo da autora — Honorários advocatícios — Majoração em atenção à regra do art. 85, §11, do CPC de 2015 — Recurso desprovido e honorários majorados *ope legis*" (TJ-SP — APL: 00006634720178260100 SP 0000663-47.2017.8.26.0100, Relator: Cerqueira Leite, Data de Julgamento: 13/02/2019, 12ª Câmara de Direito Privado, Data de Publicação: 18/02/2019).

"RECURSO ESPECIAL. CONTRATO DE PRESTAÇÃO DE SERVIÇOS ADVOCATÍCIOS. RESCISÃO UNILATERAL. PRETENSÃO DE INCIDÊNCIA DA CLÁUSULA PENAL. PREVISÃO CONTRATUAL DA MULTA EM CASO DE REVOGAÇÃO DO MANDATO. IMPOSSIBILIDADE. DIREITO POTESTATIVO DO CLIENTE, ASSIM COMO É DO ADVOGADO, DE RENUNCIAR AO MANDATO. ESTATUTO DA OAB E CÓDIGO DE ÉTICA DOS ADVOGADOS. RELAÇÃO JURÍDICA INTUITU PERSONAE, LASTREADA NA EXTREMA CONFIANÇA. QUEBRA DA FIDÚCIA. DIREITO DE REVOGAÇÃO/ RENÚNCIA SEM ÔNUS PARA OS CONTRATANTES. 1. Em razão do papel fundamental do advogado, por ser indispensável à administração da Justiça, prevê o Estatuto da OAB normas deontológicas, que devem nortear o exercício do profissional, inclusive na relação advogado/cliente, remetendo a regulação para o Código de Ética e Disciplina. 2. Justamente em razão da relação de confiança entre advogado e cliente, por se tratar de contrato personalíssimo (intuitu personae), dispõe o Código de Ética, no tocante ao advogado, que "a renúncia ao patrocínio deve ser feita sem menção do motivo que a determinou" (art. 16). 3. Trata-se, portanto, de direito potestativo do advogado em renunciar ao mandato e, ao mesmo tempo, do cliente em revogá-lo, sendo anverso e reverso da mesma moeda, do qual não pode se opor nem mandante nem mandatário. Deveras, se é lícito ao advogado, por imperativo da norma, a qualquer momento e sem necessidade de declinar as razões, renunciar ao mandato que lhe foi conferido pela parte, respeitado o prazo de 10 dias seguintes, também é da essência do mandato a potestade do cliente de revogar o patrocínio ad nutum. 4. A cláusula penal é pacto acessório, por meio do qual as partes determinam previamente uma sanção de natureza civil — cujo escopo é garantir o cumprimento da obrigação principal —, além de estipular perdas e danos em caso de inadimplemento parcial ou total de um dever assumido, podendo ser compensatória ou moratória, a depender do cumprimento total ou parcial da obrigação. 5. No contrato de prestação de serviços advocatícios, em razão do mister do advogado, só há falar em cláusula penal para as situações de mora e/ou inadimplemento e desde que os valores sejam fixados com razoabilidade, sob pena de redução (CC, arts. 412/413). 6. Não é possível a estipulação de multa no contrato de honorários para as hipóteses de renúncia ou revogação unilateral do mandato do advogado, independentemente de motivação, respeitado o direito de recebimento dos honorários proporcionais ao serviço prestado. 7. Recurso especial não provido (STJ — REsp: 1346171 PR 2012/0007404-3, Relator: Ministro LUIS FELIPE SALOMÃO, Data de Julgamento: 11/10/2016, T4 — QUARTA TURMA, Data de Publicação: DJe 07/11/2016 RSDCPC vol. 116 p. 64).

"Veja-se que o contrato entabulado entre as partes, firmado a partir da proposta formulada pela parte autora, foi estabelecido por prazo indeterminado, possibilitando a qualquer parte a resilição unilateral como é próprio e inerente à relação mandante/mandatário, sem qualquer previsão de multa 3, desde que observado prazo mínimo de trinta dias: "os serviços serão prestados a partir de 1º de novembro de 2011 e por prazo indeterminado, podendo o contrato ser rescindido mediante comunicação prévia com antecedência de 30 (trinta) dias. (...)

Dito de outra forma, uma vez havendo a 'quebra' de confiança, ainda que subjetivamente considerada, como já alhures ponderado, qualquer das partes pode, unilateralmente,

convenção contratual pela qual as partes expressamente autorizem a denúncia unilateral.[242]

Com fundamento no princípio da autonomia da vontade, o Direito brasileiro admite[243] que os contratantes possam determinar livremente o conteúdo dos contratos que celebram, desde que respeitadas as normas de ordem pública e firmem contratos que não se subsumam a nenhum dos tipos legais. Os contratos atípicos se formam pela junção

---

resilir o contrato, não tendo aptidão para surtir efeitos cláusula contratual obstativa do estado de sujeição da parte contrária em relação à tomada de tal posição, a consubstanciar faculdade potestativa" (STJ – AREsp: 2052986 SP 2022/0020541-4, Relator: Ministro PAULO DE TARSO SANSEVERINO, Data de Publicação: DJ 05/04/202).

"DIREITO CIVIL E PROCESSUAL CIVIL. AÇÃO REPARATÓRIA DE DANOS MATERIAIS. CONTRATO DE PRESTAÇÃO DE SERVIÇOS ADVOCATÍCIOS. OBJETO. DISPONIBILIZAÇÃO E FOMENTO DE SERVIÇOS JURÍDICOS. ATUAÇÃO EM PROCESSOS EM TRÂNSITO PERANTE O SUPREMO TRIBUNAL FEDERAL. RENÚNCIA AO MANDATO. DIREITO POTESTATIVO DO ADVOGADO E DO CONTRATANTE. PAGAMENTO PARCIAL DOS HONORÁRIOS CONVENCIONADOS. SERVIÇOS. EXECUÇÃO. CONTROVÉRSIA. INADIMPLÊNCIA DO CONTRATADO. COMPROVAÇÃO. REGRAMENTO PROBATÓRIO (CPC, ART. 373, I E II). VÍNCULO E CONTRAPRESTAÇÃO INCONTROVERSOS. SERVIÇOS. INADIMPLEMENTO PARCIAL. SERVIÇOS PARCIALMENTE EXECUTADOS. CONTRAPRESTAÇÃO. DIREITO DO PATRONO. PERCEPÇÃO PROPORCIONAL AO SERVIÇO EXECUTADO. APURAÇÃO. LIQUIDAÇÃO. NECESSIDADE. MULTA CONTRATUAL. INADIMPLEMENTO. RENÚNCIA DESCONFORME COM O CONTRATADO. RECONVENÇÃO. VALORES DEVIDOS POR SERVIÇOS PRESTADOS. PRESTAÇÃO INADIMPLIDA. PAGAMENTO. COMPLEMENTO. INVIABILIDADE. DANO MORAL. BANCA DE ADVOCACIA. ATO ILÍCITO. INOCORRÊNCIA. LITIGÂNCIA DE MÁ-FÉ. INEXISTÊNCIA. APELAÇÕES CONHECIDAS E PARCIALMENTE PROVIDAS. VERBAS HONORÁRIAS READEQUADAS. (...) 5. O contrato de prestação de serviços advocatícios, pautado pela fidúcia que se estabelece entre o advogado e o cliente, encerra vínculo de natureza especial e personalíssimo, compreendendo, inclusive, o direito potestativo de o advogado denunciá-lo sem motivação sem que incorra em qualquer sanção, ou seja, subsiste ao mandatário a possibilidade de renunciar ao mandato, direito que também é assegurado ao contratante, pois não podem ficar enlaçados a um vínculo norteado pela confiança quando se dissolve antes do implemento do objeto contratado.(...)" (TJ-DF 07148106620208070001 DF 0714810-66.2020.8.07.0001, Relator: TEÓFILO CAETANO, Data de Julgamento: 25/08/2021, 1ª Turma Cível, Data de Publicação: Publicado no DJE: 01/10/2021. Sem Página Cadastrada).

242 "Apesar de a resilição unilateral ser natural dos contratos sem prazo, poderá ocorrer em contratos com prazo no exercício de sua autonomia privada. Os contratantes podem estimar um prazo de duração máxima do negócio jurídico, admitindo ainda mecanismo contratual para extinguir antecipadamente o negócio jurídico. A Lei de Locações (Lei n. 8.245/91) estabelece, nos arts. 6º a 8º, hipóteses de denúncia, seja por iniciativa do locatário ou de terceiros estranhos inicialmente ao contrato. Concluído o prazo estipulado para a duração do contrato, o locador poderá efetuar a denúncia (vazia ou cheia) e a consequente ação de despejo nas hipóteses do art. 59 da Lei de Locações" (ROSENVALD, Nelson. Contratos (geral). *In*: PELUSO, Cezar (coord.). *Código Civil comentado: doutrina e jurisprudência*: Lei n. 10.406 de 10.01.2002. Santana de Parnaíba [SP]: Manole, 2023, versão eletrônica, p. 522).

243 Artigo 425 do Código Civil: "É lícito às partes estipular contratos atípicos, observadas as normas gerais fixadas neste Código".

de prestações típicas de outros contratos, ou mesmo pela estipulação de prestações originais.[244]

Para se encontrar a norma aplicável aos contratos atípicos, deve-se, antes de tudo, individualizar a sua fisionomia e seus caracteres próximos aos de outros contratos socialmente aceitos.[245] Passo seguinte, deve-se avaliar a pertinência da aplicação das regras decorrentes da teoria geral dos contratos e, por analogia, das regras relativas a outros tipos contratuais.[246] Esse procedimento de interpretação e integração contratual, no âmbito dos contratos atípicos, permite conferir à relação jurídica um regramento, em conformidade com a intenção das partes.

Sob essa perspectiva, determinado contrato atípico de cooperação, mas que reúna características semelhantes a um contrato de prestação de serviços, mandato, comissão ou agência, por exemplo, pode-se afirmar que se trata de contrato atípico, mas cujas principais prestações o aproximam do regime jurídico desses contratos tipificados em lei, para os quais se admite a resilição unilateral. É possível identificar, nesses contratos que tenham a colaboração em seu núcleo, uma priorização jurídica caracterizada pela prevalência do interesse daquele que confia em outrem para praticar determinados atos que repercutem em sua esfera jurídica. Todos os contratos que levam em conta interesse de terceiro (*tua res agitur*)[247] são marcados pela confiança e pelo fato de que os interesses do devedor da prestação são subordinados aos do credor.

Esses contratos, ainda que celebrados por prazo determinado, pressupõem a existência da confiança entre as partes, a qual, inexistente ou irremediavelmente abalada, permite que sejam resilidos unilateralmente, e, caso se avalie que não se configurou a justa causa autorizadora da resilição, pode ser devido o pagamento de indenização.

No artigo específico de Renata Steiner sobre a possibilidade de extinção de contratos de longa duração com fundamento nas *compelling reasons*, particularmente àquelas vinculadas à quebra da confiança

---

244 GOMES, Orlando. *Contratos*. 22. ed. atual por Humberto Theodoro Júnior, Rio de Janeiro: Forense, 2000, p. 102.

245 FERRI, Giovanni B. *Causa e tipo nella teoria del negozio giuridico*, Milano: Giuffrè, 1966, p. 312.

246 AZEVEDO, Antonio Junqueira de. "Parecer. Qualificação jurídica de 'acordo operacional' (contrato atípico, complexo, com fortes elementos dos contratos de *know how* e de mandato com administração). Contratos de duração e não-denunciabilidade dos contratos de duração determinada. Denúncia ilícita. *Revista Forense*, v. 380, p. 239-255, 2005, p. 241.

247 COUTO E SILVA, Clóvis do. *A obrigação como processo*. Rio de Janeiro: FGV, 2007, p. 34.

(recorte feito pela autora, já que as *compelling reasons* não necessariamente se vinculam à quebra da confiança), a autora estudou a proposta surgida no âmbito dos grupos de estudo dos Princípios UNIDROIT, que visava a solucionar situações limítrofes — mas existentes — em que, embora não haja necessariamente inadimplemento ou abusividade, há "razões imperiosas" ou "motivos justificáveis", não necessariamente confundíveis com inadimplemento, que poderiam levar à extinção contratual antecipada de um contrato de longa duração.

Sob a ótica do Direito brasileiro, a mesma autora defende, assim como se pretende demonstrar no presente trabalho, que no caso dos contratos de longa duração, a perda de confiança decorrente de evento diverso do inadimplemento poderia ser implicitamente admitida, nos termos do artigo 473 do Código Civil:

> No caso dos contratos de longa duração, a pergunta propõe-se a determinar se a perda de confiança decorrente de evento diverso do inadimplemento compõe uma forma de resilição implicitamente admitida, nos termos do art. 473 do Código Civil.
>
> A resposta é afirmativa e, arrisca-se dizer, prescinde da existência de previsão legal de regra sobre perda do interesse do credor. Em jogo está a proteção da finalidade do vínculo contratual específico e que, na generalidade dos casos dos contratos de longa duração, pressupõe a existência contínua de confiança. Desaparecida essa, ainda que por fato não imputável ao contratante, deixa de ser exigível a manutenção do pacto.
>
> A temática ainda não foi analisada pela doutrina brasileira. Isso não significa que não haja construções doutrinárias que possam fundamentar a solução proposta.[248]

4.4 Execução específica como via preferencial

No caso da investigação do objeto deste trabalho, se o incumprimento definitivo, por perda do interesse do credor, advém da culpa do devedor, mas de modo a romper, irremediavelmente, a confiança, não faz sentido o credor optar pela execução específica, dado que faria mais sentido optar por requerer a resolução, sempre assegurada a possibilidade de indenização por perdas e danos.

---

[248] STEINER, Renata C. Descumprimento contratual: remédios à disposição do credor lesado. *In:* TERRA, Aline de Almeida Valverde; GUEDES, Gisela Sampaio da Cruz (coords.). *Inexecução das obrigações*: pressupostos, evolução e remédios. Rio de Janeiro: Processo, 2020. v. II, p. 51.

Note-se, ainda, que existe grande debate sobre a opção pela resolução ou pela execução específica ser uma alternativa do credor ou se há realmente uma preferência do legislador pela execução específica.[249] De todo modo, a alternativa conferida ao credor deve ser exercida de maneira justificada, sendo certo que, no caso de inadimplemento absoluto, a opção pela execução específica desaparece, restando apenas a via indenizatória.[250]

Não se pode perder de vista que a tutela específica pressupõe a possibilidade de determinação de uma conduta,[251] de modo a permitir

---

[249] "Estabelecidas as duas possíveis consequências da aplicação da norma — prorrogação do contrato ou indenização — e partindo-se do pressuposto de que, no caso concreto, as duas são possíveis, não vemos ordem de preferência, *a priori*, de uma sobre a outra, ao contrário do que sustenta, por exemplo, Nelson Nery Júnior, para quem 'a resolução em perdas e danos é a segunda opção, de que também pode valer-se o destinatário da comunicação de denúncia, caso não seja possível a concessão de prazo'. Sendo as duas possíveis, entendemos que a escolha caberá ao denunciado. Há quem sustente que a opção deva ser do denunciante, no momento de resilir unilateralmente o contrato. Francisco Viégas, por exemplo, defende que se trata de uma obrigação alternativa conferida por lei ao denunciante, de modo que ele tem, à sua disposição, duas formas de exercer licitamente o direito de denúncia: manter vigente o contrato por período razoável ou efetuar o pagamento de indenização correspondente a esse período" (BERTUOL, Pedro Henrique Barbisan. *Resilição unilateral dos contratos*. São Paulo: Almedina, 2023. (Coleção IDIP), p. 271-272).

[250] Embora o art. 499 do NCPC refira-se à conversão do cumprimento específico em perdas e danos nas hipóteses de impossibilidade, inutilidade ou a pedido do credor, não se mostraria adequada uma compreensão ampla desta última circunstância, em desconsideração ao sistema de descumprimento do Código Civil.
As duas primeiras hipóteses, impossibilidade e inutilidade, estão em compasso com o regramento de Direito material. No que diz respeito ao pedido do credor, contudo, deve ter lugar uma 'interpretação conforme' ao direito contratual: somente é cabível a conversão em perdas e danos, se admitida a transformação da mora em inadimplemento absoluto, ainda que isso possa se dar (mas nem sempre se de) 'a pedido do credor'.
No sentido aqui defendido veja-se a lição de Luiz Guilherme Marinoni, Sérgio Arenhart e Daniel Mitidiero: 'A conversão da tutela específica da obrigação inadimplida em tutela pecuniária não é fruto de um direito livre' ou simples exercício de uma opção', pois isso 'daria ao credor o poder de transformar a obrigação pactuada, o que violaria flagrantemente o sistema das obrigações e o princípio da autonomia da vontade'.
Em princípio, portanto, o ordenamento contratual pressupõe que o cumprimento específico da obrigação seja adequado à proteção das expectativas da parte lesada. Apenas em um segundo momento, quando a mora deixa de existir e der lugar ao inadimplemento absoluto, essa lógica pode ser afastada a pedido do credor ou ante o preenchimento de determinados pressupostos (em especial, quando houver cláusula resolutiva)" (STEINER, Renata C. *Reparação de danos*: interesse positivo e negativo. São Paulo: Quartier Latin, 2018, p. 340-344).

[251] "A tutela específica é o conjunto de remédios e providências posto à disposição do juiz para dar àquele em cujo benefício se estabeleceu a obrigação o preciso resultado prático que seria alcançado caso tivesse havido o adimplemento da obrigação.
Justamente porque é capaz de proporcionar a quem tem direito o resultado prático do efetivo adimplemento da obrigação, desde a alteração do CPC 461 *caput* dada pela L 8.952/94, a tutela específica prefere qualquer outra. No sistema revogado (anterior à Lei

a devida sanação no caso de recalcitrância. Se, por acaso, a conduta não pode ser determinada *ex ante* (p. ex. o dever de colaboração de modo amplo), a tutela específica se tona impossível e a obrigação deve ser convertida em perdas e danos (cf. art. 499 do Código Civil).[252]

---

de 1994), a obrigação de fazer ou não fazer se resolvia em perdas e danos, caso o obrigado não quisesse cumpri-la na forma específica.

Em sua redação original (1973), o CPC vigente no Brasil, em dois textos normativos (ex-CPC 639 e 641), estabelecia regras para o exercício da pretensão condenatória em obrigação de fazer (manifestação da vontade de contratar), isto é, para a execução específica da obrigação de fazer e não fazer, alterando sobremodo o direito material, porquanto superava os limites restritos do CC/1916 878 a 881 e 1535.

A ideia de que a vontade humana seria intangível e, portanto, o descumprimento de obrigação de fazer ou não fazer seria incompatível com a execução específica foi posta em nosso Código Civil de 1916 (arts. 878 a 881 e 1.535), claramente inspirado no Code Napoleón. O art. 1.142 do diploma francês dispõe expressamente que toda obrigação de fazer ou não fazer resolve-se em perdas e danos e juros, em caso de descumprimento pelo devedor. A resistência do obrigado era vista como limite intransponível ao cumprimento das obrigações de fazer ou não fazer". (Jr, 2022). Originalmente, entendia-se que a liberdade contratual possuía em seus significados: a) a regra de que uma parte não podia impor unilateralmente a outra o conteúdo do contrato e que este deveria ser resultado de uma livre expressão de ambas, o que era presumido pela força da lei; b) a observância das diretrizes da norma jurídica; c) a faculdade das partes em fixar o conteúdo do contrato, ou seja, 'autodeterminação de cada uma das cláusulas concretas contratuais'; d) a possibilidade dada às partes de afastar normas, quando não imperativas, ou seja, dispositivas ou supletivas (cuja incidência se dá em caso de silêncio do contrato) e substituí-las por regras e regime fixados pela vontade das partes; e) a 'autodisciplina', isto é, estipular normas, surgidas da atuação das próprias partes; e f) a faculdade das partes em concluir contratos com 'finalidades práticas ainda que não previstas em lei (contratos inominados)'.

Contudo, como bem observa Ada Pellegrini Grinover, a consequência jurídica de imposição de dever de indenização por perdas e danos a quem descumpriu obrigação de fazer ou não fazer não é capaz de tutelar todos os interesses do credor, especialmente se a obrigação não tivesse cunho patrimonial. Confira-se:

'Todavia, a tutela do credor das obrigações de fazer ou não fazer pelo equivalente pecuniário mal se adapta a muitas situações, principalmente as de cunho não patrimonial, que se ligam frequentemente a direitos fundamentais (como a vida, a honra, a integridade física, a intimidade) ou a direitos da comunidade ligados à qualidade de vida, meio ambiente, aos consumidores etc.' (Jr, 2022)

Por isso, o fator político limitador à tutela específica foi cedendo aos poucos, por obra sobretudo de pensadores como Chiovenda e Calamandrei, a partir das obrigações de prestar declaração de vontade. Também a doutrina brasileira foi sensível a esse respeito, como se vê pela obra pioneira de Luís Eulálio de Bueno Vidigal, seguida pela de Sydney Sanches' (NERY JÚNIOR, Nelson. 1. Execução Específica. Emissão de declaração de vontade de um dos contratantes: CPC 466-B e 466-C. *In*: NERY JÚNIOR, Nelson; NERY, Rosa Maria de Andrade. *Código de Processo Civil comentado*. São Paulo: Revista dos Tribunais, 2022. Disponível em: https://www.jusbrasil.com.br/doutrina/codigo-de-processo-civil-comentado/1506549897. Acesso em: 23 abr. 2024).

252 A esse respeito, podem ser citados precedentes do STJ que consideraram impossível a manutenção forçada de contratos bilaterais que pressupunham concordância entre os contratantes para que pudessem ser cumpridos: STJ, REsp n. 966.163-RS, 4ª T., rel. Min. Luis Felipe Salomão, j. 04.11.2010 (em que se afirma que "muito embora o comportamento exigido dos contratantes deva pautar-se na boa-fé e na probidade contratual, tal diretriz

Ainda que se reconheça a preferência do legislador — inspirada na preservação dos contratos — pela execução específica, em detrimento da resolução com indenização por perdas e danos, é certo que, em determinados casos, a execução específica não se mostra factível[253] ou é inadequada.[254] Esse é o caso dos contratos de colaboração quando

---

não obriga as partes a manterem-se vinculadas contratualmente ad aeternum, mas indica que as controvérsias nas quais o direito ao rompimento contratual tenha sido exercido de forma desmotivada, imoderada ou anormal, resolvem-se, se for o caso, em perdas e danos"); STJ, REsp n. 1.250.596-SP, 3ª T., rel. Min. Nancy Andrighi, j. 03.11.2011 ("não se ignora que a boa-fé objetiva se apresenta como uma exigência de lealdade, modelo objetivo de conduta, arquétipo social pelo qual impõe o poder-dever de que cada pessoa ajuste a própria conduta a esse modelo, agindo como agiria uma pessoa honesta, escorreita e leal. Essa premissa, porém, não permite inferir que os contratos devam ser mantidos a todo custo, sem observância da vontade das partes e das circunstâncias presentes em cada hipótese").

253 "A primeira regra, e da maior importância, é que o devedor tem que solver o obrigado em espécie. Tem de cumprir a obrigação especificamente, mediante a entrega de uma coisa, ou a prestação de um fato ou o desfazimento do a que se deveria abster. O problema da reparação do dano em espécie leva em consideração alguns pressupostos significativos. Nas obrigações de dar, o agente pode ser condenado à entrega da própria coisa, ou outra idêntica. Se anui, cumpre a sentença com a sua *traditio*. Se discorda, pode ser imposta, em princípio, na responsabilidade contratual. Na aquiliana, depende das circunstâncias de cada caso, como por exemplo a demolição do que foi ilegalmente construído, ou a construção do que foi destruído pelo fato danoso, como e.g., a consequência de um abalroamento, ou de alguém que demoliu coisa da vítima.
A reparação em espécie nem sempre é possível, ou mesmo viável, dependendo da natureza do dano. Ou pode não ser 'concebível', como se exprime Yves Chartier, que lembra hipóteses de dano à pessoa da vítima (perda de um membro ou órgão do corpo), ou a destruição de coisa insubstituível (destruição de um Van Gogh). Em casos tais, não há falar em reparação em espécie" (PEREIRA, Caio Mário da Silva. *Responsabilidade civil*. Rio de Janeiro: Forense, 2022, p. 432).

254 Há quem defenda, ao menos no direito português, a impossibilidade de suspensão de eficácia da resolução, mesmo quando infundada, restando ao devedor, em qualquer caso, a porta da indenização:
"É possível prescindir da colaboração do devedor na realização da prestação em falta em dois casos limitados: execução para entrega de coisa certa e execução específica de contrato-promessa. Fora destes casos, a colaboração o devedor é imprescindível ao cumprimento. Sucedâneos como prestação de facto, positivo ou negativo, por terceiro 'à custa do devedor', são na prática equivalentes à indenização em dinheiro.
Em qualquer caso, o contrato não se mantém e os efeitos que porventura possam vir a ocorrer resultam de um cumprimento forçado e não da manutenção puramente artificial do contrato. Esse se extingue irremediavelmente com a resolução. Não fará sentido, a meu ver, falar em extinção irreversível ou reversível do contrato, consoante a resolução tenha ou não justificação. O cumprimento forçado, a ocorrer, não encontra a sua razão de ser num contrato que afinal se mantém, mas é efeito do próprio incumprimento da obrigação em causa. A fonte do direito do credor é legal e não já convencional.
Não faz, pois, sentido procurar manter judicialmente um contrato resolvido por declaração de uma parte à contraparte. Resolvido o contrato infundadamente, e excluindo os casos em que possa haver lugar o cumprimento forçado da prestação em falta (que, contudo, não corresponde a um renascimento do contrato), resta a via indenizatória para reparar os danos produzidos.

rompida a confiança. A despeito da dificuldade inerente a tornar compulsório o cumprimento de um dever de colaboração, pode não ser do legítimo interesse do credor a manutenção do contrato. Importante observar, contudo, que considerar a possibilidade de resilição de contrato por prazo determinado, por justa causa, não exclui a possibilidade de indenização, seja pelos danos sofridos por quem pleiteia a resilição, seja pela parte que resistiu à resilição. Para esses casos sempre haverá a possibilidade de indenização por perdas e danos.[255]

4.5 Tutela específica no contexto dos contratos de colaboração empresarial

Daniel de Pádua Andrade, em sua tese intitulada *A tutela específica das obrigações contratuais*,[256] busca defender a possibilidade da exceção de desproporcionalidade no Direito brasileiro, permitindo-se a rejeição

---

Por estas razões, também não faz sentido tentar bloquear a extinção do contrato através de uma providência cautelar não especificada. O mais que o credor poderá ter interesse, nos termos gerais, é em propor uma providência cautelar destinada a assegurar o pagamento do quantum indenizatório que vier a ser apurado na ação principal.

A dúvida que, na prática, tem motivado a propositura de ações cautelares destinadas a suspender a resolução dos contratos é consequência da falta de clareza do nosso texto legal, fruto, em boa parte, da unificação dogmática e legislativa em torno da obrigação e da escassa preocupação em assumir com autonomia os problemas do contrato" (CRISTAS, Assunção. É possível impedir judicialmente a resolução de um contrato?. *In*: AMARAL, Diogo Freitas do; ALMEIDA, Carlos Ferreira de; ALMEIDA, Marta Tavares de (coords). *Estudos Comemorativos dos 10 anos da Faculdade de Direito da Universidade de Nova Lisboa*. Coimbra: Almedina, v. II, p. 78-79).

255 "Apesar das hesitações, hoje tende a ver-se na regra da indenização monetária uma vantagem, e que é a de ser compatível com a crescente personalização dos contratos e com a crescente 'mercantilização' dos interesses. Depois, também aqui o oportunismo contratual faz a sua aparição — e depõe contra a atribuição do direito à realização coactiva da prestação, já que este confere ao credor a possibilidade de ameaçar com o recurso a essa arma, quando se aperceba de que o cumprimento é muito mais oneroso para o devedor do que o seria a indenização pecuniária — quando se aperceba de que o cumprimento é muito mais oneroso para o devedor do que o seria a indenização pecuniária — quando se aperceba, em suma, de que existe um 'intervalo de bem-estar' que habilita a captura através da renegociação. Não que a posição de credor seja necessariamente censurável como pura extorsão, visto que no jogo da 'captura de bem-estar' o que o credor tenta obter são apenas alguns dos ganhos que este devedor averbaria ele próprio caso incumprisse.

Em suma, o que se passa, antes, é que a atribuição do direito à realização coactiva da prestação pode ser excessiva, ineficiente, e em particular em contratos incompletos, quando se torna materialmente equivalente a uma 'indenização punitiva', no modo como não apenas bloqueia o incumprimento eficiente como ainda induz excesso de cumprimento" (ARAÚJO, Fernando. *Teoria económica do contrato*. Coimbra: Almedina, 2007, p. 809-810).

256 ANDRADE, Daniel de Pádua. *Tutela específica das obrigações contratuais*. Coimbra: Almedina, 2022. (Coleção IDIP).

da tutela específica, em obrigações não pecuniárias, nos casos marcados por uma desproporção entre os custos e benefícios.

Como premissa fundamental de um estudo como esse, Pádua de Andrade, ressalva que:

> (...) a prestação jurisdicional da forma específica não será sempre realizada da mesma maneira em toda e qualquer situação. Pelo contrário, para alcançar o objetivo de conceder ao autor exatamente o conteúdo do seu direito subjetivo ameaçado ou violado, é fundamental que o procedimento da execução in natura se adapte às peculiaridades de cada caso concreto.[257]

Para que se compreenda a necessidade de intervenção estatal em cada uma das modalidades de tutela específica, importante considerar a subdivisão que já vem sendo discutida desde o final do século XX e aceita pela doutrina[258] com certa tranquilidade: tutela específica inibitória (que busca evitar um ilícito),[259] tutela específica reintegratória (busca a remoção do ilícito) e a tutela específica ressarcitória (busca reparar *in natura* o dano sofrido pelo credor).

Segundo Fredie Didier Júnior, a tutela específica das obrigações contratuais, também chamada de tutela específica do adimplemento contratual, pode ser classificada como um subtipo da tutela específica reintegratória.[260] Esse tipo de tutela é uma reação ao inadimplemento relativo, ou seja, nesses casos, ainda há o interesse do credor no adimplemento e ele se mostra, de todo modo, exequível.

---

257 *Op. cit.*, p. 42.

258 MARINONI, Luiz Guilherme. *Técnica processual e tutela de direitos*. 6. ed. São Paulo: Thomson Reuters Brasil, 2019, p. 100. Na mesma linha, SILVA, Rodrigo da Guia. Remédios no direito privado: tutela das situações jurídicas subjetivas em perspectiva civil-constitucional. *Revista de Direito Privado*, v. 98, p. 255-303, mar./abr. 2019 e DIDIER Júnior, Fredie. *Curso de Direito Processual Civil*. 7. ed. Salvador: JusPodivm, 2017, v. 5: Execução, p. 569-578.

259 O parágrafo único do art. 497 do Código de Processo Civil dispõe que: "para a concessão da tutela específica destinada a inibir a prática, a reiteração ou a continuidade de um ilícito, ou a sua remoção, é irrelevante a demonstração da ocorrência de dano ou da existência de culpa ou dolo".

260 Nas palavras de Fredie Didier Júnior, a tutela do adimplemento contratual "é considerada por alguns como uma classificação autônoma da tutela específica, mas ela não passa de uma tutela reintegratória, só que o ilícito cuja remoção opera é o inadimplemento de uma prestação pactuada em negócio jurídico (ilícito contratual); Volta-se ela para a realização de uma obrigação contratual assumida, nos casos em que houver mora do devedor — desde que a mora implique inadimplemento relativo, eis que o inadimplemento absoluto torna impossível o cumprimento específico da prestação" (DIDIER Júnior, Fredie. *Curso de Direito Processual Civil*. 7. ed. Salvador: JusPodivm, 2017, v. 5: Execução, p. 576-577).

O que se conclui sobre esse ponto é que, no Direito brasileiro:

> (...) a tutela específica das obrigações contratuais constitui hoje a resposta jurisdicional prioritária para os casos de descumprimento do contrato. Apenas em situações excepcionais, quando a prestação se revelar impossível ou desinteressante para o credor, é que o Poder Judiciário, concederá os remédios da resolução contratual ou de equivalente pecuniário da obrigação de dar, fazer ou não fazer inadimplida.[261]

Um dos principais fundamentos para se justificar a prevalência da execução *in natura* das obrigações contratuais é o princípio da obrigatoriedade dos contratos (*pacta sunt servanda*).

O objetivo final de um contrato é o alcance do programa desenhado pelas partes. Se pensarmos na obrigação contratual, a sua finalidade última é alcançada pelo adimplemento. Dito de outro modo, o adimplemento pode ser reconhecido como a satisfação do interesse, objetivamente convencionado, do credor.

Muito se fala sobre as ocorrências que impedem o desenvolvimento das prestações até o adimplemento,[262] mas no centro do incumprimento contratual está o inadimplemento, cujas causas não são, muitas vezes, fáceis de se identificar.

Os remédios para o descumprimento contratual se encontram de modo disperso pelo Código Civil e pelo Código de Processo Civil, o que torna difícil tanto a organização teórica e dogmática dos institutos (suas causas próprias e distinções), quanto a sua própria aplicação adequada ao caso concreto.[263]

No estudo acerca do prazo prescricional para a indenização decorrente de inadimplemento contratual, Judith Martins-Costa e Cristiano Zanetti propuseram a sistematização, que depois foi adotada por vários precedentes do Superior Tribunal de Justiça,[264] na consolidação da jurisprudência sobre o prazo prescricional ser de dez anos. Segundo esses autores, a execução específica é a regra no caso

---

261 ANDRADE, Daniel de Pádua, *op. cit.*, p. 46.

262 MARTINS-COSTA, Judith; COSTA E SILVA, Paula. *Crises e perturbações no cumprimento da prestação*. São Paulo: Quartier Latin 2020, p. 64.

263 MARINO, Francisco Paulo de Crescenzo. Responsabilidade contratual: efeitos. *In*: LOTUFO, Renan; NANNI, Giovanni Ettore (coord.). *Teoria geral dos contratos*. São Paulo: Atlas, 2011, p. 409.

264 Embargos de divergência em Recurso Especial 1.280.825/RJ, Rel. Min. Nancy Andrighi, 27/07/2018 e Embargos de Divergência em Recurso Especial 1.281.594/SP, Rel. Min. Benedito Gonçalves, rel. para acórdão Min. Felix Fischer, 15/05/19.

de inadimplemento. Se houver mora, além da execução específica o credor poderá exigir as perdas e danos (artigos 390, 394 e 395 do CC). Se houver inadimplemento definitivo, o credor poderá optar pelo equivalente, e, a depender do caso, pleitear a própria resolução do contrato. E, em qualquer caso, o pagamento das perdas e danos (art. 475, CC). A sistematização demonstra que para o exercício das três pretensões (execução específica, perdas e danos e resolução) que a lei coloca à disposição do credor, é necessário que ele se sujeite ao mesmo prazo para o exercício dos seus direitos, em quaisquer delas.

A ideia de que, no caso de mora debitória, a única opção do credor é requerer a tutela específica da obrigação, acrescida de perdas e danos, decorre da pressuposição de que a prestação, nessa hipótese, ainda é possível e útil à satisfação do interesse do credor. Nesse caso, a tutela pelo equivalente pecuniário não seria possível, pois significaria, na essência, uma alteração unilateral das condições negociadas.[265]

Nesse ponto, há que se reconhecer que a dificuldade é constatar a inutilidade da prestação ao credor. Se o contrato não traz critérios objetivos, certo grau de discricionariedade vai sempre remanescer nas mãos do credor. Em contratos de parceria empresarial, delegar essa análise exclusivamente ao credor não deveria causar maior espanto, dado que a função econômica do contrato deveria, a rigor, estar alinhada a esse interesse. Mostrando o credor a inutilidade econômica, por exemplo, da prestação, ou sua desproporção, não se poderia impedir a resolução cumulada com perdas e danos ao devedor.

Certa é a dificuldade da prova da utilidade da prestação ao credor, quando ele, por razões objetivas, demonstre que ela não mais lhe interessa.[266] Não por motivos frívolos ou torpes, mas, por exemplo,

[265] Sobre isso, Orlando Gomes sustenta: "em verdade, a execução coativa sob forma específica constitui a forma por excelência de satisfação do crédito. Todo credor espera que o devedor cumpra a obrigação tal como contraída. (...) Do mesmo modo, não tem o credor o direito de exigir outra prestação que não a devida. A inadimplência não o investe no direito à sua substituição. Nestas condições, o devedor não pode oferecer o equivalente em dinheiro, nem o credor pode exigi-lo. A execução sob forma genérica só se justifica quando impossível a execução direta, por tornar-se a prestação inútil ao credor, ou importar intolerável constrangimento na pessoa do devedor" (GOMES, Orlando. *Obrigações*. 19. ed. Atual. Edvaldo Brito. Rio de Janeiro: Forense, 2019, p. 184).

[266] Araken de Assis, ao tratar do descabimento da resolução do contrato, esclarece que "o inadimplemento relativo impede, irrevogavelmente, o acesso ao mecanismo resolutório (...). Primeiro, porque, atendendo àquele dispositivo e à sua natureza, a mora é situação transitória, emendável e benigna, jamais ocasionando o estrépito e os perigos econômicos do descumprimento desequilibrante do contrato; além disto, porque impende transformar em inútil a prestação debitória, sob pena de ao credor não se consentir rejeitá-la. Ora,

porque perdeu a confiança no devedor, ou mesmo porque alterações de mercado levaram a um aumento considerável dos custos envolvidos no cumprimento, ou, ainda, porque outra operação se apresente, de modo igualmente objetivo, como sendo-lhe mais vantajosa. Isso não poderia ser visto como oportunismo, desde que sempre se assegure ao devedor a devida reparação dos prejuízos inerentes à inexecução do contrato.

Não há grande dúvida de que, no caso de inadimplemento absoluto, a solução preconizada no Direito brasileiro é a tutela pelo equivalente pecuniário, além das perdas e danos (artigos 234 e 239 do CC, p. ex.). Assim, sempre que uma prestação, seja obrigação de dar, fazer ou não fazer, se tornar impossível ou inútil ao credor,[267] por ato imputável ao devedor,[268] o credor poderá optar por exigir o equivalente pecuniário da prestação.[269]

Na hipótese de inadimplemento absoluto pode ainda o credor requerer a resolução do contrato acrescido, à vista disso, das perdas e danos. Assim sendo, havendo cláusula resolutiva expressa a resolução dar-se-á de pleno direito, ou, inexistindo essa disposição no contrato, mediante interpelação judicial, situação em que se considerará a existência de cláusula resolutiva tácita (arts. 474 e 475, do CC). Em ambos os casos, trata-se de um direito formativo extintivo do credor, que põe fim à relação obrigacional e estabelece uma relação de liquidação entre as partes.[270] E a escolha do credor, entre a tutela pelo equivalente pecuniário ou a resolução do contrato, se dará sempre em função do seu interesse objetivo e justificado — sob pena de exercício abusivo do direito — na manutenção ou não do vínculo contratual.

Na análise da sistematização dos remédios para o descumprimento contratual, chama a atenção do intérprete e aplicador do Direito, a redação do art. 475 do Código Civil. Tal dispositivo vem

---

alcançado esse último estágio, em que o credor perde o interesse na prestação, penetrar-se-á no campo do inadimplemento absoluto, propriamente dito" (ASSIS, Araken de. *Resolução do contrato por inadimplemento*. 6. ed. São Paulo: Thomson Reuters Brasil, 2019, p. 93).

267 O problema da prestação impossível se liga à frustração do contrato, mas a prestação inútil ao credor é matéria muito mais difícil de ser equacionada.

268 Não se nega o problema da imputabilidade, pois muitas vezes é difícil demonstrar o nexo causal.

269 TERRA, Aline de Miranda Valverde. *Cláusula resolutiva expressa*. Belo Horizonte: Fórum, 2017, p. 136. Art. 947 do Código Civil também traz essa solução: "se o devedor não puder cumprir a prestação na espécie ajustada, substituir-se-á pelo seu valor, em moeda corrente".

270 ANDRADE, Daniel de Pádua, *op. cit.*, p. 65.

sendo aplicado, em regra, para se assegurar ao credor uma opção entre a resolução do contrato ou a execução específica, de modo não muito criterioso.[271] Afinal, como se viu, a premissa fática para a resolução é o inadimplemento absoluto,[272] enquanto para a execução específica se pressupõe a mora, portanto, o inadimplemento relativo.

Numa tentativa de se compatibilizar o que dispõe o artigo 475 do CC, a doutrina mais recente defende que a opção conferida ao credor para exigir o "cumprimento" do contrato, só pode ser compreendida no campo do inadimplemento absoluto e, nessa condição, não se estaria diante da possibilidade da tutela específica, mas sim da tutela pelo equivalente pecuniário,[273] única solução compatível com uma alternativa ao credor, já que o cumprimento *in natura* da prestação já não é mais possível ou lhe é inútil.[274] Podemos, nessa linha, entender a ausência de cooperação como um inadimplemento absoluto, ainda que a caracterização fática dessa impossibilidade absoluta às vezes não seja tarefa simples.

---

271 ROSENVALD, Nelson. Arts. 421 a 480: Contratos (geral). *In*: PELUSO, Cesar (coord.). *Código Civil comentado*: doutrina e jurisprudência. 4. ed. Barueri: Manole, 2010, p. 534.

272 "Especialmente nos contratos bilaterais, a resolução é direito potestativo do credor, parte não inadimplente, desde que presentes a situação de incumprimento definitivo da obrigação que seja imputável ao devedor, isto é, diante da impossibilidade da prestação ou da perda da utilidade econômica. Ela possui os seguintes efeitos: (i) a liberação das partes do cumprimento das obrigações correspectivas; (ii) dever de ambas as partes de restituição de tudo que foi prestado em razão da relação obrigacional ora extinta; e (iii) dever da parte lesante de indenizar as perdas e danos sofridas pela parte lesada" (SANTOS, Deborah Pereira Pinto dos. *Indenização e resolução contratual*. São Paulo: Almedina, 2022. (Coleção IDIP) Versão eletrônica, p. 27).

273 TERRA, Aline de Miranda Valverde. Execução pelo equivalente como alternativa à resolução: repercussões sobre a responsabilidade civil. *Revista Brasileira de Direito Civil*, v. 18, p. 49-73, out./dez. 2018, p. 54-55. TEPEDINO, Gustavo; KONDER, Carlos Nelson; BANDEIRA, Paula Greco. *Fundamentos do Direito Civil*. Rio de Janeiro: Forense, 2020, v. 3: Contratos, p. 155.

274 A tese do Daniel de Pádua Andrade (ANDRADE, Daniel de Pádua. *Tutela específica das obrigações contratuais*. Coimbra: Almedina, 2022. (Coleção IDIP)) leva à exceção de desproporcionalidade como óbice do devedor à tutela específica exercida pelo credor. Mas não se tem notícia do fundamento jurídico autônomo que impede o devedor de obstar a resolução do contrato quando o credor indicar que a prestação lhe é inútil. *Pacta sunt servanda* e abuso de direito da resolução não parecem suficientes para assegurar a manutenção dos contratos. Existem teses sobre a renovação compulsória de contratos por prazos determinados, mas são situações muito específicas — investimentos relevantes e ainda não amortizados, por exemplo.

4.6 Mora e impossibilidade da prestação (arts. 331, 394 e 399 CC)

A investigação dos contornos da mora, especialmente tal como incluídos no Código Civil, nos leva a questionar a expressão "imediatamente" do artigo 331 do CC,[275] no sentido de entender se ela pode ser interpretada não apenas diante dos prazos explicitamente convencionados nos contratos, mas também os prazos tacitamente convencionados. Ou, ainda, em virtude da necessidade de medidas antecedentes, ou, partindo da própria natureza da prestação, quando esta depender de uma realidade de tempo para ser realizada.

A determinação do momento em que o credor pode exigir a prestação, constituindo o devedor em mora, depende da confirmação da data do pagamento. Caso não tenha sido fixada data exata para o pagamento, prevalece a regra de imediata satisfação da prestação.[276]

---

275 "Artigo 331. Salvo disposição legal em contrário, não tendo sido ajustada época para o pagamento, pode o credor exigi-lo imediatamente".
Além do artigo 331, o Código Civil também dispõe no artigo 134, primeira parte, que os negócios jurídicos entre vivos, sem prazo, são exequíveis desde logo.

276 "Todavia, se não foi ajustado termo, ou caso inexista previsão legal a respeito, vige a regra de imediata satisfação da prestação. Ela deflui do aforismo *quod sine die debetur, statim debetur*, a saber, aquilo que é devido sem data fixada, é devido imediatamente, ou, ainda, do fragmento de Pomponio, *in omnibus obligationibus, in quibus dies non ponitur, praesenti die debetur*, isto é, em todas as obrigações nas quais não se ponha termo, deve-se pagar imediatamente.
É o que ocorre, 'verbi gratia', nas obrigações de cumprimento instantâneo, típicas do comércio de mercadorias e utensílios. Em tais situações, o devedor está aparelhado e apto ao pronto adimplemento, de tal sorte que a satisfação do interesse creditório é súbita. Similarmente ao artigo 331, o Código Civil também dispõe no artigo 134, primeira parte, que os negócios jurídicos entre vivos, sem prazo, são exequíveis desde logo.
Adolfo Di Majo [Le modalità dell'obbligazione. *In:* SCIALOJA, Antonio; BRANCA, Giuseppe (a cura di). *Commentario del Codice Civile: libro quarto*: delle obbligazioni: art. 1177-1187. 2. ed. Bologna: Zanichelli, 1986, p. 661-662] expressa que a norma citada responde à solicitação de ordem teórica de não criar soluções de continuidade entre os fatos jurídicos e os seus efeitos. Cada efeito deve seguir imediatamente a sua causa e, consequentemente, também o adimplemento deve seguir o nascimento da obrigação. O diferimento do efeito relativamente à causa ou do adimplemento em relação à obrigação representa, pois, uma exceção. Se tal 'exceção' não é querida pelas partes (ou de qualquer modo se mostra necessária), prevalece o critério mais geral da simultaneidade.
Esclareça-se, entretanto, como ressalva Barassi [La teoria generale delle obbliazioni: vol. 3: l'attuazione. 2. Ed. Milano: Giuffrè, 1948, p. 50], que a fria lógica de tal disposição pode ser temperada pelo bom-senso, se for de bom alvitre, requerer um *modicum tempus* que permita ao devedor prestar. Por isso que, excepciona Enneccerus, a satisfação imediata vige sempre que as exigências da boa-fé não resultem em uma atenuação desse rigor" (NANNI, Giovanni Ettore. *Inadimplemento absoluto e resolução contratual*: requisitos e efeitos. São Paulo: Revista dos Tribunais, 2021, p. 79).

Na ausência de convenção expressa entre as partes quanto à data do pagamento, não há muita dúvida de que, na interpretação do artigo 331 do CC, se leve em consideração o tempo razoável para o cumprimento da obrigação pelo devedor, em respeito ao princípio da boa-fé.[277]

Agostinho Alvim observa que o termo "imediatamente" do art. 952 CC/1916 — correspondente ao art. 331/CC2002 — nem sempre pode ser interpretado em termos absolutos, havendo casos de mora retardada. Pode-se dar o nome de prazo moral àquele que não seja o imediato, ou aquele que, diante da natureza da obrigação, não pode ser exigido "imediatamente", ou no exato momento da cobrança pelo credor, devendo ser concedido um prazo razoável ao adimplemento do devedor, para que seja considerado em mora.[278]

---

[277] "Realmente, impor ao obrigado o pronto cumprimento nem sempre é exequível, a depender do caso concreto. A compra e venda no comércio diário não encerra óbice a tanto, assim como a prestação de serviços de pequena complexidade, 'exempli gratia', o ofício do engraxate. Mas, mesmo que o pacto seja sem prazo, a realidade negocial hodierna envolve, no mais das vezes, contratos com múltiplas obrigações de parte a parte, insuscetíveis de realização imediata, sendo relações de duração, cujos programas demandam tempo para a cabal efetivação.

Dessarte, não apenas em razão do bom-senso, da boa-fé e da coerência lógica, mas principalmente de situações objetivas que inibem o adimplemento imediato nas obrigações sem termo, é que a lei confere ao devedor um prazo tácito para o cumprimento. Tal não sucede em geral, conquanto apenas em eventos em que a natureza da prestação e suas circunstâncias, bem como o local do pagamento assim justifiquem.

Nessa linha de raciocínio, a regra do artigo 331 do Código Civil deve ser modificada consoante a segunda parte do artigo 134 do Código Civil. A expressão imediatamente, portanto, deve ser entendida em termos hábeis, excluindo-se a sua aplicação ao pé da letra em todas as hipóteses em que se admitem os prazos tácitos, que são aqueles precisamente resultantes da própria natureza da prestação, como se a prestação tiver de ser feita em lugar diverso ou depender de tempos. Assim acontece, 'verbi gratia', na obrigação de substituir toda a fiação elétrica de um prédio de trinta andares, na criação e desenvolvimento de um programa de computador para interligação e controle de atividades de diversas unidades de uma empresa, ou na alienação de produtos em mercado futuro, e na instalação de uma torre de transmissão em Goiás, mas que se encontra no Paraná.

É preciso, então, fixar lapso temporal para o cumprimento, o qual deve ser razoável, consoante as particularidades do evento real, cujo ato deve ser norteado pela boa-fé e pela vedação ao abuso do direito. O protraimento há de ser aquele ditado pela prudência, segundo parâmetros ordinários de diligência empregáveis naquela ação específica. Uma vez que inexiste termo estipulado, é indispensável que o obrigado seja cientificado, por meio de interpelação, da definição de sua postergação. Ou mesmo as partes, se estabelecido por terceiro ou pelo juiz.

Só depois do decurso de tal prazo tácito, deixando o devedor de adimplir, é que se considera vencida a prestação, dando azo à inexecução" (NANNI, Giovanni Ettore. *Inadimplemento absoluto e resolução contratual*: requisitos e efeitos. São Paulo: Revista dos Tribunais, 2021, p. 80-81).

[278] "Não obstante o disposto nos arts. 952 e 960, 2. alínea, do Código Civil, nem sempre é possível entender-se que a mora se inicia imediatamente após a interpelação do devedor, ou a citação para a demanda. Casos há de mora retardada.

No caso dos contratos de colaboração, a determinação do prazo de pagamento pode não ser tarefa simples, dado que são contratos com múltiplas obrigações de parte a parte, que não podem ser exigidas de imediato, muitas vezes dependentes de outras prestações antecedentes ou ainda vindouras, sendo que existe uma linha tênue entre aquilo que pode ser exigido de modo isolado do devedor e aquilo que depende de uma colaboração do credor para se tornar possível.

A despeito dessa dificuldade, inerente ao próprio programa contratual, o instituto da mora é aplicável a esses contratos, e é um passo essencial para a configuração do inadimplemento e da possibilidade de extinção do contrato por culpa do devedor.

O devedor deve estar pronto a cumprir. Não pode, é claro, esperar a interpelação, para só depois ir aparelhar-se.
Mas essa prontidão deve ser entendida em termos, uma vez que não haja dia marcado para o cumprimento, ou quando, embora havendo, seja direito dele esperar pela interpelação, por se tratar de obrigação sem prazo.
Aquele que deve entregar mil reses, ou uma grande quantidade de mercadorias, nem sempre está aparelhado para o fazer ato contínuo à interpelação, ou à citação para a demanda, quando se pretenda que esta supra a interpelação.
Do mesmo modo, aquele que deve dar escritura definitiva de um imóvel, quando isto lhe for pedido, nem sempre o pode fazer sem a precedência de certos atos preparatórios. No Estado de São Paulo houve tempo em que era proibido lavrar-se escritura de alienação de imóvel sem prova de quitação dos impostos; e tal certidão o Fisco só fornecia duas semanas, ou mais, após o pedido, para valer durante certo tempo.
Como exigir do devedor a prontidão a qualquer momento?
Em casos desta natureza, o devedor deve ter um prazo para cumprir a obrigação.
Somente depois de findo o prazo necessário é que se reputará em mora o devedor. Esse prazo varia de caso a caso.
E não deve ser angustioso, como já decidiu o Tribunal de São Paulo (cf. Rev. dos Tribs., 111/107).
A ele se tem dado o nome de prazo moral, como acentua BEVILÁCQUA ao se ocupar da locução tempo suficiente, empregada no art. 1.081 do Código Civil.
Em sufrágio desta doutrina, ver ainda Lacerda de Almeida (*Dos efeitos das obrigações*, p. 131 e segs.): Giorgi (*op. cit.*, v. II) e Ricci (*Corso Teorico-Pratico di Diritto Civile*, v. VI, n. 213). Este prazo, como bem demonstra Giorgi, não se confunde com o *délai de grâce* do direito francês.
O art. 952 do Código permite, é verdade, que, não tendo sido ajustada época para o pagamento, o credor possa exigi-lo, imediatamente.
Este dispositivo não seguiu a orientação do direito anterior (ver Ord.: Liv. 4.9, Fit. 50, §1., e ainda art. 137 do Cod. Com.).
Mas, ainda como está, não pode ser entendido ao pé da letra, pois deve ser combinado com o art. 127.
Acresce que a doutrina do Código é a do Código Federal suíço (art. 75) e a do alemão (§271, primeira parte); e. o primeiro deles manda atender a natureza da obrigação: o segundo, às circunstâncias.
Note-se, ainda, a prudência do Código Civil nos arts 300 e 301" (ALVIM, Agostinho. *Da inexecução das obrigações e suas consequências*. São Paulo: Saraiva, 1980, p.129-130).

Sobre o conceito de mora, tal como estipulado no artigo 394 do Código Civil,[279] se for possível definir o prazo de pagamento, a mora do devedor é facilmente apreendida, mas como ressalvamos acima nos contratos de colaboração, nem sempre é simples a determinação do prazo de pagamento. No próprio artigo 394 há as premissas para a caracterização da mora creditícia, quando o credor não quiser receber o pagamento no tempo, lugar e forma que a lei ou convecção estabelecer. Nesse contexto, é possível verificar que a recusa do credor pode ser legítima, e, por consequência, existir mora do devedor, quando o conceito de mora é compreendido de modo mais amplo, em linha com o entendimento da doutrina que não vê, na definição estrita de tempo, lugar e forma, limite para um conceito mais abrangente, relacionando mora ao fato do devedor não ter, ainda, realizado a prestação de modo pleno, tal como exigido pela natureza contrato. Ainda, nesse sentido, a mora pode ser entendida como perda justificada do interesse do credor na prestação.[280]

Quando estamos diante da perda do interesse do credor em razão da inutilidade da prestação,[281] o problema — embora a dificuldade inerente à própria determinação da inutilidade da prestação ao credor — se resolve de maneira mais simples, em perdas e danos. O problema maior está na perda do interesse, não por uma constatação absoluta da inutilidade,[282] mas sim na perda do interesse justificada pela

[279] "Artigo 394. Considera-se em mora o devedor que não efetuar o pagamento e o credor que não quiser recebê-lo no tempo, lugar e forma que a lei ou convenção estabelecer".

[280] "A relevância da possibilidade vs. impossibilidade repousa no fato de que, enquanto houver possibilidade de cumprimento, o pactuado pode ser cumprido tal e qual. Da parte do devedor, isso importaria dizer que ele continua obrigado ao cumprimento da obrigação descumprida in natura e, da parte do credor, que ele mantém o direito a demandar esse cumprimento. A conclusão vale em linha de princípio: havendo possibilidade de cumprimento, é de se considerar que o adimplemento — ainda que a destempo continuará servindo à sua função primordial de satisfação do credor.
Bem sopesadas as circunstâncias, contudo, pode ser que não seja exatamente assim. Em determinadas situações, não basta a possibilidade de cumprimento, é necessário analisar se o cumprimento da obrigação ainda satisfaz o interesse do credor. Refere-se à situação — quiçá mais frequente do que a própria impossibilidade — em que, em razão do descumprimento, o credor deixa de ter interesse na obrigação ou no pactuado" (STEINER, Renata C. Descumprimento contratual: remédios à disposição do credor lesado. *In:* TERRA, Aline de Almeida Valverde; GUEDES, Gisela Sampaio da Cruz (coords.). *Inexecução das obrigações*: pressupostos, evolução e remédios. Rio de Janeiro: Processo, 2020. v. II, p. 308).

[281] Código Civil: "Art. 395. Responde o devedor pelos prejuízos a que sua mora der causa, mais juros, atualização dos valores monetários segundo índices oficiais regularmente estabelecidos, e honorários de advogado. Parágrafo único. Se a prestação, devido à mora, se tornar inútil ao credor, este poderá enjeitá-la, e exigir a satisfação das perdas e danos".

[282] "Em todos os casos de impossibilidade superveniente não-imputável, a mora não se verifica porque, em rigor, não há incumprimento, há impossibilidade em realizar a

gravidade do incumprimento, caracterizando a perda de confiança do credor no cumprimento da prestação por aquele devedor.[283] Assim, em face da regência do critério do interesse do credor para escolha do remédio contratual aplicável ao caso concreto, é necessário avaliar a manutenção do interesse do credor no cumprimento da obrigação inadimplida tanto em razão de seu atraso quanto por conta da gravidade do inadimplemento e eventual perda da confiança na realização da operação econômica planejada.

Não há dúvidas de que a mora transforma a relação jurídica obrigacional e pode levar ao efeito da extinção da relação, se a prestação, em razão da mora se tornar inútil ao credor, caracterizar, assim, o inadimplemento definitivo.[284]

---

prestação devida. Como aponta Menezes Cordeiro, em todos os casos em que, no momento da prestação, esta não tem lugar por fato não-imputável (seja impossibilidade, em sentido restrito, seja ato de terceiro, seja ato do credor ou qualquer outro fato não voluntário), o que ocorre é que a prestação não é então devida [CORDEIRO, António Manuel da Rocha Menezes de. *Direito das obrigações*. Lisboa: Associação Acadêmica da Faculdade de Direito de Lisboa, v. 2, 1980, p. 438]. Não ocorre propriamente "inadimplemento" porque este constitui, como vimos, a não-realização da prestação devida enquanto devida" (MARTINS-COSTA, Judith. Comentários ao Novo Código Civil: do inadimplemento das obrigações. v. 5, t. 2. *In*: TEIXEIRA, Sálvio de Figueiredo (coord.). *Comentários ao Novo Código Civil*. Rio de Janeiro: Forense, 2003, p. 389-390).

283 "As hipóteses de perda de interesse do credor podem ser cindidas, para fins meramente didáticos, em duas. A primeira, obtida da literalidade do artigo 395, parágrafo único, consiste na perda do interesse na obrigação em razão da inutilidade do cumprimento; a segunda, que embora não seja literal, é extraível da própria lógica do sistema, consiste na perda do interesse na manutenção do pacto em razão da gravidade do descumprimento" (STEINER, Renata C. Descumprimento contratual: remédios à disposição do credor lesado. *In:* TERRA, Aline de Almeida Valverde; GUEDES, Gisela Sampaio da Cruz (coords.). *Inexecução das obrigações*: pressupostos, evolução e remédios. Rio de Janeiro: Processo, 2020. v. II, p. 309).

284 "A mora altera a relação jurídica obrigacional, motivo pelo qual, opina Pontes de Miranda, a matéria deve ser tratada na parte do Direito das Obrigações 'em que se analisam as alterações das relações jurídicas obrigacionais'. 'Alterações' note-se bem, e não ainda 'extinção', porque a mora, por si só, não extingue a relação. Ela poderá conduzir ao efeito de extinção, se a prestação, em razão da mora, se tornar inútil ao credor (art. 395, parágrafo único). Neste caso, a mora se transforma em inadimplemento definitivo, o que levou Araken de Assis a sinalizar o 'caráter transformista' da mora.
Esse 'caráter transformista' torna a mora, efetivamente, uma questão de fato, como já apontavam os antigos juristas do *ius commune*, conquanto não se reduza a uma questão de fato, pois o fato é informado por um critério normativo, qual seja, o do interesse do credor. Figure-se a hipótese da contratação de um conjunto musical para animar festa de casamento: foi contratado o conjunto X, que deveria chegar ao local Y às 20 horas do dia Z. O conjunto realmente se apresenta no local combinado, na data ajustada, mas às 23 horas, e não às 20 horas. Um retardo de apenas três horas tornou inútil a prestação para o credor, pois, àquela altura, os convidados para o casamento — desanimados com a falta de música e considerando, com justa razão, que a festa estava aborrecida — já se haviam retirado. Em outra hipótese, porém — por exemplo, o pagamento de certa soma em dinheiro ou a entrega de material de construção para uma obra contratada sob

Interessante, ainda, destacar alguns aspectos da discussão sobre a relação entre impossibilidade e a mora, ou seja: quando a impossibilidade tem o condão de exonerar o devedor de responsabilidade. Neste primeiro ponto o problema da mora situa-se no âmbito da impossibilidade subjetiva, já que na impossibilidade objetiva a prestação não pode ser cumprida por nenhuma pessoa. Diferente disso é a impossibilidade absoluta e a relativa, relacionadas não à pessoa do devedor, mas à invencibilidade ou não do óbice ao cumprimento da prestação.[285]

No caso dos contratos de colaboração, quando ausente a colaboração exigida do devedor, poder-se-ia cogitar de uma equiparação entre impossibilidade objetiva e subjetiva, dado que o contrato foi formulado para que a prestação fosse realizada por aquele devedor, de acordo com suas características pessoais, e não por qualquer pessoa. Assim, ausente a colaboração esperada, não é que a prestação de tornou impossível, de modo amplo, no campo dos fatos, mas aquela prestação, no contexto daquele contrato, se tornou impossível, dado que não pode ser mais realizada por aquele devedor. Desse modo, ainda que se pudesse cogitar de impossibilidade subjetiva, vez que a prestação

empreitada — um atraso de apenas três horas nada significará, e a prestação poderá ser ainda cumprida com plena utilidade para o credor, em acordo aos fins do contrato, à sua função econômica e social. Num caso parece incontroverso que a mora ainda pode ser purgada (art. 401), o que já não ocorre com o outro, pois, então, apagou-se o interesse do credor. As consequências serão, portanto, de todo diversas: no primeiro caso, persistirá o dever de prestar, ainda que acrescido de juros de mora e de perdas e danos, se houve dano; o segundo, conduzirá à resolução" (MARTINS-COSTA, Judith. Comentários ao Novo Código Civil: do inadimplemento das obrigações. v. 5, t. 2. *In*: TEIXEIRA, Sálvio de Figueiredo (coord.). *Comentários ao Novo Código Civil*. Rio de Janeiro: Forense, 2003, p. 329-330).

285 "Mais recentemente, essa equiparação passou a ser criticada por autores em estudos especializados. Judith Martins-Costa e Paula Costa e Silva, com base na doutrina portuguesa, reconhecem a confusão e recomendam a separação das classificações. Segundo as autoras, as impossibilidades objetiva e subjetiva referem-se à generalidade ou especificidade do sujeito da impossibilidade, ao passo que as impossibilidades absoluta e relativa referem-se à invencibilidade ou não do obstáculo à prestação.
Essa posição representa avanço. As questões da generalidade ou especificidade da impossibilidade, de um lado, e da sua (in)vencibilidade, de outro, são materialmente distintas e autônomas, não devendo ser misturadas em uma mesma classificação. De fato, o obstáculo pode ser apenas ligado à pessoa do devedor (subjetivo), porém efetivamente insuperável (absoluto). É o caso, por exemplo, do devedor de prestação de serviço fungível que adoece gravemente às vésperas do vencimento da obrigação. Nessa situação, o devedor, e apenas ele, estará impossibilitado de cumprir a obrigação. Por outro lado, o obstáculo pode ser geral (objetivo), mas apenas dificultar a prestação (relativo). Imagine-se a situação de imposto superveniente que tão somente onere todos os devedores de um determinado tipo de contrato" (DIAS, Daniel. Impossibilidades objetiva e subjetiva da prestação: controvérsia e imprecisões. *Revista de Direito Civil Contemporâneo*. São Paulo, v. 29, out./dez. 2021, p. 173-205).

não pode mais ser cumprida por aquele devedor, ela também é de impossível cumprimento por terceiros, diante da exigência do caráter personalíssimo da relação.

Por outro lado, deve-se ter em conta que a lei brasileira privilegiou o critério da utilidade da prestação para o credor como premissa para a configuração da mora, em detrimento da mera possibilidade de cumprimento pelo devedor.[286] Assim, a investigação sobre a impossibilidade da prestação se desloca, especialmente nos casos dos contratos de colaboração, da possibilidade ou não do cumprimento da prestação pelo devedor, para ao campo da análise do interesse/utilidade da prestação para o credor.[287]

---

286 "Importante ressaltar que o critério adotado pela lei brasileira no tema em exame é o da utilidade da prestação ao credor e não de sua possibilidade de cumprimento pelo devedor. Portanto, o quadro fático a ser analisado é, antes de tudo, da atual serventia da obrigação ao interesse creditório para o qual foi constituída.

A possibilidade de adimplemento reside em outro plano. Caso a prestação se demonstre irrealizável, impedindo a sua satisfação pelo devedor, é estágio de identificar se tal circunstância é ou não imputável ao obrigado. Se positivo, ele responde por suas consequências. Se negativo, a obrigação é resolvida sem responsabilização ante a configuração de caso fortuito ou de força maior. A definição quanto à utilidade da prestação, embora caiba ao credor, não é a seu talante. O direito de enjeitá-la não é absoluto, arbitrário. Deve proceder de acordo com a boa-fé objetiva, tendo em conta a vedação ao abuso do direito. É faculdade legal que lhe autoriza descartar o cumprimento da obrigação, pois insuscetível de aplacar seu interesse creditório e, por conseguinte, obstar que o devedor purgue a mora. Todavia, não lhe é dado abusar, agir deslealmente, contra o bom-senso.

Em caso de divergência quanto à matéria, caberá ao julgador decidir. Embora abrigue conteúdo individual a ser avaliado — o interesse útil do credor, aquele credor — o parâmetro é norteado por vertente objetiva, afastando-se a teimosia, a emulação.

Tal questão é matéria de fato. Somente ao juiz, tendo em vista cada caso. é que compete decidir se a falta arguida pelo credor é tal que a prestação se lhe tornou inútil, ou somente menos valiosa, pois, bem pode acontecer que o credor arrependido do negócio, queira se prevalecer de uma imperfeição relevável, para rejeitar a prestação, o que a lei não permite" (NANNI, Giovanni Ettore. *Inadimplemento absoluto e resolução contratual*: requisitos e efeitos. São Paulo: Revista dos Tribunais, 2021, p. 43).

287 Agostinho Alvim, por sua vez, ao debruçar-se sobre a mora do devedor e suas consequências, reconhece que a regra geral é de que o devedor deve responder pelos prejuízos que sua mora der causa. Ao lado desta regra, comenta que o código acolheu duas regras especiais. Cumpre examinar a questão sobre a mora do devedor em casos de inutilidade ao credor, o que constitui a primeira das regras especiais por força do art. 956, CC/1916, enquanto a segunda será examinada em tópico específico — referente ao art. 399/CC02, correspondente do art. 957/CC1916. Vejamos:

"Ao lado do princípio universal, que manda indenizar, no caso de mora, desenvolveram-se certas regras mais concretas, tendentes a melhor assegurar ao credor o ressarcimento a que tem direito (cf. DERNBURG, Pandette, v. n. §41; WINDSCHEID. *Diritto delle' Pandette*. v. §28).

O nosso Direito acolheu duas dessas regras, consagradas nos arts. 956, parágrafo único, e 957.

A primeira delas estabelece que: 'Se a prestação, por causa da mora, se tornar inútil ao credor, este poderá enjeitá-la e exigir satisfação das perdas e danos' (art. 956, parágrafo único). (...)

Como leciona Cristiano de Souza Zanetti, "a utilidade para o credor consiste, assim, no divisor de águas em matéria de inadimplemento das obrigações". Dado que é o credor o destinatário natural da prestação, não é possível determinar o inadimplemento sem considerar o seu interesse. E para se aferir o interesse do credor, para além dos critérios objetivos, apreendidos dos próprios termos contratados, necessário considerar a utilidade da prestação ao credor. Não se quer dizer com isso que exista um direito potestativo do credor de recusar a prestação, bastando alegar sua perda de interesse. É preciso que o credor demonstre a efetiva inutilidade da prestação, indicando não apenas a perda do interesse na execução da prestação em si mesma, mas a perda de interesse da prestação por aquele devedor.[288]

Portanto, quando o Código, neste passo, cogita da inutilidade da prestação por causa da mora, temos que admitir essa inutilidade em face do tempo, do lugar e da forma do pagamento.

Assim, deverá o juiz examinar se a prestação se tornou inútil ao credor, por ter sido feita com atraso, ou, por não se ter realizado no lugar ou forma convencionados.

A questão da inutilidade é matéria de fato. (...)

Como em matéria de mora domina a casuística, somente ao juiz, tendo em vista cada caso, é que competirá decidir se a falta argüida pelo credor: é tal que a prestação se lhe tornou inútil, ou somente menos valiosa, pois, bem pode acontecer que o credor, arrependido do negócio queira se prevalecer de uma imperfeição relevável, para rejeitar a prestação, o que a lei não permite (ver ns. segs.)" (ALVIM, Agostinho. *Da inexecução das obrigações e suas consequências*. São Paulo: Saraiva, 1980, p. 52-53).

288 "A utilidade para o credor consiste, assim, no divisor de águas em matéria de inadimplemento das obrigações. (...)

Depois de importante debate, chegou-se à conclusão de que a utilidade reside na idoneidade da prestação para satisfazer o interesse do credor. Nesse particular, a doutrina assentou que a aferição do interesse na execução não está sujeita ao arbítrio do credor, conforme, inclusive, reconhecido na III Jornada de Direito Civil, realizada em 2004. O credor não é, assim, titular de um direito potestativo, de recursar a ulterior execução da prestação inadimplida. Na verdade, o desafio consiste em precisar a fronte entre, de um lado, o direito do credor de recusar a realização da prestação, e, de outro, o direito do devedor de purgar a mora. Não basta, assim, que o credor declare sua perda de interesse para que reste caracterizado o inadimplemento definitivo. Tendo em vista que, como regra, a prestação morosa ainda pode conduzir à satisfação do interesse contratual, cabe ao credor demonstrar que sua execução deixou de lhe ser útil. (...)

Na esteira da melhor doutrina (...), defende-se agora que a perda do interesse do credor possa ser aferida tanto com base em um critério subjetivo, que consiste na perda de interesse na execução da prestação, como com base em um critério subjetivo, que consiste na perda do interesse na execução da prestação pelo devedor" (ZANETTI, Cristiano de Sousa. A perda do interesse do credor. *In:* BENETTI, Giovana; CORRÊA, André Rodrigues; FERNANDES, Márcia Santana; NITSCHKE, Guilherme Carneiro Monteiro; PARGENDLER, Mariana; VARELA, Laura Beck (orgs.). *Direito, cultura, método*: leituras da obra de Judith Martins-Costa. Rio de Janeiro: GZ, 2019, p. 767).

4.7 Justa causa e culpa recíproca

> *Afirmamos que o direito ainda não desenvolveu instrumental satisfatório para operar os contratos de colaboração, calcando a teoria geral dos negócios de intercâmbio. Somente agora a doutrina começa a cogitar da solução para um dos problemas mais comuns da prática dos contratos associativos: as situações de inadimplemento recíproco, em que ambos os participantes não cumprem suas obrigações, ou cumprem-nas com deficiências.*[289]

Na parte especial do Código Civil, no Livro I, do Direito das Obrigações, são normatizadas hipóteses tanto nas obrigações de dar (artigo 238),[290] quanto nas de fazer (artigo 248)[291] e de não fazer (artigo 250),[292] de impossibilidade de cumprimento da prestação sem culpa do devedor.

Quando analisamos a questão da justa causa, deve-se ter em conta que se trata de uma cláusula geral, a qual, a despeito de não prescrever uma certa conduta, serve como ponto de referência interpretativo para as situações nas quais o devedor fica desobrigado ao cumprimento da prestação ante a impossibilidade de entrega da coisa ou da própria prestação, quando se tratar de obrigação de fazer.

No caso das obrigações de dar, diante da impossibilidade de restituir coisa certa, o legislador optou por imputar ao credor o prejuízo, uma vez que este é o proprietário da coisa perdida sem culpa do devedor

---

289 FORGIONI, Paula A. *Contratos empresariais*: teoria geral e aplicação. 4. ed. São Paulo: Revista dos Tribunais, 2019, p. 204.

290 "Art. 238. Se a obrigação for de restituir coisa certa, e esta, sem culpa do devedor, se perder antes da tradição, sofrerá o credor a perda, e a obrigação se resolverá, ressalvados os seus direitos até o dia da perda".

291 "Art. 248. Se a prestação do fato tornar-se impossível sem culpa do devedor, resolver-se-á a obrigação; se por culpa dele, responderá por perdas e danos".

292 "Art. 250. Extingue-se a obrigação de não fazer, desde que, sem culpa do devedor, se lhe torne impossível abster-se do ato, que se obrigou a não praticar".

e desde que ele não esteja em mora.[293] A regra é de que a coisa perece para o seu dono, que deve suportar os prejuízos da propriedade.[294]

Nos casos das obrigações de fazer, a análise passa pelo artigo 248 do Código Civil, que trata da prestação que se torna impossível, ainda que não se indique se trata-se de impossibilidade objetiva

---

293 "A obrigação de restituir distingue-se da de dar propriamente dita. Esta se destina a transferir o domínio, que se encontra com o devedor na qualidade de proprietário (o vendedor, no contrato de compra e venda). Naquela a coisa se acha com o devedor para seu uso, mas pertence ao credor, titular do direito real.
Essa diferença vai repercutir na questão dos riscos a que a coisa está sujeita, pois se se perder, sem culpa do devedor, prejudicado será o credor, na condição de dono, segundo a regra *res perit domino*. (...)
Na obrigação de restituir coisa certa ao credor, como já dito, prejudicado será este, na condição de dono. Assim, se o animal objeto de comodato, por exemplo, não puder ser restituído, por ter perecido devido a um raio, resolve-se a obrigação do comodatário, que não terá de pagar perdas e danos, exceto se estiver em mora, quando então responderá pela impossibilidade da prestação mesmo que esta decorra de caso fortuito ou de força maior, se estes ocorrerem durante o atraso (CC, art. 399).
Suportará a perda, assim, no exemplo dado, o comodante, na qualidade de proprietário da coisa, "ressalvados os seus direitos até o dia da perda" (CC, art. 238, parte final). Por conseguinte, se a coisa emprestada, verbi gratia, gerou frutos, naturais ou civis (como os aluguéis), sem despesa ou trabalho do comodatário, terá aquele direito sobre eles (CC, art. 241)" (GONÇALVES, Carlos Roberto. *Direito Civil brasileiro*. São Paulo: Saraiva Educação, 2019, v. 2: teoria geral das obrigações. p. 73).

294 "Regras específicas regem as obrigações de restituir, nas quais o dono não é o devedor, mas sim o credor, diversamente do que ocorre com as obrigações de dar stricto sensu. Subespécie das obrigações de dar são identificadas nos contratos de comodato, locação, depósito e penhor. Quanto aos riscos, o princípio aplicável será o mesmo referido às demais obrigações de dar, sofrendo o credor a perda da coisa, desde que não haja culpa do devedor. Mais uma vez, distribuem-se os riscos: 'a coisa perece para o dono' e 'pelo fortuito ninguém responde'. Ocorrendo a perda antes da tradição, a obrigação resolve-se mais uma vez por falta de objeto, ficando, contudo, 'ressalvados os direitos do credor até o dia em que a coisa se perde'. Na hipótese do perecimento da coisa locada sem culpa do locatário, por exemplo, o dono arcará com a perda, 'mas tem direito aos aluguéis até o dia do acidente, que fez desaparecer o objeto da locação' (BEVILÁCQUA, Clóvis, *Código Civil*, v. IV, p. 14)" (TEPEDINO, Gustavo; BARBOZA, Heloisa Helena; BODIN, Maria Celina. *Código Civil Interpretado conforme a Constituição da República*. Rio de Janeiro: Renovar, 2011, p. 506, v. I).
"Obrigação de restituir é modalidade de *obligatio dandi*, de que difere em que a coisa pertence ao credor e se encontra com o devedor, que a devolverá no tempo e na forma do título. Os princípios de uma são extensivos à outra, com as peculiaridades necessárias. Sendo o credor o proprietário, sofre a perda, segundo a regra cuja romanicidade é contestada, mas de aplicação prática muito útil: a coisa perece para o seu dono — *res perit domino*. Perecendo a coisa, sem culpa do devedor, a obrigação se resolve, pura e simplesmente. Estando o devedor em culpa, deverá entregar ao credor o equivalente pecuniário dela, e ainda ressarcir as perdas e danos.
Em qualquer hipótese, ao credor ressalvam-se os seus direitos até o dia da perda, como sejam os aluguéis, os frutos percebidos, e quaisquer outras vantagens, das quais o devedor não se pode apropriar, a pretexto da perda" (PEREIRA, Caio Mário da Silva. *Comentários ao Código Civil de 2002*: direito das obrigações, v. II. Rio de Janeiro: LMJ Mundo Jurídico, 2018, p. 17).

ou subjetiva. Há quem defenda que a impossibilidade aqui deva ser apenas a objetiva, cabendo a subjetiva ao artigo 249 do Código Civil.[295] Na doutrina portuguesa existe a defesa que nas obrigações de meio, tanto a impossibilidade objetiva, quanto a subjetiva, desonerariam o devedor, especialmente quando ele não puder se fazer substituído por

[295] "A doutrina diverge. Uma parte entende que o dispositivo refere-se tanto à impossibilidade objetiva quanto à subjetiva. Uma outra parcela afirma tratar-se apenas de impossibilidade objetiva. Essas posições, contudo, não são fundamentadas.
Da nossa parte, entendemos haver dois fundamentos para a conclusão de que a impossibilidade do art. 248 é apenas a objetiva e não também a subjetiva. Um primeiro argumento é o, já referido, teor objetivo ou impessoal da formulação legal: 'se a prestação do fato tornar-se impossível'. Trata-se, ao que o próprio texto legal indica, de impossibilidade da prestação do fato em si e não de impossibilidade relativa ao devedor. O segundo argumento reside no teor da previsão do art. 249: 'Se o fato puder ser executado por terceiro, será livre ao credor mandá-lo executar à custa do devedor' 61. Uma vez que a impossibilidade subjetiva é relativa ao devedor e não à generalidade das pessoas, ela pressupõe exatamente que o fato possa ser executado por terceiro. Nessa linha, a impossibilidade subjetiva levaria, então, à incidência do art. 249. E o art. 248 seria, por conseguinte, de aplicação aos casos de impossibilidade objetiva, em que o fato não pode ser executado pelo devedor nem por terceiro.
Essa linha de entendimento enfrenta, contudo, um problema. A incidência do art. 249 requer, além da fungibilidade da prestação, a 'recusa ou mora' do devedor. A hipótese de recusa não se confunde evidentemente com a de impossibilidade. A mora, por sua vez, requer fato ou omissão imputável ao devedor (art. 396). Nos casos de impossibilidade subjetiva por culpa do devedor, é possível reconhecer a configuração da mora do devedor e aplicar o art. 249.
Mas e nos casos de impossibilidade subjetiva sem culpa do devedor? Nesse caso, não se aplicaria o art. 248 porque a impossibilidade não é objetiva. E não se aplicaria o art. 249, porque não haveria nem recusa nem mora do devedor. Há, então, uma lacuna. Partindo do art. 4º da LINDB, a melhor saída parece-nos ser a aplicação, por analogia, do próprio art. 249. Um problema dessa solução é que ela oferece risco ao devedor, que não tem culpa pela impossibilidade, de arcar com custos agravados da prestação por terceiro. Esse risco, contudo, é mitigado pelo controle judicial ao qual essa medida em regra está submetida (art. 817, CPC).
Já em relação às obrigações de não fazer, o art. 250 prevê: 'Extingue-se a obrigação de não fazer, desde que, sem culpa do devedor, se lhe torne impossível abster-se do ato, que se obrigou a não praticar'. O pronome 'lhe', correspondente a 'a ele', no caso 'o devedor', pode dar uma impressão de que haveria aqui a consagração de uma impossibilidade subjetiva. No entanto, o fato de a obrigação de não fazer envolver prestações infungíveis torna a pronome 'lhe' uma consequência lógica. Além disso, nos casos de prestações infungíveis, as impossibilidades relativas à pessoa do devedor são tidas como impossibilidade objetiva. Em conclusão, no caso das obrigações de fazer e de não fazer, para que haja exclusão do dever de prestar, a impossibilidade tem de ser objetiva. Lembrando que, se a prestação for infungível, a impossibilidade por questão relativa ao devedor é também objetiva. Sendo a prestação fungível, a impossibilidade subjetiva em regra não extingue o dever de prestar o fato, podendo o credor mandá-lo executar por terceiro à custa do devedor (art. 249)" (DIAS, Daniel. Impossibilidades objetiva e subjetiva da prestação: controvérsia e imprecisões. *Revista de Direito Civil Contemporâneo*. São Paulo, v. 29, out./dez. 2021, p. 173-205).

terceiro,[296] como se dá, por exemplo, nas relações fiduciárias ou nas de caráter personalíssimo.[297]

---

[296] "Há quem relacione a distinção entre a *impossibilidade objectiva* e a *impossibilidade subjectiva* com a classificação das obrigações em obrigações de meios e obrigações de resultado.
Há casos, diz-se, em que o devedor, ao contrair a obrigação, se compromete a garantir a produção de certo resultado em benefício do credor ou de terceiro, como o vendedor, que, ao vender determinada coisa, se obriga a transferir o domínio e a posse da coisa alienada. São as chamadas obrigações de resultado.
Outras vezes, porém, o devedor, ao contrair a obrigação, não fica adstrito à produção de nenhum resultado ou efeito: promete apenas realizar determinado esforço ou diligência para que tal resultado se obtenha. A obrigação é apenas de meios, e não de resultado. O médico não se obriga a curar o doente, a recuperar a sua saúde, comprometendo-se apenas a tratá-lo, a assisti-lo, com vista à sua possível cura do mal; outro tanto se podendo afirmar, *mutatis mutandis*, quanto ao advogado, no contrato de mandato ou patrocínio judiciário.
Nas primeiras, diz-se, só *a impossibilidade objectiva* exoneraria o devedor, ao passo que, nas outras, tanto a impossibilidade objectiva como a subjectiva constituiriam causa liberatória do obrigado.
O critério mais certeiro, quanto à eficácia liberatória da impossibilidade, é, porém, o que consta do artigo 791.
Se o devedor garante certo *resultado*, em termos de se poder fazer substituir por terceiro no cumprimento da obrigação, só a impossibilidade objectiva extinguirá o vínculo; e nem essa, se o devedor se tiver obrigado em termos de responder perante o credor, mesmo quando a prestação se torne objectivamente impossível, assumindo o risco da não verificação do resultado previsto, qualquer que seja a sua causa (contanto que esta não seja imputável ao próprio credor).
Pode, no entanto, a obrigação ser apenas de meios, e haver elementos, apesar disso, para concluir que o devedor se pode (e deve) fazer substituir por terceiro no cumprimento dela: quando assim seja, também só a impossibilidade objectiva exonerará o devedor do vínculo que contraiu" (VARELA, João de Matos Antunes. *Das obrigações em geral.* 7. ed. Coimbra: Almedina, 2017, p. 66-74).

[297] "1. Correspondência legislativa. CC/1916879.
2. Prestação impossível. 'Há que distinguir a impossibilidade em originária e superveniente, conforme é contemporânea do vínculo obrigacional ou surge mais tarde. A impossibilidade originária obsta — em princípio — a que a obrigação se constitua validamente (CC port. 401.º, n. 1); a impossibilidade superveniente não impede que a obrigação nasça com vida mas — também em princípio — tem por efeito fazê-la extinguir (CC port. 790.º e ss.)" (Galvão Telles. *Obrigações*, n. 17, p. 45). 3. Impossibilidade posterior absoluta da prestação. 'A impossibilidade posterior absoluta, como ninguém ignora, se total, resolve o negócio jurídico. As hipóteses de impossibilidade, especialmente nas obrigações de dar, referem-se, no geral, à perda de um bem, compreendida a perda no sentido natural, ou seja, a sua destruição, seja ela total ou parcial, que o Código Civil denomina de deterioração. Há, por igual, a impossibilidade moral que se aproxima da aludida impossibilidade econômica, e se refere a um ato a ser realizado.
Em certos casos, é moralmente impossível exigir-se a contraprestação, tendo-se em vista que o cumprimento *in casu* não teria o menor sentido, como, p. ex., sucede com alguém que se obrigue a realizar um espetáculo em certo dia, sendo que nesse dia seus pais faleceram, exemplo didático que ninguém desconhece' (COUTO E SILVA, Clóvis do. *A teoria da base do negócio jurídico no Direito brasileiro*. São Paulo: Revista dos Tribunais, maio 1990, p. 655-657)" (NERY JÚNIOR, Nelson. NERY, Rosa Maria de Andrade. *Código Civil comentado*. 13. ed. São Paulo: Thomson Reuters, 2019, p. 672-673).

Menezes Cordeiro, ao tratar da doutrina de Henkel acerca do conceito de inexigibilidade da prestação, explica que, para este doutrinador, a lei remete ao juiz a tarefa de determinar se a exigibilidade da prestação pelo devedor está configurada, a partir da previsão de cláusulas gerais como a da *justa causa*.[298]

Na investigação, seja das cláusulas gerais,[299] quando dos conceitos jurídicos indeterminados[300] ou mesmo dos princípios normativos, o estudioso vai se deparar com normas abertas.

---

298 "Henkel reconhece que o conceito para exigibilidade/inexigibilidade desenvolveu-se, primeiro, no domínio privado, amparado nas disposições civis que remetem para a boa fé. A sua intervenção dar-se-ia a vários níveis. No da execução da obrigação, a inexigibilidade daria, junto da variável poder-prestar — que, por impossibilidade, exoneraria o devedor — a variável dever-prestar: esta, em certas circunstâncias, liberaria o devedor quando o comportamento devido não lhe fosse exigível. A nível de interpretação da lei, a inexigibilidade aparentaria também um papel de relevo. Em várias ocasiões, a lei permite denúncias de situações duradouras por 'fundamentos importantes', ou na linguagem civil português, 'justa causa' — p. ex. art. 265.º/3, 1140.º/2, 1194.º e 1201.º, que exigem justa causa para a revogação de procuração conferida também no interesse do procurador ou de terceiro, sem o acordo do interessado e para a exigência, pelo depositante, da restituição antecipada da coisa depositada sem satisfação, por inteiro, da retribuição do depositário ou para a exigência, pelo depositário, de restituição antecipada, respectivamente. Nestes casos, a lei remete para o juiz, através de uma cláusula geral, a questão de determinar, na situação concreta, até que ponto a prossecução da situação convencionada é exigível. (...) A construção de Henkel tem, no Direito civil, o interesse de pôr à disposição da doutrina mais um instrumento no estudo, sempre delicado, dos princípios e cláusulas gerais. Deixa clara, sob o epíteto talvez excessivo de regulativos, a existência de princípios despidos de conteúdo material. E as suas conclusões, no campo agora em análise, confirmam quanto acima se disse sobre a inexigibilidade nipperdeyana: a inexigibilidade não compreende, de facto, um amparo para uma decisão da problemática posta pela alteração das circunstâncias, que tente assentar em mais do que na pura equidade.
Por infelicidade, Henkel é pouco conhecido na civilística. A expressão 'inexigibilidade', que poderia ter uma aplicação útil como princípio regulativo, desde que não se lhe pedisse para resolver problemas carecidos de bitolas materiais, é, assim, utilizada com outros significados. Domina, na actualidade, o seu uso no exprimir de situações em que, por razões diversas, o incumprimento não possa ser imputado ao devedor ou, se quiser, em que a prestação não lhe possa ser exigida. Entre tais situações contam-se a existência de perigo para a vida ou saúde do devedor ou de terceiro, certos conflitos de deveres e a chamada 'objecção de consciência' [NR 452: Veja-se, p. ex., Larenz, SchuldR/AT13 cit., 125. Ainda que estas figuras pudessem ser agrupadas como hipóteses de inexigibilidade — o que não é o caso — e elas se conectassem, de algum modo, com a boa fé, não haveria aqui lugar para a eficácia da alteração de circunstâncias, mas antes para o exercício integrado de posições jurídicas. (...)] . Tudo isto tem a ver com concursos de posições jurídicas e deve ser analisado separadamente. O seu agrupamento dogmático — salve-se, pois, uma utilização descrita simples — sob a designação 'inexigibilidade' é nocivo. Deve ser evitado" (CORDEIRO, António Menezes. *Da boa-fé no Direito Civil*. Coimbra: Almedina, 2013, p. 1020-1021).

299 Sobre as cláusulas gerais como instrumento de humanização do Direito: "Deste modo, as cláusulas gerais surgem como grandes propulsoras do desenvolvimento da ordem jurídica, dando pistas de descoberta ou desenvolvimento da ordem normativa; e levam até, pela consolidação dos resultados obtidos, à gênese de outros preceitos legais.

Ao discorrer sobre o *método* das cláusulas gerais, Judith Martins-Costa menciona a justa causa como exemplo de termo empregado em normas abertas pelas quais as cláusulas gerais são introduzidas no ordenamento jurídico,[301] e ao tratar da vagueza

As cláusulas gerais são ainda valiosas encaradas por outro ângulo.
Se bem utilizadas, elas representam elementos de aticização e humanização da ordem jurídica. Falamos atrás do espírito de cooperação que a visão social dos ordenamentos constitucionais impõe.
As leis civis não os traduzem por vezes adequadamente. Mas a introdução de cláusulas gerais com a densidade substantiva que as caracteriza, exclui os entendimentos meramente formais. (...)
Isto quer dizer que a conduta das partes deve ser objeto duma apreciação substancial, à luz do fim do contrato e dos interesses envolvidos, não bastando a satisfação meramente formal que corresponderia afinal a hipocrisia.
Assim, as cláusulas gerais, que traduzem o sentido ético e funcional para que tende o ordenamento hoje emergente, contribuem muito para a humanização do Direito, que surge como proposta de vanguarda nas nossas ordens jurídicas" (ASCENSÃO, José Oliveira. *In*: FORGIONI, Paula A.; DEL NERO, Patrícia Aurélia; DEZEM, Renata Mota Maciel; MARQUES, Samantha Ribeiro Meyer-Pflug (coords.). *Direito empresarial, direito do espaço virtual e outros desafios do direito*: homenagem ao Professor Newton de Lucca. São Paulo: Quartier Latin, 2018, p. 1.162-1.163).

300 "Carecidos de valoração, os conceitos indeterminados não são, necessariamente, de utilização arbitrária: existe toda uma série de indícios que inculcam as variáveis a ponderar e o seu peso relativo, aquando das operações de preenchimento. Pode falar-se, deste modo, em graus de indeterminação, consoante a impressividade de elementos dados ao intérprete para realizar a concretização, em função da realidade conceitua! que se lhe depare. Em princípio, a indeterminação adveniente de polissemia, ambiguidade ou porosidade será menor do que na vaguidade, atingindo um grau máximo nos conceitos vazios: na realidade, ela relativiza-se, nas aplicações diversas, consoante as referências disponíveis" (CORDEIRO, António Menezes. *Da boa-fé no Direito Civil*. Coimbra: Almedina, 2013, p. 1180-1181).

301 "Diversamente, nos enunciados elásticos (vagos, abertos, porosos, dúcteis ou cláusulas gerais em sentido amplo) verifica-se a ausência, na hipótese legal, de uma prefiguração descritiva ou especificativa. São empregados termos cuja tessitura é semanticamente aberta, muitas vezes dotados de cunho valorativo (bons costumes; boa-fé; justa causa; diligência habitual, etc.). O detalhamento, próprio da casuística, estará ausente. A prescrição é vaga — ao menos na hipótese ou enunciado normativo — aludindo-se com o mínimo de elementos descritivos às circunstâncias de incidência da norma. Basta pensar nos arts. 187, 421, 422, 884, 949, todos do Código Civil: ali se indica, no art. 187, que haverá ilicitude no exercício de direitos se forem manifestamente desbordados, quando daquele exercício, a boa-fé, os bons costumes, o fim econômico e social do direito; no art. 421, que a liberdade de contratar será exercida nos limites e em razão da função social do contrato; no art. 884, que o enriquecido à custa de outrem, sem justa causa, deve restituir o injustamente auferido; e, no art. 949, que a indenização, em caso de homicídio, consiste no pagamento das despesas com a vítima e na prestação de alimentos às pessoas a quem o morto as devia 'sem excluir outras reparações', sem, contudo, especificá-las ou indicar as hipóteses em que será devida. Nesses dispositivos, não se detalha nem se define o que sejam boa-fé, bons costumes, função social, ou enriquecimento sem justa causa, nem se especifica quais serão as outras reparações devidas em caso de homicídio. Em todos esses casos, o texto normativo apresenta, ao invés de descrição na hipótese normativa (fato tipo, factispecies), termos e expressões carecidas de determinação ('conceitos vagos'). Em alguns, não estão sequer atreladas as consequências jurídicas correspondentes ou, então,

socialmente típica da linguagem dessas cláusulas gerais, a autora indica o exemplo da justa causa, tal como usada na legislação, para distinguir da noção comum do termo na expressão vulgar.[302]

A dificuldade de se identificar, em determinada situação concreta, a existência de uma "justa causa" para se caracterizar a licitude da resilição de um contrato firmado por prazo determinado, não deveria, contudo, afastar, *a priori*, dos estudos doutrinários a respeito dessa possibilidade.

A análise da justa causa passa, assim, pelo conceito de impossibilidade da prestação e pela investigação de se essa impossibilidade poderia também ser subjetiva. Ao discutir a possibilidade de, no ordenamento jurídico brasileiro, a impossibilidade subjetiva (e não apenas objetiva), liberar o devedor, Daniel Dias considera que tal análise deve ser realizada de acordo com as previsões legais encontradas

---

elas vêm indicadas de modo amplo, como quando a lei alude à restituição do injustamente auferido. (...)
Basicamente, duas ordens de problemas estão aí indicadas. De um lado, os atinentes à indeterminação que atinge a hipótese legal (em razão da ausência de elementos especificativos e do emprego de linguagem vaga), havendo, então, remissão a um standard e/ou a realidades valorativas, o que tem implicações não apenas na estrutura da prescrição, mas, igualmente, na linguagem utilizada, no tipo de raciocínio suscitado e na prova da relação entre o fato que se quer provar e o previsto no enunciado normativo. De outro lado, estão os problemas atinentes à consequência (eficácia), a ser determinada nos casos concretos, uma vez que, incidindo, toda norma há de ser aplicada, realizando-se no mundo. Cabe, pois, enfrentar essa dupla problemática" (MARTINS-COSTA, Judith. *A boa-fé no Direito privado*. São Paulo: Marcial Pons, 2015, p. 145-146. Versão eletrônica. Disponível em: https://integrada.minhabiblioteca.com.br/reader/books/9788553601622/pageid/155. Acesso em: 17 abr. 2024.)

302 "A vagueza socialmente típica foi utilizada no Código Civil brasileiro de 2002 que a combina com disposições casuísticas. São exemplos de termos e expressões dotados de vagueza socialmente típica — assim denominados porque reenviam o julgador a 'ideias-tipo' e a 'valores-tipo largamente consensuais', a padrões (*standards*) ou a conceitos necessariamente preenchidos nas instâncias metajurídicas — as seguintes expressões, encontradas no texto do Código Civil vigente: honra, boa fama e respeitabilidade; vida privada; justa causa ou justo motivo [arts. 57, 335, inciso I, 602, *caput* e parágrafo único, 603, 604, 605, 624, 705, 717, 834, 884, 1.019, 1.648], motivos graves; segundo a boa-fé e conforme os ditames da boa-fé; manifestamente desproporcional; excessivamente onerosa ou onerosidade excessiva ou excessiva desproporção; desonra própria; culpa, equitativamente, função social do contrato, probidade, risco, razoavelmente, razoabilidade, extrema vantagem para a outra [parte]; abuso, manifestamente excessivo, cuidado (...) de todo o homem ativo e probo; interesse econômico e social relevante; fim imoral; interesse público; comunhão plena de vida ou comunhão de vida, honra e boa-fama, crime ou doença ou violação de deveres que torne(m) insuportável a vida em comum ou insuportabilidade da vida em comum; motivos graves; justo interesse; ordem pública" (MARTINS-COSTA, Judith. *A boa-fé no Direito privado*. São Paulo: Marcial Pons, 2015, p. 153-155. Versão eletrônica. Disponível em: https://integrada.minhabiblioteca.com.br/reader/books/9788553601622/pageid/155. Acesso em: 17 abr. 2024).

nas disciplinas de cada modalidade obrigacional. Assim, analisando os artigos 234, 238 e 239 do Código Civil o autor determina que, nas obrigações de dar, a impossibilidade subjetiva libera o devedor, diferentemente das obrigações de fazer, em que apenas a impossibilidade objetiva tem esse condão.[303]

---

[303] "A classificação da impossibilidade em objetiva e subjetiva, apesar de amplamente disseminada, é controversa e imprecisa. Em primeiro lugar, boa parte dos autores utiliza-se indistintamente das classificações objetiva/subjetiva e absoluta/relativa. Essa utilização indistinta não deve ser seguida. O principal argumento é o de que o próprio Código Civil refere-se expressamente à impossibilidade absoluta e relativa atribuindo-lhe sentido diferente do que a doutrina atribui à impossibilidade objetiva e subjetiva. Como se extrai da interpretação histórica do art. 106, a impossibilidade relativa corresponde à situação em que a impossibilidade da prestação pode ser remediada e a(s) parte(s) celebra(m) negócio jurídico para o caso de ela tornar-se possível. A impossibilidade absoluta, por sua vez, é aquela em que a impossibilidade da prestação é irremediável e o negócio não foi celebrado para o caso de ela vir a tornar-se possível.

Em relação à referida controvérsia, vigora marcada divergência na doutrina relativa a se apenas a impossibilidade objetiva ou se também a subjetiva libera o devedor. Não convencem os fundamentos apresentados para sustentar que apenas a impossibilidade objetiva seria liberatória. Entre outros, analisou-se o argumento de que o Código Civil brasileiro não teria dispositivo análogo ao do BGB (§275/2, redação antiga) que equiparava expressamente a impossibilidade superveniente subjetiva à objetiva. Ocorre que, se, por um lado, a lei brasileira não dispõe de dispositivo igualando as duas modalidades de impossibilidade, por outro, também não há previsão clara de que apenas em caso de impossibilidade objetiva o devedor se liberaria.

Tampouco convencem os argumentos que fundamentam a posição favorável a que a impossibilidade subjetiva libera o devedor. O principal argumento é o da exigência legal de que, para configuração da mora, tem de haver fato ou omissão imputável ao devedor (art. 396, CC/2002 e art. 963, CC/1916). A partir dessa exigência, parte da doutrina defende ser possível extrair a equiparação entre as impossibilidades objetiva e subjetiva. Em um caso de impossibilidade subjetiva sem que haja culpa do devedor, seria necessário reconhecer a liberação do devedor, do contrário haveria mora sem culpa, o que violaria o art. 396. Esse argumento não procede, contudo, pelo fato de que é possível que não haja mora, sem que o devedor necessariamente se libere do seu dever de prestar primário ou originalmente pactuado.

A solução para a questão deve ser construída com base no regramento legal das impossibilidades, sobretudo os presentes nas modalidades de obrigação de dar coisa certa e de fazer. Em relação à obrigação de dar coisa certa, a impossibilidade e a liberação do devedor estão ligadas à noção de 'perda da coisa'. E essa noção envolve não apenas situações de completa destruição da coisa, mas também outras em que o bem se encontra em local de onde não pode ser retirado, como era expressamente previsto no art. 78, III, do CC/1916 — o qual, apesar de não ter sido repetido no CC/2002, não teve o seu conteúdo proscrito. Dessa maneira, a impossibilidade subjetiva é abarcada pelo conceito legal de 'perda da coisa'. A situação em que o vendedor não consegue cumprir a sua obrigação, porque lhe falta a propriedade ou disponibilidade fática sobre a coisa, é essencialmente semelhante à hipótese legal de perda da coisa por estar em local de onde não pode ser retirada. No caso das obrigações de dar coisa certa, portanto, a impossibilidade subjetiva do devedor é liberatória.

Em se tratando das obrigações de fazer, de maneira distinta, a impossibilidade liberatória é apenas a objetiva. Isso é o que se depreende dos arts. 248 e 249. O primeiro dispositivo exige que se torne impossível a prestação do fato — e não a sua execução para o devedor do caso concreto. Além disso, de acordo com o art. 249, caso a prestação do fato possa ser executada por terceiro, o credor poderá mandá-la executar à custa do devedor, se houver

No caso das obrigações de fazer atreladas a um dever de colaboração, o conceito de impossibilidade objetiva se aproxima do da subjetiva, dado que é muito difícil a configuração da culpa e a caracterização da mora, sendo possível imaginar um cenário de culpa recíproca ou mesmo de impossibilidade absoluta, decorrente da caracterização da ausência de colaboração mútua. Em outros termos, tentar encontrar quem deu o primeiro passo para se chegar a um cenário objetivo de ausência de colaboração pode ser inócuo e inútil, configurando, em qualquer hipótese, uma justa causa para o encerramento da relação.

Partindo da ideia de que nos contratos relacionais existe um dever de colaboração recíproco, ambas as partes se encontram em situações jurídicas correlatas,[304] como duas faces de uma mesma moeda. Diante da ausência de colaboração no contrato, imputável a ambas as partes, pode-se cogitar da extinção do vínculo por culpa recíproca, tal como indica Hugo Yamashita em seu trabalho:

---

recusa ou mora deste. Sendo descartada a hipótese de recusa, porque nitidamente distinta da impossibilidade, o dispositivo aplica-se diretamente em caso de impossibilidade subjetiva por culpa do devedor, porque, nesse caso, configura-se mora. E havendo impossibilidade subjetiva sem culpa do devedor, porque não há mora, aplica-se o art. 249 por analogia.

Na hipótese de obrigação de não fazer, apesar do texto do art. 250 referir impossibilidade de maneira que se liga à pessoa do devedor — "se lhe torne impossível" —, trata-se de impossibilidade objetiva, porque a prestação negativa é infungível.

Apesar do seu sugestivo texto, o art. 947 não consagra hipótese de impossibilidade subjetiva liberatória da prestação originalmente pactuada pelo devedor. Essa interpretação tornaria o dispositivo incompatível com as regras gerais de impossibilidade, presentes nos capítulos sobre modalidades das obrigações de dar coisa certa e de fazer. Além disso, pela localização do dispositivo, a melhor interpretação é a que dá a ele o sentido de regra que impõe, em caso de responsabilidade civil, a indenização em natura e, apenas em caso de impossibilidade do devedor para tanto, a indenização pecuniária.

Por fim, em relação às concepções ampla e restrita da impossibilidade subjetiva, apesar de não haver debate a respeito, a doutrina e jurisprudência demonstram tendência implícita pela concepção ampla. De maneira distinta, o Código Civil adota a concepção restrita. Para que haja impossibilidade subjetiva, é necessário que o devedor não só tenha perdido a aptidão para prestar, como também que não consiga recuperá-la. É o que se extrai, mais uma vez, da previsão de perda da coisa por estar em local do qual não possa ser retirado, que trata de hipótese em que o devedor não só já não dispõe da coisa, como também que não consegue mais recuperá-la" (DIAS, Daniel. Impossibilidades objetiva e subjetiva da prestação: controvérsia e imprecisões. *Revista de Direito Civil Contemporâneo*. São Paulo, v. 29, p. 173-205, out./dez. 2021).

304 "Toda relação jurídica obrigacional é relação entre situações jurídicas correlatas, e não apenas correlação direta entre direitos e deveres. Desse modo, não só o devedor está numa situação subjetiva de dever, em relação ao credor: este também está, como apontou Perlingieri, em situação de dever em relação ao devedor. Um dos mais prestantes serviços do princípio da boa-fé foi ter proporcionado a 'descoberta dogmática' da ocorrência, na relação obrigacional, de deveres instrumentais imputados a ambos figurantes da relação contratual" (MARTINS-COSTA, Judith. *A boa-fé no Direito privado*. São Paulo: Marcial Pons, 2015, p. 574).

No nosso entender, conquanto discordemos, como já destacado, da efetiva existência de um fim comum de cunho societário nos híbridos, é, de fato, possível que o complexo das obrigações existentes em tais arranjos conduzam, com maior frequência do que nos negócios de permuta, as hipóteses de extinção do vínculo sem a responsabilização de uma parte ou outra. Dada a intrincada relação entre as obrigações existentes no seio de tais negócios, cuja coordenação perfaz elemento essencial para o bom sucesso do empreendimento comum, afigura-se com maior naturalidade que a eventual impossibilidade de determinada obrigação, por fato não imputável a qualquer das partes, inviabilize a consecução do que é buscado por elas.[305]

As soluções para a extinção do vínculo por culpa recíproca perpassam a vedação ao enriquecimento sem causa, o respeito à boa-fé objetiva, proteção da legítima expectativa, usos e costumes, vedação do aproveitamento da própria torpeza, ou seja, cláusulas gerais com a imprevisibilidade a elas inerente.

José Xavier de Carvalho Mendonça já defendeu que, no caso de inadimplemento recíproco, deveria haver a compensação da culpa: "é um caso de compensação da culpa, em que as duas situações se ilidem e nenhuma das partes pode contra a outra tirar vantagem da culpa que lhes é comum."[306]

No caso de inadimplemento recíproco da obrigação de colaboração, seria possível considerar a possibilidade da sua caracterização, como impossibilidade superveniente inimputável (art. 248, Código Civil), cuja consequência é a resolução do negócio, sem pretensão indenizatória de parte a parte.

4.8 Extinção por justa causa

No presente estudo procurou-se, assim, investigar a justa causa como parâmetro para a tese proposta de resolução por descumprimento do dever de colaboração.

A dificuldade de se enquadrar a quebra da confiança como um motivo relevante para a resolução dos contratos está no fato de que o Código Civil abarca apenas três fundamentos para a resolução:

---

[305] YAMASHITA, Hugo Tubone. *Cooperação empresarial*: contratos híbridos e redes empresariais. São Paulo: Almedina, 2022, p. 321.

[306] MENDONÇA, J. X. C. de. *Doutrina e prática das obrigações*. 4. ed. Rio de Janeiro: Forense, 1956, p. 328.

a) o art. 474, com a resolução convencional, expressa ou tácita; b) o art. 475, decorrente do inadimplemento e c) a superveniência de eventos que impactam na obrigação (onerosidade excessiva — art. 478) ou na impossibilidade do cumprimento (artigos 234, 238, 248 e 250).

Assim, ou bem se aproxima esse motivo relevante da justa causa e da impossibilidade de cumprimento da obrigação, ou bem, em caminho ainda mais tortuoso, tentar-se-ia a equiparação com uma cláusula resolutiva tácita.

Outra via seria, tal como proposto neste estudo, verificar a possiblidade do Direito brasileiro admitir, tacitamente, que esses contratos de colaboração sejam resilidos unilateralmente, ainda que celebrados por prazo determinado, quando houver essa quebra da confiança ou a ausência de colaboração de modo determinante, mas ainda insuficiente, pela dificuldade do *status* probatório, para caracterizar verdadeiro inadimplemento.

Segundo Rodrigo Broglia Mendes, em parecer sobre um caso em que se investigava a possibilidade de resilição de contrato de distribuição, a justa causa seria uma das hipóteses em que a resilição de contrato por prazo determinado é implicitamente admitida na lei brasileira, incidindo nos casos em que não é razoável exigir que o contrato seja levado até seu termo final.[307]

---

[307] "Assim, também para o Direito brasileiro, a resilição por justa causa de contrato de longa duração, por prazo determinado, somente incide naquelas situações em que não é razoável exigir que o contrato seja levado até o seu termo final. Desse modo, ainda que seja necessário verificar os elementos do caso concreto, a justa causa que permitirá a resilição deverá ser demonstrada com os seguintes critérios:
(i) a irrazoabilidade de se exigir que a parte que pleiteia a resilição continue no contrato até o seu termo final;
(ii) o fim do contrato, em razão das circunstâncias do caso, para apreciar a irrazoabilidade na manutenção do contrato; e
(iii) finalmente, devem ser levadas em consideração as circunstâncias do caso (incluindo o contexto econômico em que se insere o contrato) e, também, mediante a ponderação dos interesses recíprocos das partes.
É com base na análise desses três critérios que se poderá afirmar a presença de justa causa que autorize a extinção de contrato de longa duração, por prazo determinado.
De modo exemplificativo, é possível apresentar alguns motivos que foram compreendidos, pela doutrina e jurisprudência alemãs, como 'justa causa' para a resilição do contrato: uma erosão na confiança mútua, a baixa rentabilidade por um grande período para o fornecedor; como também a deterioração do patrimônio da outra parte.
Em alguma medida, a avaliação da justa causa dependerá das circunstâncias do caso, para se identificar se, concretamente, seria razoável exigir do contratante sua manutenção na relação. Trata-se de uma flexibilidade necessária, o que justifica que os parâmetros fornecidos pela doutrina sejam induzidos, como no caso alemão, a partir da Jurisprudência.
Assim, nos termos ora delineados, entendo que a resilição de contratos de duração por prazo determinado, por justa causa, é uma das hipóteses que é implicitamente admitida

É possível pensar na "erosão da confiança mútua" como uma justa causa para a resilição dos contratos de cooperação. Afinal, no caso dos contratos colaborativos, a confiança é tida como elemento essencial, cujo abalo impacta na própria relação jurídica.[308]

Sobre a extinção por justa causa, Joana Farrajota defende que nos contratos duradouros o conceito de inviabilidade/impossibilidade é da própria relação, não da prestação em si. Se analisada a quebra da confiança/colaboração nesse contexto, faz mais sentido falar em justa causa do que em inadimplemento.

Segundo a autora portuguesa, a primeira observação a ser feita reside na definição do que seria uma *relação de confiança*, para além da necessidade de observância dos deveres emergentes da relação jurídica estabelecida entre as partes, a confiança, nessas relações, seria mais intensa do que a normalmente depositada no tráfego normal jurídico.[309] Na concepção adotada neste estudo, entretanto, a colaboração, que pressupõe a confiança, não se apresenta apenas numa lógica de gradação, mas sim de relevância e centralidade, de pertinência direta ao objeto contratual e à função econômica desenhada pelas partes.

A ideia de que todas as relações envolvem um certo grau de confiança, assim como todos os contratos envolvem um certo grau de relacionalidade, impõe maior cuidado na delimitação do estudo proposto. Também a ideia de que os contratos de duração exigem um cuidado especial na matéria do incumprimento não resolve o problema, pois, na investigação da quebra da confiança, não basta o olhar os contratos de duração, os quais, como já se viu, não impõem, necessariamente, um nexo direto de vinculação entre o tempo do contrato e centralidade da cooperação. O que se pretende nessa investigação é a indicação do desaparecimento da confiança capaz de justificar, como fundamento autônomo, a extinção contratual.

---

pela legislação brasileira" (MENDES, Rodrigo Octávio Broglia. Anotações preliminares sobre a resolução por justa causa nos contratos de longa duração. *In*: CASTRO, Rodrigo Rocha Monteiro de; AZEVEDO, Luiz André; HENRIQUES, Marcos de Freitas (orgs.). *Direito Societário, mercado de capitais, arbitragem e outros temas*: homenagem a Nelson Eizirik. São Paulo: Quartier Latin, 2019, p. 799-800).

308 "Desaparecendo o ambiente em que a relação [de confiança] se alicerçou, pode-se tornar inexigível a respectiva manutenção, atribuindo-se assim ao *deceptus* o poder de a resolver" (FARRAJOTA, Joana. *A resolução do contrato sem fundamento*. Coimbra: Almedina, 2020, p. 368).

309 FARRAJOTA, Joana. *A resolução do contrato sem fundamento*. Coimbra: Almedina, 2020, p. 344.

Ao se considerar a necessidade de análise dos contratos relacionais dentro de uma lógica própria, pode-se concluir que neles a gravidade do incumprimento, quando se tratar de uma quebra da confiança, não deveria ser tão relevante quanto esse elemento é na análise dos contratos de execução instantânea. O inadimplemento não deveria ser valorado apenas em função do seu efeito isoladamente considerado, mas atendendo ao seu impacto na relação como um todo.[310] No que diz respeito à gravidade do incumprimento, no sentido de atingir a confiança de modo irremediável, nem sempre a violação ou omissão pelo devedor se dá de modo a gerar um descumprimento direto de alguma obrigação contratual de modo imediato, mas se a reiteração de sua conduta, contrária à colaboração esperada, dá indícios claros de que ele não irá alterar seu comportamento, torna justificada a ponderação pelo credor pelo desfazimento do pactuado.[311]

---

310 "Desta forma, o conceito justa causa, decisivamente marcado pela ideia de inexigibilidade, no sentido da existência de uma situação que torna, para uma das partes, não exigível a manutenção da relação contratual, está presente sobretudo nos contratos duradouros que assumem natureza relacional; mas pode ainda conjeturar-se o seu enquadramento como um dos critérios de distinção (ainda que legalmente pré-assumido), entre certas situações de mora e de incumprimento definitivo, bem como critério de aferição da relevância do desequilíbrio superveniente das prestações que fundaram a celebração de um contrato, na medida em que o critério da boa-fé constitui um referencial essencial para a distinção entre a conservação e a cessação do contrato. Assim, o conceito de justa causa parece ir além do incumprimento, não se bastando com este (por força do requisito da gravidade) e pode abranger situações que, por não serem imputáveis às partes, resultam de situações objetivas, não configurando incumprimentos contratuais" (SANTOS, Pedro Cláudio Oliveira Rodrigues dos. *A justa causa na cessão dos contratos duradouros*. 2021. 396 f. Tese (Doutorado em Direito Civil) – Universidade de Coimbra, Coimbra, 2021, p. 8).

311 "Mas existem outras condutas, ativas ou omissivas, que não atingem por si só um grau de gravidade semelhante e, por isso, as normas referidas recorrem a outros índices que permitam ao aplicador formular um juízo de gravidade da conduta. É a este propósito e para esta finalidade que surgem fatores como a reiteração da conduta e as consequências que esta provoca. Estes índices valorativos permitem considerar condutas que, isoladamente, não assumiriam a gravidade necessária para a integração do conceito de justa causa como tal, seja porque a parte persiste na sua repetição, seja porque uma conduta que não aparenta uma gravidade relevante causa prejuízos à contraparte cuja dimensão conduz à respetiva gravidade. No que respeita ao primeiro fator, o carácter reiterado da conduta, temos inclusivamente exemplos-padrão, em sede de contrato de trabalho, que demonstram a sua relevância valorativa. Tal sucede quando o legislador considera as faltas injustificadas, em que indica o número de faltas, seguidas ou interpoladas, que é suscetível de preencher o conceito de justa causa. É claro que uma falta ou duas, ainda que injustificadas, não têm grande relevo na relação laboral, pois qualquer trabalhador pode ter necessidade de se ausentar do trabalho, sem que consiga justificar adequadamente as respetivas ausências, mas se essas faltas se repetem ao longo do ano em número relevante, justifica-se que o empregador questione se pode contar com aquele trabalhador para a execução e desenvolvimento do seu projeto de negócio. Da mesma forma, um pequeno conflito de um arrendatário com os vizinhos, ou uma violação do regulamento de condomínio, pode não ser, por si, relevante, mas

A principal figura jurídica destinada à resolução dos contratos duradouros é a denúncia, sem fundamento e com aviso prévio, mas deve permitir-se às partes a desvinculação unilateral imediata quando exista um fundamento específico, apresentando-se, como alternativa, o conceito de justa causa, que exige sempre a verificação de uma ideia de impossibilidade prática traduzida no conceito de inexigibilidade.[312] A utilização de um conceito indeterminado — a justa causa —, muitas vezes assente numa cláusula geral, torna o problema mais complexo, mas não por isso, sem solução.

---

se o locatário insiste em gerar conflitos ou desrespeita insistentemente o regulamento do condomínio, então compreende-se que o senhorio possa questionar a confiança que deposita naquele arrendatário para fazer uma utilização prudente do locado. Também no contrato de agência, ou noutro tipo de contrato de distribuição comercial, perante o carácter comercial dos negócios e a relevância do cumprimento dos objetivos de vendas e angariação de clientes, não se pode dar inteira relevância, em termos de apreciação da gravidade, ao não atingimento de um objetivo mensal ou mesmo de alguns esporádicos objetivos mensais, mas se o agente sistematicamente fica aquém desses objetivos, então é legítimo ao principal questionar se aquele agente é a pessoa certa para a prossecução das finalidades do negócio dentro da sua estrutura comercial. Em todas estas situações a reiteração da conduta está relacionada com a repetição de uma mesma desconformidade contratual, mas não é de descartar a possibilidade da repetição da conduta não se situar exatamente no âmbito do mesmo dever contratual, configurando, em vez disso, um repetido desvalor por vários deveres contratuais, ainda que de pouca gravidade isolada, mas que em conjunto e através de uma apreciação global, conduzem à consideração da conduta como grave, sendo certo que neste tipo de situações a ponderação coloca-se mais ao nível da aferição da inexigibilidade" (SANTOS, Pedro Cláudio Oliveira Rodrigues dos. *A justa causa na cessão dos contratos duradouros*. 2021. 396 f. Tese (Doutorado em Direito Civil) – Universidade de Coimbra, Coimbra, 2021, p. 246-247).

312 "A extinção das obrigações duradouras em sentido estrito postula necessidades específicas ligadas ao tempo de duração dos contratos e à forma como o tempo influencia a própria execução contratual. Por um lado, nenhuma pessoa pode ser obrigada a uma vinculação perpétua e, por outro lado, tendo em conta que as partes se vinculam olhando para um período de tempo prolongado, é necessário estabelecer um regime jurídico que não desproteja a parte que conta com a manutenção do contrato para a organização da sua vida pessoal ou empresarial, mas também deixe aberta uma porta para permitir a desvinculação contratual da contraparte, sob pena de a liberdade contratual não poder ser recuperada por força da regra da estabilidade contratual. A principal figura jurídica destinada à resolução desse problema é a denúncia livre dos contratos duradouros, sem fundamento e com aviso prévio. Mas, para além desta figura, deve permitir-se às partes a desvinculação unilateral imediata quando exista um fundamento para o efeito. No entanto, não só o regime do incumprimento das obrigações se mostra insuficiente para responder às especificidades das obrigações duradouras em sentido estrito, como muitas vezes o fundamento que justifica a desvinculação contratual não está relacionado com a violação de deveres contratuais, assumindo natureza objetiva. Por isso, impõe-se o recurso ao conceito de justa causa para construir um substrato substantivo fundamentador da cessação unilateral dos contratos duradouros quando a denúncia livre não constitui o instrumento adequado para a resolução do problema contratual existente (SANTOS, Pedro Cláudio Oliveira Rodrigues dos. *A justa causa na cessão dos contratos duradouros*. 2021. 396 f. Tese (Doutorado em Direito Civil) – Universidade de Coimbra, Coimbra, 2021, p. 345).

Trata-se, assim, de verificar a viabilidade da relação e, portanto, da exigibilidade ou não da manutenção do contrato, considerada a justa causa como a perturbação da viabilidade da continuidade da relação, ainda que não exista o inadimplemento de nenhuma obrigação em específico e nem, necessariamente, o comprometimento do futuro do contrato, mas da própria relação entre as partes.

Nesse estudo sobre a resolução dos contratos de execução duradoura, Joana Farrajota identifica uma lacuna no ordenamento civil, construído sob o paradigma das relações de execução instantânea, para as situações de inadimplemento apto a deflagrar a resolução nos contratos de execução duradoura:

> No contrato de execução duradoura, a apreciação da admissibilidade do exercício da faculdade resolutória deve ser realizada noutros moldes. O inadimplemento não deve ser valorado em função apenas do seu efeito isoladamente considerado, mas atendendo ao seu impacto na relação enquanto um todo. O que está em causa, em regra, num contrato de execução duradoura, não é a perda de interesse do credor numa concreta prestação, mas sim a perda de interesse na manutenção da relação. O juízo de avaliação do incumprimento, para efeitos do exercício do direito de resolução nos contratos de execução duradoura, transcende a mera apreciação do respectivo impacte no interesse do credor na prestação incumprida, incidindo igualmente sobre o efeito daquele no interesse do credor em manter-se vinculado ao contrato. Atenta-se, para além da gravidade do incumprimento em si mesmo considerado, aos efeitos daquele na viabilidade da relação. Trata-se pois, a final, de realizar um juízo quanto à exigibilidade da manutenção do contrato.[313]

Após enunciar a existência de um "princípio geral de resolução com fundamento em justa causa, aplicável a todas as relações de execução duradoura", a autora densifica esse conceito aberto como "a perda de confiança, a tensão litigiosa, a perturbação e a insegurança geradas quanto ao futuro da relação".[314]

A ideia, portanto, é que o contrato relacional possa ser resolvido ou por inadimplemento, considerando-se a cooperação como obrigação reconhecida no contrato, ou, assim como os contratos de execução duradoura, por justa causa,[315] quando inviável a continuidade da relação,

---

[313] FARRAJOTA, Joana. *A resolução do contrato sem fundamento.* Coimbra: Almedina, 2020, p. 360-361.

[314] *Idem*, p. 361-362.

[315] Possibilidade de extinção dos contratos por impossibilidade superveniente, com fundamento no artigo 248 do Código Civil.

considerando-se como parâmetro, em qualquer caso, o interesse do credor.[316]

Trata-se da hipótese de justa causa sem necessária e prévia caracterização de um ato ilícito,[317] como alternativa aos casos em que a prova do inadimplemento não seja fácil, mas já não existam dúvidas a respeito da impossibilidade de convivência entre as partes, de modo a tornar inviável a colaboração necessária para a fixação os parâmetros de execução do contrato, mormente quando firmado com cláusulas abertas. Para esses casos, nos termos do art. 248 do Código Civil, a relação contratual deve ser extinta por impossibilidade, pois não há meio de um terceiro adjudicador preencher as lacunas necessárias à execução do pactuado, ante a inexistência de acordo entre as partes.[318]

Uma vez afastada a hipótese de inadimplemento, com a rescisão motivada do contrato, poder-se-ia admitir a inexequibilidade do pacto, levando a um cenário de impossibilidade superveniente inimputável, cuja consequência é a resolução do negócio, sem pretensão indenizatória de parte a parte.

Em qualquer caso, estaremos diante da inevitável extinção do vínculo contratual.

Hipótese interessante, ainda, a ser considerada, é a da quebra da confiança no caso de incumprimento antecipado.[319] Como leciona Ruy Rosado:

---

[316] Joana Ferrajota cita que Batista Machado, assim como ela, defende a aplicação da resolução por justa causa aos contratos cuja execução, em bom rigor, não seja duradoura, mas perdure no tempo (FARRAJOTA, Joana. *A resolução do contrato sem fundamento*. Coimbra: Almedina, 2020, p. 362, nota de rodapé 1282).

[317] Ao comentar o artigo 1.0292 do CC, Alfredo Assis Gonçalves trata da justa causa sem a exigência prévia de ilicitude: "Essa justa causa, embora não definida na lei, não será o simples insucesso do empreendimento comum, que deflui naturalmente da álea do negócio, mas deverá ter como substrato, não necessariamente o ilícito, mas alteração das circunstâncias que concretamente influem na atuação em sociedade, tais como: (i) o grave desentendimento entre os sócios na condução dos negócios sociais; (ii) a prática de atos ilícitos pelos administradores, sem providências para seu afastamento; (iii) a inexequibilidade dos fins sociais; (iv) a incapacidade superveniente do sócio de indústria ou administrador mais (ou o único) qualificado para o exercício das funções essenciais da atividade econômica desenvolvida pela sociedade, e assim por diante (...)" (GONÇALVES NETO, Alfredo de Assis. *Direito de empresa*: comentários aos artigos 966 a 1.195 do Código Civil. São Paulo: Revista dos Tribunais, 2007, p. 242).

[318] Podemos pensar, como parâmetro de raciocínio, nas lacunas dos contratos preliminares, para as quais é vedado o preenchimento pelo Judiciário, pois não compete ao julgador "adivinhar o regramento contratual", dado que "não há espaço para a inserção de cláusulas estranhas ao programa estabelecido no contrato preliminar" (ZANETTI, Cristiano de Sousa. *Comentários ao Código Civil*. Giovanni Ettore Nanni (coord.). São Paulo: Saraiva, 2019, p. 755).

[319] No direito norte-americano é conhecida a figura do *anticipatory breach*, que abrange tanto os casos de prestação que já se vislumbra impossível, quanto os atos que revelam que a

> No incumprimento antecipado, não se pode propriamente vislumbrar uma quebra da obrigação principal, porquanto ainda não se ofereceu o momento oportuno para a exigibilidade da prestação, mas existe aí situação que, desde logo, evidencia a impossibilidade da prestação sem nada mais ter-se que esperar; ao menos, há quebra da confiança quanto ao futuro cumprimento, não havendo nenhum interesse social na manutenção de um vínculo que, por tais razões, encontra-se ferido gravemente.[320]

Ou seja, quando a impossibilidade restar clara, mesmo que por uma visão antecipada do credor, de que seu interesse não poderá ser atingido de modo legítimo dada a atual postura do devedor, ele não está obrigado a esperar a confirmação inequívoca da impossibilidade por um ato *a posteriori*, quando a prestação já se tornar, em todos os sentidos, impossível.[321]

Nesse contexto, deve-se, ainda, interpretar o artigo 331 do Código Civil,[322] de modo inteligente, compreendida a expressão "imediatamente", de acordo não apenas com os prazos fixados pelas partes em contrato, mas também os prazos tacitamente convencionados, em virtude da própria natureza da prestação, em especial quando esta depender

---

parte já não deseja mais cumprir a obrigação. No caso do Direito brasileiro, a professora Judith Martins-Costa, traz o exemplo de um contrato de empreitada, no qual se contrate a entrega de um prédio de apartamentos de quinze andares a ser construído no prazo de vinte e quatro meses. Se, transcorridos quatorze meses, e a obra sequer começou a ter suas fundações escavadas, poderia o credor resolver o contrato com base no inadimplemento definitivo (MARTINS-COSTA, Judith. Comentários ao Novo Código Civil: do inadimplemento das obrigações. v. 5, t. 2. *In*: TEIXEIRA, Sálvio de Figueiredo (coord.). *Comentários ao Novo Código Civil*. Rio de Janeiro: Forense, 2003. p. 156).

320 AGUIAR JÚNIOR, Ruy Rosado de. *Extinção dos contratos por incumprimento do devedor*: resolução. Rio de Janeiro: Aide, 1991, p. 128.

321 "A mora é relevante no sentido de saber se, após esta, o credor pode confiar que, no futuro, o contrato será cumprido sem problemas ou se, pelo contrário, a mora constitui um elemento suficientemente indiciador de que está comprometido o normal decurso da relação contratual, ou seja, a mora significa, num juízo objetivo de prognose, que àquela se seguirão outras. Por isso, tudo dependerá da importância da prestação em atraso na economia global do negócio, porque se uma prestação tiver uma relevância importante ou essencial, pelo seu montante, ou pela sua estruturação dentro do prazo do contrato (imagine-se uma prestação inicial mais elevada que visa o pagamento de custos de investimento), então pode ser suficiente para justificar a inadmissibilidade da imposição à parte fiel da manutenção do contrato, mas neste tipo de situações não se vê como se pode afastar o regime do artigo 808.º, n.º 1, do CC, atenta a importância da reiteração no atraso no cumprimento das prestações periódicas" (SANTOS, Pedro Cláudio Oliveira Rodrigues dos. *A justa causa na cessão dos contratos duradouros*. 2021. 396 f. Tese (Doutorado em Direito Civil) – Universidade de Coimbra, Coimbra, 2021, p. 57).

322 "Art. 331. Salvo disposição legal em contrário, não tendo sido ajustada época para o pagamento, pode o credor exigi-lo imediatamente".

de uma realidade de tempo para ser realizada, ou que a antecedam fases preparatórias inafastáveis.

Nos casos em que o credor, como consequência da mora do devedor, perde, de modo definitivo, o interesse na prestação, poderia, assim, haver a extinção do contrato por justa causa. A questão que se coloca é saber se a perda de interesse do credor na prestação, motivada pela mora do devedor, pode ser reconduzida ao conceito de inexigibilidade no sentido de não se impor ao credor, em face daquele comportamento omissivo do devedor, a manutenção da relação contratual, numa ideia de direito do devedor ao adimplemento. A demora do devedor na prestação pode abalar a confiança do credor em definitivo, manifestando a ideia de inexigibilidade. Esse o caso, ao que parece, do incumprimento do dever de colaboração. Isso porque, nos contratos duradouros, o interesse do credor não é satisfeito num único momento, mas durante todo o tempo da execução do contrato.

Uma vez constituído em mora do devedor, sem resposta rápida no sentido de satisfação do interesse do credor, é a confiança, ou o próprio aspecto relacional do contrato, que resta irremediavelmente abalada. Uma vez constituído em mora o devedor, quando ele permanece inerte há a conversão da mora em incumprimento definitivo, ainda que persista certa tensão entre o princípio da liberdade contratual, o princípio do vínculo obrigatório dos pactos, e o princípio da proibição de vínculos perpétuos. Na ponderação dos interesses em jogo, não pode o credor ser compelido ao sacrifício de manter um contrato que já não será mais capaz de atender ao seu legítimo interesse na prestação, tal qual originalmente pactuada.

Apresenta-se relevante, portanto, a ideia do contrato como um mecanismo de ponderação de interesses, destinado, incialmente, à satisfação do interesse do credor, e, se a manutenção do contrato excede o prejuízo imposto à contraparte com a ruptura, a manutenção forçada não se justifica — o direito do devedor em ver cumprida a obrigação e executado o contrato não pode ser maior do que o do próprio credor. A causa será, portanto, justa, dentro de um conceito de boa-fé objetiva, se, para além de atingir um elevado patamar de gravidade ou essencialidade, a resolução do contrato tiver por base a ideia de que não se pode impor ao credor a manutenção de um contrato que, naquele contexto, representaria um sacrifício exagerado. Tem-se, nesse conceito, a ideia de um abuso de direito por parte do devedor que se opõe à resolução do contrato, dado que, diante da alteração das circunstâncias, o sacrifício da manutenção contratual excede consideravelmente o prejuízo imposto à contraparte com a ruptura do contrato.

O conceito de justa causa como justificativa para a extinção de contratos duradouros não se prende, assim, à ideia de uma justa causa objetiva, para a qual concorrem eventos não imputáveis, a título de culpa, a qualquer das partes contratuais. No campo dos contratos de colaboração, a justa causa tem origem no seu aspecto subjetivo, diante de uma análise ponderada dos interesses do credor, sobre a conduta do devedor em desconformidade com o contratado, seja uma situação de incumprimento definitivo, total ou parcial, seja uma situação de cumprimento defeituoso.

Se, de outro lado, o contrato é extinto por justa causa de modo ilícito, com um abuso no subjetivismo do credor na análise da impossibilidade da prestação, caberá à contraparte a indenização. Obstar a resolução por justa causa com base na inexistência de cláusula resolutiva expressa não é a melhor solução.

Em todos esses casos, a discussão importante se dá no campo da gravidade do incumprimento, e, uma vez operada a resolução, se caberia ao devedor obstá-la com base na ilicitude, ou, ao contrário, diante de uma quebra definitiva da confiança entre as partes, ater-se à possibilidade de indenização.[323]

---

[323] "Essa discussão fará sentido, a meu ver, antes de operada a resolução. Contudo, uma vez declarada a resolução, parece-me de uma evidência gritante que a confiança entre as partes está irremediavelmente quebrada e não faz sentido obrigar artificialmente à manutenção de um contrato que de forma incontornável assenta na confiança recíproca. Subjectivamente a confiança está quebrada e isso torna incoerente e contraproducente admitir a manutenção forçada do contrato. Objectivamente, no entanto, é possível dirimir argumentos em torno da justificação da perda da confiança e, caso resulte num mero capricho do credor, arbitrar a correspondente indenização. Ou seja, admitir a eficácia da resolução não equivale a sustentar a não sindicância da sua justificação. Também neste exemplo, e por maioria de razão, a perda da confiança, objectivamente injustificada, porque não decorre de uma falha grave ou reiterada e não passa o crivo do princípio da proporcionalidade — traduzida na declaração resolutiva leva à constatação da resolução do contrato, mas faz nascer um direito à indenização" (CRISTAS, Assunção. É possível impedir judicialmente a resolução de um contrato?. *In*: AMARAL, Diogo Freitas do; ALMEIDA, Carlos Ferreira de; ALMEIDA, Marta Tavares de (coords). *Estudos Comemorativos dos 10 anos da Faculdade de Direito da Universidade de Nova Lisboa*. Coimbra: Almedina, v. II, p. 65).

5

CONCLUSÃO

A beleza de um trabalho investigativo, pautado na insistência e aprofundamento dos temas no percurso, é a amplificação das dúvidas e, com elas, a revelação do que se apresenta de mais precioso.

O nascedouro da pesquisa que levou a este livro partiu de um eixo principal: necessidade de maior tratamento do tema da ruptura contratual, impactado pelos novos modelos contratuais dentro do Direito Comercial. Na delimitação do tema, a pesquisa foi concentrada nos contratos de colaboração comercial que têm a colaboração no próprio objeto contratual. O dilema surge com a execução específica, e a necessidade da compatibilização do instituto com essas novas modalidades contratuais, como base fundante da análise. O segundo eixo é a experiência diária das disputas empresariais complexas, cujas melhores soluções não são encontradas pelos adjudicadores, mas pelas próprias partes.

O questionamento sobre a funcionalidade de um contrato de colaboração cujas partes, por diversas razões, não privilegiam mais a necessária colaboração para a execução do seu objeto, parte da ideia de um contrato inserido no contexto da pós-modernidade, na qual o conhecimento se constrói de modo mais inter-relacional, multidisciplinar e complexo.[324] O pensamento pós-moderno permitiu ao Direito repensar o conceito de Justiça e dos seus objetos de análise de modo transversal, no qual os problemas não se resolvem mais por um único método pré-concebido de solução. O desafio se impõe na medida em que as respostas aos problemas não se encontram adstritas a um

324 BAUMAN, Zygmunt. *Modernidade líquida*. Rio de Janeiro: Jorge Zahar, 2001.

único campo do Direito e nem se esgotam completamente nele. Além disso, ao se chegar a uma determinada solução, ela não se apresenta como uma solução ampla e geral para toda e qualquer situação semelhante, devendo ser consideradas as particularidades de cada relação e de cada contexto.

Aliado à ideia da pós-modernidade, o pensamento complexo[325] nos dá a possibilidade enfrentar os problemas no campo da ciência, de modo a estabelecer ligações com conceitos que antes nos pareciam separados, rompendo a premissa da ciência moderna fundada na simplificação e redução do fenômeno ou objeto de estudo. A ideia de um contrato fundado na circulação de riquezas, e com o objetivo de proteger relações econômicas intersubjetivas, cede espaço à necessidade de um refinamento maior do conceito, que transcende o elemento volitivo e absorve cláusulas não consensuais e imprevisíveis no momento exato da contratação. A presentificação do fenômeno contratual impede respostas adequadas às situações mais complexas, pelo que se sobressaem às ideias de relação construída ao longo do tempo, baseadas na confiança,[326] na solidariedade e na colaboração entre as partes.

O mundo pós-moderno pressupõe um pensamento crítico e analítico complexo. A partir da observação dos fenômenos do mundo é possível ao estudioso do Direito propor uma visão investigativa sobre a funcionalidade e adequação de determinados institutos, à luz da realidade atual. Os problemas comumente sanados pelos institutos do Direito Civil, desenhados originalmente para os modelos contratuais clássicos, notadamente o da relação de compra e venda, não se mostram, muitas vezes, adequados para o tratamento da ruptura dos contratos de colaboração empresarial.

Nos contratos de colaboração, a colaboração é, pela própria definição desses contratos, a obrigação principal, integrante do núcleo do objeto contratual. É ela que une as demais obrigações, permitindo a configuração do projeto comum como um contrato. Nesse tipo de relação o binômio prestação e contraprestação é multifacetado, assim como as posições de credor e devedor.

---

[325] MORIN, Edgard. Introdução ao pensamento complexo. Tradução do francês Eliane Lisboa. Porta Alegre: Sulina, 2005. 120 p.

[326] "A fase atual da pós modernidade está a necessitar uma resposta de valorização do paradigma da confiança, pois nossos tempos parecem fadados ao aumento dos litígios e da desconfiança entre agentes econômicos (classes e instituições)" (MARQUES, Cláudia Lima. Proteção do consumidor o comércio eletrônico e a chamada nova crise do contrato: por um direito do consumidor aprofundado. *RDC*, v. 57, p. 11, 2011).

Neste contexto, o estudo desses contratos de colaboração impõe uma visão mais abrangente e complexa dos institutos que, originalmente, foram formulados para uma relação de troca estanque e para posições contratuais bem definidas.

Assim, a análise do fenômeno da ruptura dos contratos de colaboração pressupõe, no que interessa ao presente trabalho, o estudo dos contratos relacionais, para os quais relações complexas, confiança e cooperação são determinantes.

O conceito do contrato como um feixe de múltiplas relações que desafiam as posições estanques de credor e devedor e do binômio prestação e contraprestação traz a colaboração como elemento primordial da construção desse planejamento comum. Nesse tipo de contrato a colaboração ocupa o papel central e, como uma amálgama, une todas as prestações e obrigações em um programa contratual, voltado à função econômica desejada pelas partes.

Contratos de longa duração surgem porque as partes precisam de uma relação estável, mas também porque, muitas vezes, elas não querem internalizar determinados custos (distribuição, *marketing*, p. ex.) e constroem, através desses contratos de prazos mais duradouros, relações de verticalização das suas atividades.

No caso dos contratos de duração a resilição é sempre uma questão sensível. Seja porque quando firmados por prazo indeterminado, a resilição só pode se apresentar por justa causa e desde que recuperados os investimentos realizados pela contraparte, seja porque, quando por prazo determinado, a resilição demanda forte prova do inadimplemento da parte contrária.

Contudo, em contratos relacionais o prazo não deveria, por si só, ser óbice para a rescisão, podendo ser ele compreendido como indicativo do parâmetro da indenização ou dos esforços esperados. De um modo geral, nesse tipo de contrato há grande dificuldade em se caracterizar a violação positiva do contrato, dada a existência dos conceitos gerais, verdadeiras cláusulas abertas. Em determinadas circunstâncias, a rescisão, ainda que não pudesse ser caracterizada como plenamente motivada, poderia ser admitida, respeitada a possibilidade de indenização da outra parte pela ruptura antes do decurso do prazo contratual. Quando as partes inserem nesse tipo de contrato a proibição da rescisão imotivada, elas, a depender do caso, contra a própria dinâmica necessária para o sucesso desse tipo de contrato para a realização da sua função econômica, considerada sob a ótica da colaboração e da boa-fé. Quando uma parte perde, por qualquer razão (e desde que nisso consista um motivo justificável jurídica e economicamente), o interesse na execução do contrato, obrigá-la a permanecer vinculada é totalmente contraproducente e ineficiente, pois sem colaboração o contrato jamais atingirá sua função econômica e social.

A intenção natural é de que a relação se perpetue, mas nessa espécie de relação, em que todas as variáveis não são, e nem poderiam ser, conhecidas, impedir que as partes se desvinculem do contrato quando ele já não pode cumprir seu próprio objeto, não parece ser a melhor alternativa. Contratos com modelos abertos de obrigações a serem desenhadas em conjunto pelas partes (modelos dos comitês gestores, por exemplo) não poderiam impedir a rescisão quando se mostrar impossível o atingimento dessas obrigações.

Há quem irá dizer, por certo, que, nesse caso — não atingimento das obrigações desenhadas pelas partes — o caso seria mesmo de rescisão motivada (por inadimplemento) ou justa causa (pela inexecução do fim programado). Mas o problema está no fato de que, nesse tipo de contrato, o binômio prestação e contraprestação, e mesmo a posição de estanque de credor e devedor, nem sempre é tão evidente, a dificultar a caracterização do próprio inadimplemento. A dificuldade, portanto, se apresenta no *standard* dessa prova, do ônus do credor em indicar que houve, de fato, inadimplemento ou inutilidade/impossibilidade do cumprimento de determinada obrigação.

A prática demonstra que o *standard* de prova normalmente exigido para se verificar inadimplemento, ou impossibilidade em qualquer contrato, não poderia ser o mesmo dos casos em que as obrigações são de natureza aberta, com alta carga de colaboração e com condutas a serem preenchidas pela parte ao longo da relação contratual, sob pena de se tornar muito difícil essa prova e impedir ou dificultar, sem razão, o término da relação contratual. Não raras são as situações de abuso de direito do devedor, que, mesmo ciente de que o programa contratual não faz mais sentido para nenhuma das partes, impede a resilição apenas para obter maior vantagem negocial ou para obrigar o credor a ter que permanecer vinculado a um contrato que já se mostra para ele inútil ou excessivamente oneroso.

Não se nega que os contratos são firmados para serem cumpridos, para atingirem o objetivo inicialmente desenhado pelas partes e que, portanto, a extinção deveria ser sempre a última alternativa, mesmo diante do inadimplemento. De outro lado, se o programa contratual não pode mais ser atingido, especialmente quando o interesse do credor não pode mais ser alcançado, não há razão para se privilegiar a manutenção da avença a todo custo. Se estamos diante de um caso de impossibilidade, e essa impossibilidade puder ser confirmada pela quebra da confiança ou pela constatação de que a colaboração se tornou impraticável, muito mais do que pela impossibilidade no cumprimento de determinada prestação, a manutenção do vínculo não se justifica.

O que se pretendeu confirmar é que a falta de colaboração, nesse tipo de contrato, pode levar à violação positiva ou inadimplemento absoluto, o qual deve ser apurado conforme o interesse do credor que, nos contratos empresariais, tem a ver com a função econômica, com o próprio programa contratual. Diante da dificuldade de se caracterizar a violação positiva do contrato ou, ainda mais, o inadimplemento absoluto, a investigação também abarca uma ampliação das perspectivas do próprio inadimplemento, para se concluir que o adimplemento serve, em última análise, ao interesse do credor (entendido numa posição amplificada) e somente pode ser lido a partir da função econômica do negócio.

Quando não se mostra mais possível a colaboração entre as partes, a execução específica dessa obrigação se apresenta inútil e inadequada.

O debate sobre a possibilidade de extinção dos contratos de colaboração e o seu enfrentamento diante das disposições do Código Civil desafia os operadores do Direito e merece maiores investigações na esfera do regime das perturbações dos contratos no campo do Direito Empresarial. Caso admitida, por exemplo, a possibilidade de resilição unilateral de contratos por prazo determinado, na mesma linha do que ocorre com os contratos de prazo indeterminado com alta carga fiduciária, é possível que se faça necessária a indenização de eventuais perdas e danos causadas pelo exercício do seu direito potestativo de resilição, com esteio na proteção das legítimas expectativas da outra parte. Neste caso, as perdas e danos serão apuradas, em tese, pelo interesse negativo do contratante.

A proposta apresentada por este trabalho caminha, assim, no sentido de se repensar o modelo de solução dos conflitos existentes nos contratos de colaboração apenas pelas ferramentas tradicionais que se socorrem do modelo contratual clássico baseado na troca. A teoria dos contratos relacionais auxilia na tarefa de compreender o fenômeno e o ambiente dos contratos de colaboração empresarial e perspectiva do encerramento do vínculo pela ausência de colaboração, com fundamento seja no inadimplemento, seja na impossibilidade da própria prestação no interesse do credor.

REFERÊNCIAS

ADAR, Yehuda; GELBARD, Moshe. Contract Remedies: A Relactional Perspective. *In:* GRUNDMANN, Stefan; CAFFAGI, Fabrizio; VETORRI, Giuseppe (coord.). *The Organizational Contract*: From Exchange to Long-Term Cooperation in European Contract Law. Brulington: Ashgate, 2013.

AGUIAR JÚNIOR, Ruy Rosado de. Contratos relacionais, existenciais e de lucro. *Revista Trimestral de Direito Civil – RTDC*, Rio de Janeiro, ano 12, v. 45, p. 91-110, jan./mar. 2011.

AGUIAR JÚNIOR, Ruy Rosado de. *Extinção dos contratos por incumprimento do devedor*: resolução. Rio de Janeiro: Aide, 1991.

ALMEIDA, Carlos Ferreira de. *Contratos II*: Conteúdo. Contratos de Troca. 4. ed. Coimbra: Almedina, 2018.

ALMEIDA, Carlos Ferreira de. *Contratos IV*: Funções. Circunstâncias. Interpretação. Coimbra: Almedina, 2014.

ALVIM, Agostinho. *Da inexecução das obrigações e suas consequências*. São Paulo: Saraiva, 1980.

AMARAL, Francisco. A descodificação do Direito Civil brasileiro. *Revista da Academia Brasileira de Letras Jurídicas*, n. 13-14, 1998, p. 109-125.

AMARAL, Francisco. *Direito Civil*: introdução. 7. ed. rev., mod. e aum. Rio de Janeiro: Renovar, 2008.

AMARAL, Francisco. O contrato e sua função institucional. *Revista da Academia Brasileira de Ciências Jurídicas*, ano XV, n. 18, p. 105-119, 2000.

ANDRADE, Daniel de Pádua. *Tutela específica das obrigações contratuais*. Coimbra: Almedina, 2022. (Coleção IDIP)

ARAÚJO, Fernando. *Teoria económica do contrato*. Coimbra: Almedina, 2007.

ARAUJO, Paulo Dóron Rehder de. *Prorrogação compulsória de contratos a prazo*. São Paulo: Universidade de São Paulo, 2011.

ASSIS, Araken de. *Resolução do contrato por inadimplemento*. 6. ed. São Paulo: Thomson Reuters Brasil, 2019.

AZEVEDO, Antônio Junqueira de. A boa-fé na formação dos contratos. *Revista da Faculdade de Direito da USP*, v. 87, p. 79-90, 1992.

AZEVEDO, Antônio Junqueira de. Considerações sobre a boa-fé objetiva em acordo de acionistas com cláusulas de preferência: excertos teóricos de dois pareceres. *In: Novos estudos e pareceres de Direito privado*. São Paulo: Saraiva, 2009.

AZEVEDO, Antônio Junqueira de. *Natureza jurídica do contrato de consórcio [sinalagma indireto]*. Onerosidade excessiva em contratos de consórcio. Resolução parcial de contrato. Novos estudos e pareceres de direito privado. São Paulo: Saraiva, 2009.

AZEVEDO, Antônio Junqueira de. Natureza jurídica do contrato de consórcio: classificação de atos jurídicos quanto ao número de partes e quanto aos efeitos; os contratos relacionais; a boa-fé nos contratos relacionais; contratos de duração; alteração das circunstâncias e onerosidade excessiva; sinalagma e resolução contratual; resolução parcial do contrato; função social do contrato. (parecer). *Revista dos Tribunais*, São Paulo, n. 832, p. 113-137, fev. 2005.

AZEVEDO, Antônio Junqueira de. *Negócio jurídico*: existência, validade e eficácia. 4. ed. São Paulo: Saraiva, 2002.

AZEVEDO, Antônio Junqueira de. O Direito Pós-Moderno e a Codificação. *Revista da Faculdade de Direito da USP*, v. 94, p. 3-12, 1999.

AZEVEDO, Antônio Junqueira de. *Parecer*: Interpretação do contrato pelo exame da vontade contratual. O comportamento das partes posterior à celebração. Interpretação e efeitos do contrato conforme o princípio da boa-fé objetiva. Impossibilidade de *venire contra factum proprium* e de utilização de dois pesos e duas medidas. Efeitos do contrato e do sinalagma. A assunção pelos contratantes de riscos específicos e a impossibilidade de fugir do 'programa contratual' estabelecido. *In: Estudos e Pareceres de Direito Privado*. São Paulo: Saraiva, 2004, p. 170-173.

AZEVEDO, Paulo Furquim de. Contratos: uma perspectiva econômica. *In*: ZYLBERSZTAJN, Decio; STAJN, Rachel (Coord.). *Direito & Economia*: análise econômica do direito e das obrigações. Rio de Janeiro: Elsevier, 2005.

BELLANTUONO, Giuseppe. *I contratti incompleti nel diritto e nell'economia*. Milano: CEDAM, 2000.

BERTOLDI, Marcelo M. *Curso avançado de Direito Comercial*. São Paulo: Revista dos Tribunais, 2001. v. 1

BERTUOL, Pedro Henrique Barbisan. *Resilição unilateral dos contratos*. São Paulo: Almedina, 2023. (Coleção IDIP)

BETTI, Emilio. As categorias civilistas da interpretação. *In: Interpretação da lei e dos atos jurídicos*. São Paulo: Martins Fontes, 2007.

BETTI, Emilio. *Teoria Geral do Negócio Jurídico*. Coimbra: Coimbra, 1969.

BITTAR, Eduardo Carlos Bianca. O Direito na pós-modernidade. *Sequência – Estudos Políticos e Jurídicos*, UFSC, v. 29, n. 57, p. 131-151, 2009.

BOISMAIN, Corinne. *Les contrats relationnels*. Aix-en-Provence, PUAM, 2005.

BORGES, Gustavo Silveira; PASQUAL, Cristina Stringari. O dever de cooperação nas relações contratuais. *Revista dos Tribunais*, v. 971, p. 145-166, set. 2016.

BRAUCHER, Jean; KIDWELL, John; WHITFORD, William C. (eds.). Conflict and Cooperation in Long-Term Contracts. *California Law Review*, v. 75, Issue 6, p. 2005-2054, 1987.

BUENO, Ricardo Busana Galvão. *O comportamento das partes na execução dos contratos de duração*. 2017. 200 p. Dissertação (Mestrado em Direito Civil) – Faculdade de Direito, Universidade de São Paulo, São Paulo, 2017.

BULGARELLI, Waldirio. *Contratos mercantis*. 10. ed. São Paulo: Atlas, 1998.

BURTON, Steven J. *Elements of Contract Interpretation*. New York: Oxford University Press, 2009.

BURTUCE, Vitor Augusto José. *O design da ruptura dos contratos empresariais de prazo determinado*. 2019. 474 f. Tese (Doutorado em Direito Comercial) – Universidade de São Paulo, São Paulo, 2019. Orientador: Prof. Rodrigo Octávio Broglia Mendes.

CALIXTO, Vinícius Machado. A teoria do contrato relacional de Ian Macneil e a necessidade de se rediscutir a sua compreensão e aplicação no contexto jurídico brasileiro. *Revista de Direito Civil Contemporâneo*, v. 9, p. 105-123, out./dez. 2016.

CAMILO, Ruy Pereira. *O contrato de distribuição*: uma análise à luz da teoria relacional. São Paulo, 2004. 284 p. Dissertação (Mestrado em Direito Comercial) – Faculdade de Direito, Universidade de São Paulo, São Paulo, 2004.

CAMPBELL, David. Ian Macneil and the Relational Theory of Contracts. *CDAMS Discussion Paper*, 04/1E, p. 3-4, March 2004.

CAMPOS, Diogo Leite. Dos contratos de relação às relações de associação. *Revista da Ordem dos Advogados*, Lisboa, ano 70, n. 1-4, p. 193-218, 2010.

CANARIS, Claus-Wilhelm. GRIGOLEIT. Hans Christoph. *Interpretation of Contracts*. Disponível em: http://ssrn.com/abstract=1537169. Acesso em: 15 maio 2025.

CASTRO, Rodrigo R. Monteiro de; WARDE JÚNIOR, Walfrido Jorge; GUERREIRO, Carolina Dias Tavares (coords.). *Direito Empresarial e outros estudos em homenagem ao Professor José Alexandre Tavares Guerreiro*. São Paulo: Quartier Latin, 2013.

CHASERANT, Camille. La Coopération se réduit-elle a un contrat? Une approche procédurale des relations contractuelles. *Recherches* Économiques *De Louvain, Louvain Economic Review*, v. 68, n. 4, 2002.

CLERICO, Giuseppe. *Analisi economica del contratto*. Milano: Dott. A. Giuffrè, 2008.

COELHO, Fábio Ulhoa (coord.). *Tratado de Direito Comercial*. São Paulo: Saraiva, 2015. v. 5: Obrigações e contratos empresariais

COELHO, Fábio Ulhoa *Curso de Direito Comercial*. São Paulo: Saraiva, 1998. v. 1

COELHO, Fábio Ulhoa. A natureza subjetiva da responsabilidade civil dos administradores de companhia. *Revista Direito de Empresa*, São Paulo, n. 1, p. 18, 1996.

COELHO, Fábio Ulhoa. *Manual de Direito Comercial*. 18. ed. São Paulo: Saraiva, 2007.

COMPARATO, Fabio Konder. *Direito Empresarial*. São Paulo: Saraiva, 1995.

COMPARATO, Fabio Konder. *Ensaios e Pareceres de Direito Empresarial*. Rio de Janeiro: Forense, 1978.

COMPARATO, Fábio Konder. Obrigações de meio, de resultado e de garantia. *In:* COMPARATO, Fabio Konder. *Ensaios e Pareceres de Direito Empresarial*. Forense: Rio de Janeiro, 1978.

CORDEIRO, António Manuel da Rocha Menezes de. *Da boa-fé no Direito Civil*. Coimbra: Almedina, 2015.

CORDEIRO, António Manuel da Rocha Menezes de. *Da boa-fé no Direito Civil*. Coimbra: Almedina, 2015.

CORDEIRO, António Manuel da Rocha Menezes de. *Estudos de Direito Civil*. Coimbra: Almedina, 1994. v. I.

CORDEIRO, António Manuel da Rocha Menezes de. *Tratado de Direito Civil*. 3. ed. Coimbra: Almedina, 2017.

COUTO E SILVA, Clóvis do. *A obrigação como processo*. Rio de Janeiro: FGV, 2007.

COUTO E SILVA, Clóvis do. *A obrigação como processo*. São Paulo: Bushatsky, 1976.

COUTO E SILVA, Clóvis do. *A teoria da base do negócio jurídico no Direito brasileiro*. São Paulo: Revista dos Tribunais, v. 79, n. 655, p. 7-11, maio 1990.

CRUZ, Gisela Sampaio da. Obrigações alternativas e com faculdade alternativa. Obrigações de meio e de resultado. *In:* TEPEDINO, Gustavo (coord.). *Obrigações*: estudos na perspectiva civil-constitucional. Rio de Janeiro: Renovar, 2005.

DANTAS, San Tiago. Evolução contemporânea do direito contratual. *Revista dos Tribunais*, v. 905, p. 843-860, mar. 2011.

DELAMUTA, Maria Beatriz Rizzo. *Convenção de Viena e Resolução Contratual*. São Paulo: Almedina, 2022.

DIESSE, François. Le devoir de coopération comme principe directeur du contrat. *Arch. Phil. Droit*, 43, 1999.

DINIZ, Maria Helena. *As lacunas no Direito*. 6. ed. São Paulo: Saraiva, 2000.

DINIZ, Maria Helena. *Lei de Introdução ao Código Civil (LGL\2002\400) brasileiro interpretada*. 8. ed. São Paulo: Saraiva, 2001.

EGGLESTON, Karen; POSNER, Eric A.; ZECKHAUSER, Richard. The Design and Interpretation of Contracts: Why Complexity Matters. *Northwester University Law Review*, v. 95, n. 1, p. 91-132, 2000.

EHRHARDT JÚNIOR, Marcos. Perspectivas no campo contratual para os próximos anos. *Revista Fórum de Direito Civil*, ano 9, n. 23, p. 159-165, jan./abr. 2020.

EISENBERG, Melvin A. Relational contracts. *In*: BEATSON, Jack; FRIEDMANN, Daniel (eds.). *Good Faith and Fault in Contract Law*. Oxford: Claredon Press, 1997, p. 291-304.

EISENBERG, Melvin A. Why There is No Law of Relational Contracts. *Northwestern University Law Review*, v. 94, n. 3, p. 805-821, 2000.

FACHIN, Luiz Edson. *Doutrinas essenciais*: obrigações e contratos. São Paulo: Revista dos Tribunais, 2011. v. 3: Contratos: princípios e limites

FALLA, Laureano F.Gutiérrez. *Derecho mercantil*: la empresa. Buenos Aires: Astrea, 1985.

FARIA, José Eduardo. *O Direito na economia globalizada*. São Paulo: Malheiros, 1999.

FARRAJOTA, Joana. *A resolução do contrato sem fundamento*. Coimbra: Almedina, 2020.

FERNANDES, Wanderley. *Fundamentos e princípios dos contratos empresariais*. São Paulo: Saraiva, 2007.

FIGUEIREDO, Gabriel Seijo Leal de. *Denúncia motivada dos contratos civis e suspensão de sua eficácia*. 2016. Tese (Doutorado em Direito Civil) – PUC-SP, São Paulo, 2016.

FORGIONI, Paula A. *A evolução do Direito Comercial brasileiro*: da mercancia ao mercado. São Paulo: Revista dos Tribunais, 2009.

FORGIONI, Paula A. A teoria geral do Direito e os contratos de distribuição. *Revista de Direito Mercantil – Industrial, Econômico e Financeiro*, v. 137, p. 30-41, jan./mar. 2005.

FORGIONI, Paula A. *Contrato de distribuição*. 2. ed. São Paulo: Revista dos Tribunais, 2008.

FORGIONI, Paula A. *Contratos empresariais*: teoria geral e aplicação. São Paulo: Revista dos Tribunais, 2015.

FORGIONI, Paula A. *Contratos empresariais*: teoria geral e aplicação. 4. ed. São Paulo: Revista dos Tribunais, 2019.

FORGIONI, Paula A. *Contratos empresariais*: teoria geral e aplicação. 5. ed. São Paulo: Revista dos Tribunais, 2020.

FORGIONI, Paula A. Interpretação dos Negócios Jurídicos II – Alteração do art. 133 do Código Civil: Art. 7º. *In:* MARQUES NETO, Floriano Peixoto; RODRIGUES JÚNIOR, Otavio Luiz; LEONARDO, Rodrigo Xavier (coord.). *Comentários à Lei da Liberdade Econômica*: Lei 13.874/2019. São Paulo: Revista dos Tribunais, 2019. *e-book*

FORGIONI, Paula A. *Teoria geral dos contratos empresariais*. São Paulo: Revista dos Tribunais, 2009.

FRADA, Manuel António de Castro Portugal Carneiro da. *Contrato e deveres de proteção*. Separata do volume XXXVIII do Suplemento ao Boletim da Faculdade de Direito da Universidade de Coimbra. Coimbra: Coimbra, 1994.

FRADA, Manuel António de Castro Portugal Carneiro da. *Teoria da confiança e responsabilidade civil*. Coimbra: Almedina, 2004.

FRADA, Manuel António de Castro Portugal Carneiro da. *Teoria da confiança e responsabilidade civil*. Coimbra: Almedina, 2018.

FRADERA, Véra Maria Jacob de; ESTEVEZ, André Fernandes; RAMOS, Ricardo Ehrensperger. *Contratos empresariais*. São Paulo: Saraiva, 2014.

FRANÇA, R. Limongi. *Hermenêutica Jurídica*. 7. ed. São Paulo: Saraiva, 1999.

FRANCO, Vera Helena de Mello. *Aspectos da integração dos contratos no Direito Comercial*. Biblioteca Pioneira de Direito Empresarial. São Paulo: Livraria Pioneira, 1979.

FRANCO, Vera Helena de Mello. *Contratos*: Direito Civil e Empresarial. 2. ed. São Paulo: Revista dos Tribunais, 2011.

FRANCO, Vera Helena de Mello. *Manual de Direito Comercial*. São Paulo: Revista dos Tribunais, 2001.

GALLETTI, Shida. Contract Interpretation and Relational Contract Theory: A Comparison Between Common Law and Civil Law Approaches. *Comparative &International Law Journal of South Africa*. v. 47, p. 248-275, 2014.

GALVANO, Renato Rodrigues Costa. *A boa-fé objetiva no âmbito dos contratos relacionais*. Belo Horizonte: Del Rey, 2019.

GAMBETTA, Diego. *Trust*: Making and Breakink Cooperative Relations. Oxford: Oxford University Press, 1989. v. 99, issue 394.

GODOY, Cláudio Luiz Bueno de. *Função Social do Contrato*. São Paulo: Saraiva, 2004.

GOETZ, Charles; SCOTT, Robert. The Limits of Expanded Choice: An Analysis of the Interactions Between Express and Implied Contract Terms. *California Law Review*, v. 73, n. 2, p. 261-322, mar. 1985.

GOLDBERG, Victo P. Regulation and Administered Contracts. *The Bell Journal of Economics*, v. 7, n. 2, 1976.

GOMES, Orlando. *Contratos*. 26. ed. Rio de Janeiro: Forense, 2018.

GOMES, Orlando. *Obrigações*. 17. ed. Rio de Janeiro: Forense, 2007.

GOMES, Orlando. *Transformações Gerais do Direito das Obrigações*. 2. ed. São Paulo: Revista dos Tribunais, 1980.

GOMES, Rogério Zuel. A nova ordem contratual: pós-modernidade, contratos de adesão, condições gerais da contratação, contratos relacionados e redes contratuais. *Revista de Direto do Consumidor*, n. 58, p. 180-222, 2006.

GOMES, Rogério Zuel. *Teoria contratual contemporânea*: função social do contrato e boa-fé. Rio de Janeiro: Forense, 2004.

GONÇALVES NETO, Alfredo de Assis. *Direito de empresa*: comentários aos artigos 966 a 1.195 do Código Civil. São Paulo: Revista dos Tribunais, 2007.

GRAMSTRUP, Erik Frederico. Contratos relacionais. *In:* LOTUFO, Renan; NANNI, Giovanni Ettore (coords.). *Teoria geral dos contratos*. São Paulo: Atlas, 2011.

GRAU, Eros Roberto *A ordem econômica na Constituição de 1988*. 12. ed. São Paulo: Malheiros, 2007.

GRAU, Eros Roberto; FORGIONI, Paula A. *O Estado, a empresa e o contrato*. São Paulo: Malheiros, 2005.

GROSS, Clarissa Piterman. *Contratos Relacionais e o desenvolvimento do mercado de cafés diferenciados*: um estudo de caso do setor cafeeiro. 2012. 232 f. Dissertação (Mestrado em Direito) – Escola de Direito de São Paulo, Fundação Getulio Vargas, São Paulo, 2012. Disponível em: http://bibliotecadigital.fgv.br/dspace/bitstream/handle/10438/10491/CLARISSA%20GROSS.%20DISSERTA%C3%87%C3%83O.pdf?sequence=1&isAllowed=y. Acesso em: 15 maio 2025.

HAICAL, Gustavo Luis da Cruz. O inadimplemento pelo descumprimento exclusivo de dever lateral advindo da boa-fé objetiva. *Doutrinas Essenciais Obrigações e Contratos*, v. 4, p. 551-594, jun. 2011.

HIRONAKA, Giselda. A função social do contrato. *Revista de Direito Civil*, n. 45, p. 141-152, 1998.

HVIID, Morten. Long-Term Contracts and Relation Contracts. *In*: BOUCKAERT, Boudewijn; DE GEEST, Gerrit (coord.). The Encyclopedia of Law and Economics, Cheltenham: Edward Elgar, 2000. v. III. Disponível em: https://reference.findlaw.com/lawandeconomics/4200-long-term-contracts-and-relational-contracts.pdf. Acesso em: 15 maio 2025.

KONDER, Carlos Nelson. *Contratos Conexos*. Rio de Janeiro: Renovar, 2006.

KONDER, Carlos Nelson. O alcance da cláusula compromissória em contratos coligados: leitura a partir da tutela da confiança. *Revista de Arbitragem e Mediação*, v. 63, p. 295-331, out./dez. 2019.

KONDER, Carlos Nelson; RENTERÍA, Pablo. A funcionalização das relações obrigacionais: interesse do credor e patrimonialidade da prestação. *In:* TEPEDINO, Gustavo; FACHIN, Luiz Edson. (org.). *Diálogos sobre Direito Civil*. Rio de Janeiro: Renovar, 2008.

KUHN, Thomas. *A estrutura das revoluções científicas*. 5. ed. São Paulo: Perspectiva, 1989.

LEÃES, Luiz Gastão Paes de Barros. *Pareceres*. São Paulo: Singular, 2004. 2 v.

LEITÃO, Luís Manuel Teles de Menezes. *Direito das obrigações*. 3. ed. Coimbra: Almedina, 2003. v. 1

LEONARDI, Felipe Raminelli. É possível ir além da relatividade contratual? *Revista de Direito Privado*, v. 49, p. 147-158, jan./mar. 2012.

LEONARDO, Rodrigo Xavier. A tese das redes contratuais e a função social dos contratos: reflexões a partir de uma recente decisão do Superior Tribunal de Justiça. *Revista dos Tribunais*, n. 832, p. 100-111, 2005.

LEQUETTE, Suzanne. *Le contract-coopération*: contribution à la théorie générale du contract. Paris: Economica, 2012.

LORENZETTI, Ricardo Luis. Esquema de uma teoria sistemica del contrato. *Revista de Direito do Consumidor*, v. 33, p. 51-78, 2000.

LORENZETTI, Ricardo Luis. Redes contractuales: conceptualización jurídica, relaciones internas de colaboración, efectos frente a terceros. *Revista de Direito do Consumidor*, v. 28, 22-58, 1998.

LORENZETTI, Ricardo Luis. *Tratado de Los Contratos*. Buenos Aires: Rubinzal Culzoni, 2000. t. I

LOTUFO, Renan; NANNI, Giovanni Ettore (coord.). *Teoria geral dos contratos*. São Paulo: Atlas, 2011.

MACAULAY, Stewart. Non-Contratual Relations in Business: A Preliminary Study. *American Sociological Review*, n. 28, 1963.

MACEDO JÚNIOR, Ronaldo Porto. *Contratos de colaboração empresarial*. São Paulo: GEN, 2019.

MACEDO JÚNIOR, Ronaldo Porto. *Contratos relacionais e defesa do consumidor*. São Paulo: Max Limonad, 1998.

MACEDO JÚNIOR, Ronaldo Porto. *Contratos relacionais e defesa do consumidor*. 2. ed. São Paulo: Revista dos Tribunais, 2007.

MACHADO, Daniel Carneiro. O novo Código Civil (LGL\2002\400) brasileiro e a teoria da empresa. *Revista Jurídica Consulex*, Brasília, 128, p. 31-33, 15.05.2002.

MACNEIL, Ian R. Contracts: Adjustment of Long Term Economic Relations Under Classical, Neoclassical, and Relational Contract Law. *Northwestern University Law Review*, v. 72, p. 854-905, 1978.

MACNEIL, Ian R. *O novo contrato social*: uma análise das relações contratuais modernas. Tradução de Alvamar Lamparelli. Rio de Janeiro: Elsevier, 2009.

MACNEIL, Ian R. Relational Contract Theory: Challenges and Queries. *Northwestern Law Review*, v. 94, n. 3, p. 876-907, 2000.

MACNEIL, Ian R. Relational Contract: What We do and do not Know. *Wisconsin Law Review*, n. 4, p. 483-425, 1985.

MACNEIL, Ian R. The Many Futures of Contracts. *California Law Review*, v. 47, 1974.

MACNEIL, Ian. Restatement (Second) of Contracts: An Presentation. *In*: CAMPBELL, David (coord.). *The Relational Theory of Contract*: Selected Words of Ian Macneil, Sweet & Maxwell: London, 2001.

MARINO, Francisco Paulo de Crescenzo. Classificação dos contratos. *In:* PEREIRA JÚNIOR, Antônio Jorge; JABUR, Gilberto Haddad (coord.). *Direito dos Contratos*. São Paulo: Quartier Latin, 2006.

MARINO, Francisco Paulo de Crescenzo. Classificação dos contratos. *In:* JABUR, Gilberto Haddad; PEREIRA JÚNIOR, Antonio Jorge. (org.). *Direitos dos contratos*. São Paulo: Quartier Latin, 2006, p. 21-50.

MARINO, Francisco Paulo de Crescenzo. *Contratos Coligados no Direito brasileiro*. São Paulo: Saraiva, 2009.

MARINO, Francisco Paulo de Crescenzo. *Interpretação do negócio jurídico*. São Paulo: Saraiva, 2011.

MARINO, Francisco Paulo de Crescenzo. Prefácio. *In*: BUENO, Ricardo Busana Galvão. *Comportamento das partes nos contratos de duração*. São Paulo: Almedina, 2022.

MARINO, Francisco Paulo de Crescenzo. Resolução parcial do contrato por inadimplemento: fundamento dogmático, requisitos e limites. *In:* TERRA, Aline de Miranda Valverde; GUEDES, Gisela Sampaio de Cruz. (org.). *Inexecução das obrigações*: pressupostos, evolução e remédios. Rio de Janeiro: Processo, 2020, v. 1, p. 313-338.

MARINONI, Luiz Guilherme. *Técnica processual e tutela de direitos*. 6. ed. São Paulo: Thomson Reuters Brasil, 2019.

MARQUES, Cláudia Lima. *Contratos no Código de Defesa do Consumidor*: o novo regime das relações contratuais. 8. ed. rev. atual. e ampl. São Paulo: Revista dos Tribunais, 2016.

MARQUES, Cláudia Lima. Proteção do consumidor o comércio eletrônico e a chamada nova crise do contrato: por um direito do consumidor aprofundado. *RDC*, v. 57, 2011.

MARTINS, Fran. *Contratos e obrigações comerciais*. 17. ed. Rio de Janeiro: Forense, 2017.

MARTINS, Fran. *Curso de Direito Comercial*. 22. ed. Rio de Janeiro: Forense, 1996.

MARTINS, José Eduardo Figueiredo de Andrade. *Inadimplemento eficiente do contrato*: quando o descumprimento do contrato é mais vantajoso para uma das partes. Curitiba: Juruá, 2020.

MARTINS-COSTA, Judith. *A boa-fé no Direito privado*. São Paulo: Marcial Pons, 2015.

MARTINS-COSTA, Judith. Contratos: conceito e evolução. *In*: NANNI, Giovanni Ettore (coord.). *Teoria geral dos contratos*. São Paulo. Atlas, 2011.

MARTINS-COSTA, Judith. Crise e modificação da ideia de contrato no Direito brasileiro. *Revista de Direito do Consumidor*, v. 19, n. 56, p. 56-86, 1992.

MARTINS-COSTA, Judith. *Diretrizes Teóricas do Novo Código Civil Brasileiro*. São Paulo: Saraiva, 2002.

MARTINS-COSTA, Judith. *Estudos de Direito Privado e Processual Civil (em homenagem a Clóvis do Couto e Silva)*. São Paulo: Revista dos Tribunais, 2014.

MARTINS-COSTA, Judith. *Teoria geral dos contratos*. São Paulo: Atlas, 2011.

MARTINS-COSTA, Judith; COSTA E SILVA, Paula. *Crises e perturbações no cumprimento da prestação*. São Paulo: Quartier Latin 2020.

MARTINS-COSTA. Judith; HAICAL, Gustavo. Alteração da relação obrigacional estabelecida em acordos societários por impossibilidade superveniente não imputável às partes contratantes em virtude do desaparecimento de sua finalidade (parecer). *Revista de Direito Civil Contemporâneo*, v. 18, n. 6, p. 371-404, 2020.

MATOS, Francisco Gomes de. Ética na gestão empresarial. 2. ed. rev. e ampl. São Paulo: Saraiva, 2011.

MATTIETTO, Leonardo. Invalidade dos atos e negócios jurídicos. *In:* TEPEDINO, Gustavo (coord.). *A parte geral do Novo Código Civil*: estudos na perspectiva civil-constitucional. 3. ed. Rio de Janeiro: Renovar, 2007.

MCLAUGHLIN, Josetta; MCLAUGHLIN, Jacqueline; ELAUDI, Rared. Ian Macneil and Relational Contract Theory: Evidence of Impact. *Journal of Management History*, v. 20, Issue 1, 2014.

MENDES, Davi Guimarães. *O contrato-quadro no Direito privado brasileiro*. 2020. 54 f. Dissertação (Mestrado em Direito Civil) – Universidade de São Paulo, São Paulo, 2020. Orientador: Professor Cristiano de Sousa Zanetti

MENDES, Rodrigo Octávio Broglia. Anotações preliminares sobre a resolução por justa causa nos contratos de longa duração. *In*: CASTRO, Rodrigo Rocha Monteiro de; AZEVEDO, Luiz André; HENRIQUES, Marcos de Freitas (orgs.). *Direito Societário, mercado de capitais, arbitragem e outros temas*: homenagem a Nelson Eizirik. São Paulo: Quartier Latin, 2019.

MENDES, Rodrigo Octávio Broglia. Contratos híbridos. *In:* JORGE, André Lemos; CALÇAS, Manoel de Queiroz Pereira; DE LUCCA, Newton; CUEVA, Ricardo Villas Bôas; MACIEL, Renata Motta. (org.). *Coletânea da Atividade Negocial*. São Paulo: UNINOVE, 2020, p. 498-503.

MENDONÇA, J. X. C. de. *Doutrina e prática das obrigações*. 4. ed. Rio de Janeiro: Forense, 1956.

MENDONÇA, J. X. C. de. *Tratado de Direito Comercial brasileiro*. Rio de Janeiro: Freitas Bastos, 1963.

MESSINEO, Francesco. *Doetrina general dei contrato*. Buenos Aires: Europa América, 1986. t. 1, p. 35. edição argentina

MESSINEO, Francesco. *Manuale di diritto civile*. Milano: Giuffrê, 1952. v. 2, 2 parte, p. 532.

MILGRON, Paul; ROBERTS, John. *Economics, Organization & Management*. New Jersey: Prentice-Hall, 1992.

MINNEL, Leticia Caroline. *Deveres pós-contratuais*. São Paulo: USP, 2017.

MODESTO, Carvalhosa. O direito obrigacional e a cooperação dos sócios. *Revista de Direito Civil Contemporâneo*, v. 1, n. 1, p. 67-74, 2016.

MONTEIRO, António Pinto. *Contratos de distribuição comercial*: relatório. 3. reimp. Coimbra: Almedina, 2009.

MOREIRA, Joaquim Manhães. A ética empresarial e o novo Código Civil. *Migalhas*, 4929. 2003.

MOREIRA, Rodrigo Cavalcante. *A resolução do contrato de longa duração pela quebra da confiança*. São Paulo: Almedina, 2021.

MUNHOZ, Eduardo Secchi. *Empresa contemporânea e Direito Societário*. São Paulo: Juarez de Oliveira, 2002.

NANNI, Giovani Ettore. *Contratos de longo prazo e dever de cooperação*. São Paulo: Almedina, 2016.

NANNI, Giovani Ettore. Frustração do fim do contrato: análise de seu perfil conceitual. *Revista Brasileira de Direito Civil*, v. 23, p. 39-56, jan./mar. 2020.

NEGREIROS, Teresa. *Teoria do contrato*: novos paradigmas. Rio de Janeiro: Renovar, 2002.

NITSCHKE, Guilherme Carneiro Monteiro. *Lacunas contratuais e interpretação*: história, conceito e método. São Paulo: Quartier Latin, 2019.

OPPO, Giorgio. I contratti di durata – parte I. *Rivista del Diritto Commerciale e del Diritto Generale delle Obbligazioni.* Milano: Casa Editrice Dottor Francesco Vallardi, v. XLI, 1943.

PAULA, Jônatas Luiz Moreira de. *O costume no Direito*. Campinas: Brookseller, 1997.

PELA, Juliana Krueger. Inadimplemento eficiente (*efficient breach*) nos contratos empresariais. *Cadernos do Programa de Pós-Graduação em Direito PPGDir./UFRGS,* Porto Alegre, v. XI, n. 2, p. 77-88, 2016. Edição digital

PELA, Juliana Krueger. Risco e contratos empresariais. A aplicação da resolução por onerosidade excessiva. *In:* SZTAJN, Rachel Salles; ALMEIDA, Marcos Paulo de; TEIXEIRA, Tarcísio (org.). *Direito Empresarial:* estudos em homenagem ao Professor Haroldo Malheiros Duclerc Verçosa. São Paulo: IASP, 2015, v. 1

PENTEADO, Luciano de Camargo. *Integração de contratos incompletos*. 2014. 381 f. Tese (Livre-docência em Direito Privado) – Faculdade de Direito de Ribeirão Preto, Universidade de São Paulo, 2014.

PEREIRA, Caio Mario da Silva. *Instituições do Direito Civil*: teoria geral das obrigações. 29. ed. Rio de Janeiro: Forense, 2017.

PERLINGIERI, Pietro. *Perfis do Direito Civil*: introdução ao Direito Civil Constitucional. Tradução de Maria Cristina de Cicco. Rio de Janeiro. Renovar, 1997.

PERRI, Cláudia Haidamus. *Aplicação da teoria do inadimplemento eficiente aos contratos nacionais*. 2017. 212 p. Tese (Doutorado em Direito Comercial) – Pontifícia Universidade Católica de São Paulo, São Paulo, 2017.

PINTO, Fernando A. Ferreira. *Contratos de distribuição*: da tutela do distribuidor integrado em face da cessão do vínculo. Lisboa: Universidade Católica Editora, 2013.

PIRES, Catarina Monteiro. *Impossibilidade da prestação*. Coimbra: Almeida, 2017.

PIRES, Catarina Monteiro. Limites dos esforços e dispêndios exigíveis ao devedor para cumprir. *Revista da Ordem dos Advogados*, Lisboa, ano 76, p. 105-106, 2016.

PONTES DE MIRANDA, F. C. *Tratado de Direito Privado*. Rio de Janeiro: Borsoi, 1954. t. IV

PONTES DE MIRANDA, F. C. *Tratado de Direito Privado*. Rio de Janeiro: Borsoi, 1958. §2.811. t. XXIII

POSNER, Eric. *Análise econômica do Direito Contratual após três décadas*: sucesso ou fracasso? Tradução e adaptação ao Direito brasileiro: Luciano Benetti Timm, Cristiano Carvalho e Alexandre Viola. São Paulo: Saraiva, 2010.

PRADO, Maria da Graça Ferraz de Almeida: *A economia da arbitragem*: uma análise dos impactos sobre contratos e políticas de desenvolvimento. Rio de Janeiro: Lumen Juris, 2018.

REQUIÃO, Rubens. Contrato de franquia comercial ou de concessão de vendas. Doutrinas essenciais de Direito Empresarial. *Revista dos Tribunais*, São Paulo, v. 4, p. 653-689, dez. 2010.

REQUIÃO, Rubens. *Curso de Direito Comercial*. São Paulo: Saraiva, 1991. v. 1

RIBEIRO, Joaquim de Sousa. *O problema do contrato*: as cláusulas contratuais gerais e o princípio da liberdade contratual. Coimbra: Almedina, 1999.

RIPERT, Georges. *A regra moral nas obrigações civis*. Campinas: Brookseller, 2000.

RODRIGUES JÚNIOR, Otavio Luiz. *Direito Civil Contemporâneo*: estatuto epistemológico, Constituição e direitos fundamentais. 2. ed., rev., atual. e ampl. Rio de Janeiro: Forense Universitária, 2019.

RODRIGUES, Silvio. *Direito Civil*: dos contratos e das declarações unilaterais da vontade de acordo com o novo Código Civil. São Paulo: Saraiva, 2004. v. 3

ROMERO, Anna Paula Berhnes. *A tutela da confiança nos contratos empresariais*. 2013. 209 f. Tese (Doutorado em Direito Comercial) – Faculdade de Direito, USP, São Paulo, 2013. Orientador: Mauro Rodrigues Penteado.

ROPPO, Enzo. *O contrato*. Coimbra: Almedina, 1988.

ROSENVALD, Nelson. Arts. 421 a 480: contratos (geral). *In:* PELUSO, Cesar. (coord.). *Código Civil Comentado*: doutrina e jurisprudência. 4. ed. Barueri: Manole, 2010.

RUGIERO, Roberto. *Instituições de Direito Civil*. São Paulo: Saraiva, 1934. v. 1

SALGADO, Bernardo. A teoria do inadimplemento eficiente (efficient breach theory) e o ordenamento jurídico brasileiro. *In:* GUEDES, Gisela Sampaio da Cruz; TERRA, Aline de Miranda Valverde. *Inexecução das obrigações*: pressupostos, evolução e remédios. Rio de Janeiro: Processo, 2020. v. 1

SALOMÃO FILHO, Calixto. Breves acenos para uma análise estruturalista do contrato. *Revista de Direito Mercantil*, v. 141, p. 7-30, jan./mar. 2006.

SALOMÃO FILHO, Calixto. Função social do contrato. *In:* TEPEDINO, Gustavo; FACHIN, Luiz Edson (coord.). *Doutrinas essenciais*: obrigações e contratos – Contratos: princípios e limites. São Paulo: Revista dos Tribunais, 2011.

SAMPAIO, Tércio. *Introdução ao Estudo do Direito*: técnica, decisão e dominação. 4. ed. rev. e ampl. São Paulo: Atlas, 2003.

SANTOS, Deborah Pereira Pinto dos. *Indenização e resolução contratual*. São Paulo: Almedina, 2022. (Coleção IDIP) Versão eletrônica

SANTOS, Pedro Cláudio Oliveira Rodrigues dos. *A justa causa na cessão dos contratos duradouros*. 2021. 396 f. Tese (Doutorado em Direito Civil) – Universidade de Coimbra, Coimbra, 2021.

SAYAG, Alain. Première approche de la notion. *In:* SAYAG, Alain. *Le contrat-cadre:* exploration comparative. Paris: LITEC, 1955.

SCALISE JÚNIOR, Ronald. Why no 'Efficient Breach' in Civil Law? A Comparative Assessment of the Doctrine of Efficient Breach of Contract. *American Journal of Comparative Law*, v. 55, n. 4, p. 721-766, set. 2007 . Disponível em: https://papers.ssrn.com/sol3/papers.cfm?abstract_id=2094379. Acesso em: 15 maio 2025.

SCHREIBER, Anderson. Tríplice transformação do adimplemento. *In: Direito Civil e Constituição*. São Paulo: Atlas, 2013.

SCHUNCK, Giovana Bonano. *Contratos de longo prazo e dever de cooperação*. São Paulo: Almedina, 2016.

SCOTT, Robert E. The Promise and the Peril of Relational Contract Theory. *In:* BRAUCHER, Jean; KIDWELL, John; WHITFORD, William C. (eds.). *Revisiting the Contracts Scholarship of Stewart Macaulay*: On the Empirical and the Lyrical. London: Hart Publishing, 2013, p. 105-139.

SILVA, Jorge Cesa Ferreira da. *Inadimplemento das obrigações*. São Paulo: Revista dos Tribunais, 2007.

SILVA, Leonardo Toledo da. *Contrato de aliança*: projetos colaborativos em infraestrutura e construção. São Paulo: Almedina, 2017.

SILVA, Luiz Renato Ferreira da. *Revisão dos contratos*: do Código Civil ao Código do Consumidor. Rio de Janeiro: Forense, 1999.

SIMÃO FILHO, Adalberto. Franchising *Nova empresarialidade*: uma visão jurídica reflexa da ética na atividade empresarial no contexto da gestão e da sociedade da informação. 2002. 275 p. Tese (Doutorado em Direito Civil) – PUC-SP, São Paulo, 2002.

SIMÃO FILHO, Adalberto. Franchising. *Aspectos jurídicos e contratuais*. 3. ed. São Paulo: Atlas, 1998.

SOMBRA, Thiago Luís Santos. *Adimplemento contratual e cooperação do credor*. São Paulo: Saraiva, 2011. Versão eletrônica

SOMBRA, Thiago Luis Santos. *O adimplemento e a cooperação do credor*: o redimensionamento dos interesses do devedor sob a ótica da obrigação como processo. 2010. Dissertação (Mestrado em Direito Civil) – PUC-SP, São Paulo, 2010.

SOUZA, Ruy de. *O direito das empresas*: atualização do direito comercial. Belo Horizonte: Bernardo Álvares, 1959.

STAJN, Rachel. Função Social do Contrato e Direito de Empresa. *Revista de Direito Mercantil – Industrial, Econômico e Financeiro*, v. 54, n. 139, p. 29-49, 2005.

STEINER, Renata C. Descumprimento contratual: remédios à disposição do credor lesado. *In:* TERRA, Aline de Almeida Valverde; GUEDES, Gisela Sampaio da Cruz (coords.). *Inexecução das obrigações*: pressupostos, evolução e remédios. Rio de Janeiro: Processo, 2020. v. II

STEINER, Renata C. *Reparação de danos*: interesse positivo e negativo. São Paulo: Quartier Latin, 2018.

SZTAJN, Rachel. Direito e economia dos contratos: os conceitos fundamentais. *In*: VERÇOSA, Haroldo Malheiros Duclerc. *Direito Comercial*. Teoria Geral do Contrato. Fundamentos da Teoria Geral do Contrato. v. 4. 2. ed. rev., atual. e ampl. São Paulo: Revista dos Tribunais, 2014, p. 72-82.

TEPEDINO, Gustavo. Notas sobre a cláusula penal compensatória. *In: Temas de Direito Civil*. Rio de Janeiro: Renovar. 2006. t. 2

TEPEDINO, Gustavo. O Código Civil, os chamados microssistemas e a Constituição: premissas para uma reforma legislativa. *In: Problemas de Direito Civil Constitucional*. Rio de Janeiro: Renovar, 2000, p. 1-16.

TEPEDINO, Gustavo. *Práticas de Direito*. São Paulo: Revista dos Tribunais, 2012. v. II

TEPEDINO, Gustavo; BARBOZA, Heloisa Helena; BODIN, Maria Celina. *Código Civil Interpretado conforme a Constituição da República*. Rio de Janeiro: Renovar, 2006.

TEPEDINO, Gustavo; SCHREIBER, Anderson. *Fundamentos do Direito Civil*: obrigações. 2. ed. Rio de Janeiro: Forense, 2021.

TERRA, Aline de Miranda Valverde. *Cláusula resolutiva expressa*. Belo Horizonte: Fórum, 2017.

TERRA, Aline de Miranda Valverde. Execução pelo equivalente como alternativa à resolução: repercussões sobre a responsabilidade civil. *Revista Brasileira de Direito Civil*, v. 18, p. 49-73, out./dez. 2018.

TERRA, Aline; TEPEDINO, Gustavo; KONDER, Carlos Nelson; BANDEIRA, Paula Greco. *Fundamentos do Direito Civil*. Rio de Janeiro: Forense, 2020. v. 3: Contratos

THEODORO JÚNIOR, Humberto. Apontamentos sobre a responsabilidade civil na denúncia dos contratos de distribuição, franquia e concessão comercial. *Revista de Direito Mercantil – Industrial, Econômico e Financeiro*, v. 122, p. 7-37, 2001.

TIMM, Luciano Benetti. *Common law* e *contract law*: uma introdução ao Direito Contratual norte-americano. *Revista dos Tribunais*, v. 97, n. 871, p. 11-35, maio 2008.

TIMM, Luciano Benetti. *O novo Direito Contratual brasileiro*. Rio de Janeiro: Forense, 2008.

TOMASETTI JÚNIOR, Alcides. A parte contratual. *In:* VON ADAMEK, Marcelo (coord.). *Temas de Direito Societário e Empresarial Contemporâneos*. São Paulo: Malheiros, 2011.

VARELA, João de Matos Antunes. *Das obrigações em geral*. 7. ed. Coimbra: Almedina, 2017.

VASCONCELOS, Pedro Pais de. *Contratos atípicos*. Coimbra: Almedina, 1995.

VENOSA, Sílvio de Salvo. *Direito civil*: teoria geral das obrigações e teoria geral dos contratos. 6. ed. São Paulo: Atlas, 2006.

VERÇOSA, Haroldo Malheiros Duclerc. *Contratos mercantis e a teoria geral dos contratos*. São Paulo: Quartier Latin, 2010.

VERÇOSA, Haroldo Malheiros Duclerc. *Direito Comercial*. Teoria Geral do Contrato. Fundamentos da Teoria Geral do Contrato. 2. ed. rev., atual. e ampl. São Paulo: Revista dos Tribunais, 2014. v. 4

WILLIAMSON, Oliver. *Markets and Hierarchies*: Analisys and Antitrust Implications. Free Press: Nova York, 1975.

YAMASHITA, Hugo Tubone. *Cooperação empresarial*: contratos híbridos e redes empresariais. São Paulo: Almedina, 2022.

ZANCHIM, Kleber Luiz. *Contratos empresariais*: categoria – interface com contratos de consumo e paritários – revisão judicial. São Paulo: Quartier Latin, 2012.

ZANETTI, Cristiano de Sousa. A perda do interesse do credor. *In:* BENETTI, Giovana; CORRÊA, André Rodrigues; FERNANDES, Márcia Santana; NITSCHKE, Guilherme Carneiro Monteiro; PARGENDLER, Mariana; VARELA, Laura Beck (orgs.). *Direito, cultura, método*: leituras da obra de Judith Martins-Costa. Rio de Janeiro: GZ, 2019.

ZANETTI, Cristiano de Sousa. *Comentários ao Código Civil*. Giovanni Ettore Nanni (coord.). São Paulo: Saraiva, 2019.

ZUCCHI, Maria Cristina. *Direito Civil*: direito de empresa. São Paulo: Harbra, 2004.

Esta obra foi composta em fonte Palatino Linotype, corpo 10
e impressa em papel Pólen Bold 70g (miolo) e Supremo 250g (capa)
pela Gráfica Formato.